Conheça o

Saraiva Conecta

Uma plataforma que apoia o leitor em sua jornada de estudos e de atualização.

Estude *online* com conteúdos complementares ao livro e que ampliam a sua compreensão dos temas abordados nesta obra.

Tudo isso com a **qualidade Saraiva Educação** que você já conhece!

Veja como acessar

No seu computador

Acesse o *link*

https://somos.in/IJCCIP1

No seu celular ou tablet

Abra a câmera do seu celular ou aplicativo específico e aponte para o *QR Code* disponível no livro.

Faça seu cadastro

1. Clique em **"Novo por aqui? Criar conta"**.
2. Preencha as informações – insira um *e-mail* que você costuma usar, ok?
3. Crie sua senha e clique no botão **"CRIAR CONTA"**.

Pronto! Agora é só aproveitar o conteúdo desta obra!*

Qualquer dúvida, entre em contato pelo *e-mail* **suportedigital@saraivaconecta.com.br**

Confira o material da obra para você:

https://somos.in/IJCCIP1

* Sempre que quiser, acesse todos os conteúdos exclusivos pelo link ou pelo QR Code indicados. O seu acesso tem validade de 24 meses.

FUTURE LAW

Guilherme Tocci • Paulo Samico • Tayná Carneiro
Coordenadores

Transformação Jurídica

criatividade é comportamento... inovação é processo

O jurídico olhando para dentro e despertando o universo criativo

Adriana Mori Alessandro Maurício Januário Ribeiro Alexandra Camargo Aline Rodrigues e Steinwascher Amanda Santos Ana Carolina Furlan Bárbara Teruel Barbara Uneida Benedito Villela Bernardo de Azevedo e Souza Bryan Mariath Lopes Bruno Feigelson Camila Farani Camila Nascimento Camila Suarez Carina Quirino Carolina Fiddigo Chicão Bulhões Christiano Xavier Daniel Ruy Daniela Archinto Marques de Melo Dário Fonseca Eduardo Fiorucci Eduardo Gil Fellipe Branco Fernanda Julio Platero Fernando Mant Uano Karina Tronkos Kauan Wiese Larissa Camargo Leandro Mello Luis Felipe Rossi Luis Henrique Ramos Anastácio Luiz Felipe Tassitani Maite Schneider Marcelo de Almeida Horacio

Thiago Luiz Thiago Rocha da Palma Vanessa Fortunato Walquiria Favero
Maluf Gabriel Senra Gabriel Smanio Gabriela Bratkowski Pereira Gilson Alencar Giovanna Ventre Guilherme Leonel Guilherme Tocci
Marcelo Pan Marcos Rodrigues Maria Goldberg Mariana Reis Marina Cavalieri
Natalia Dias Otavio Brissant Patricia Peck Paulo Samico Paulo Silvestre Pedro Duarte
Pedro Mansur Pedro Regina Rafael Soriano Rafaela Sanson Rafaella Carvalho Corti
Castellan Paulino Josie Jardim Juliana
Ricardo D'Ottaviano Ricardo Freitas Rodrigo Avila Rui Caminha Gustavo Coelho Gustavo
Maganha Guto Patrick Helder Galvão Taísa Oliveira Maciel Tales Riomar Tatiana Coutinho Tayná Carneiro John Howkins José

John Howkins
Prólogo

Camila Farani
Prefácio

Josie Jardim
Epílogo

Maite Schneider
Posfácio

2023

saraiva jur

saraiva EDUCAÇÃO | saraiva jur

Av. Paulista, 901, Edifício CYK, 4º andar
Bela Vista – São Paulo – SP – CEP 01310-100

SAC | sac.sets@saraivaeducacao.com.br

Diretoria executiva Flávia Alves Bravin
Diretoria editorial Ana Paula Santos Matos
Gerência de produção e projetos Fernando Penteado
Gerência de conteúdo e aquisições Thais Cassoli Reato Cézar
Gerência editorial Livia Céspedes

Novos projetos Aline Darcy Flôr de Souza
Dalila Costa de Oliveira

Edição Daniel Pavani Naveira

Design e produção Jeferson Costa da Silva (coord.)
Camilla Felix Cianelli Chaves
Rosana Peroni Fazolari
Lais Soriano
Tiago Dela Rosa

Planejamento e projetos Cintia Aparecida dos Santos
Daniela Maria Chaves Carvalho
Emily Larissa Ferreira da Silva
Kelli Priscila Pinto

Diagramação Laura Guidali Amaral
Revisão Amélia Ward
Capa LSD | Legal Sensory Design
Produção gráfica Marli Rampim
Sergio Luiz Pereira Lopes
Impressão e acabamento Gráfica Paym

DADOS INTERNACIONAIS DE CATALOGAÇÃO NA PUBLICAÇÃO (CIP)
ODILIO HILARIO MOREIRA JUNIOR - CRB-8/9949

T58 Transformação jurídica: Criatividade é comportamento... Inovação é processo / Adriana Corrochano Mori...[et al] ; organizado por Guilherme Tocci, Paulo Samico e Tayná Carneiro. - São Paulo : SaraivaJur, 2024.

288 p.

ISBN: 978-65-5362-982-0

1. Direito. 2. Transformação jurídica. 3. Gestão jurídica. 4. Legal Operations. I. Tocci, Guilherme. II. Samico, Paulo. III. Carneiro, Tayná. IV. Título.

CDD 340
2023-1842 CDU 34

Índices para catálogo sistemático:

1. Direito 340
2. Direito 34

Data de fechamento da edição: 01-09-2023

Dúvidas? Acesse www.saraivaeducacao.com.br

CÓD. OBRA 719123 CL 608819 CAE 847442

A opinião dos autores não reflete necessariamente a opinião institucional das empresas às quais eles estão vinculados atualmente. Os textos aqui publicados buscam estimular o debate sobre temas importantes, sempre prestigiando a pluralidade de ideias, a discussão propositiva e o compartilhamento de conhecimento prático e teórico de qualidade.

CARTA DE APRESENTAÇÃO
SELO *FUTURE LAW*

Queridas e Queridos leitores,

É com grande satisfação que escrevemos esta carta de apresentação do selo *Future Law*. A *Future*, é assim que nos chamam os mais íntimos, é uma *EdTech* que tem por PTM[1] preparar e conectar os profissionais do Direito à realidade exponencial. Nascemos para contribuir nesse ambiente de grandes transformações por que passa a sociedade, a economia, e, portanto, o mundo jurídico. Rapidamente fomos abraçados por uma comunidade de carinhosos *future lawyers* que amam nossos *nanodegrees*, metodologias, *podcasts*, periódicos, livros e projetos especiais.

Nós esperamos que você tenha uma excelente experiência com a obra que está em suas mãos, ou no seu leitor digital. Cabe mencionar que o selo *Future Law* é a consolidação de uma forte e calorosa parceria com a Saraiva Jur. Buscamos sempre encantar nossos leitores, e, para tanto, escolhemos os melhores autores e autoras, todos expoentes nos temas mais inovadores, e com uma clara missão: rechear nossas publicações por meio de trabalhos práticos, teóricos e acadêmicos.

Do fundo de nossos corações, almejamos que advogadas(os), juízas(es), defensoras(es), membros do MP, procuradoras(es), gestoras(es) públicas(os) e privadas(os), *designers*, analistas de dados, programadoras(es), CEOs, CTOs, *venture capitalists*, estudantes e toda uma classe de profissionais que está nascendo sejam contempladas(os) pelo nosso projeto editorial.

Com a profusão e complexidade de temas abarcados pelo Direito, a *Future Law* se propõe a compreender como as Novas Tecnologias advindas da Quarta Revolução Industrial impactaram a sociedade e, por consequência, o Direito. Temas como Metaverso, NFTs, Inteligência Artificial, *Legal Operations*, Cripto, Ciência de Dados, Justiça Digital, Internet das Coisas, Gestão Ágil, Proteção de Dados, *Legal Design*, *Visual Law*, *Customer Experience*,

---

[1] PTM ou Propósito Transformador Massivo é uma declaração do propósito e objetivo maior da empresa. Representa um fator essencial na alavancagem organizacional, pois é o princípio que norteia as decisões estratégicas e os processos de criação e inovação. O Google, por exemplo, tem como PTM: "Organizar a informação do mundo". Ver: ISMAIL, Salim; VAN GEES, Yuri; MALONE, Michael S. *Organizações exponenciais*: por que elas são 10 vezes melhores, mais rápidas e mais baratas que a sua (e o que fazer a respeito). Alta Books, 2018.

Fintechs, *Sandbox*, *Open Banking* e *Life Sciences* estão difundidos ao longo de todas as nossas publicações.

Somos jovens, mas intensos. Até o ano de 2023, serão mais de 15 obras publicadas, paralelamente à publicação trimestral da *Revista de Direitos e Novas Tecnologias* (*RDTec*), coordenada pela *Future Law*, já caminhando para seu 22º volume.

Por meio deste projeto, alcançamos uma fração do nosso intuito, produzindo conteúdo relevante e especializado, a profissionais e estudantes obstinados, que compartilham do nosso propósito e que compreendem que o futuro do Direito será daqueles que, hoje, conseguirem absorver esse conhecimento e aplicá-lo em prol da inovação e de um Direito mais acessível, intuitivo, diverso, criativo e humano.

Não vamos gastar mais seu tempo... Passe para as próximas páginas e aproveite a leitura!

Primavera de 2023.

Tayná Carneiro | CEO | *Future Law*

Bruno Feigelson | Chairman | *Future Law*

Saiba mais sobre nossos projetos em:

SCAN ME

PRÓLOGO
OS *LINKS* ENTRE A CRIATIVIDADE E O DIREITO

John Howkins[1]

Quando os coordenadores me convidaram para escrever o prólogo deste livro, eu esperava que seu conteúdo fosse sobre negócios, tecnologia da informação ou empreendedorismo; contudo, fiquei surpreso ao saber que seria sobre casos de sucesso na área jurídica. Dado o conservadorismo natural de quem pratica a advocacia, achei isso muito bem-vindo.

Quando perguntei sobre a justiça brasileira, fui surpreendido novamente. Trabalhei de perto com advogados em muitos países e nunca vi nada parecido com a situação no Brasil. Entendo que há vários motivos de preocupação.

Estima-se que o Brasil tenha um enorme número de leis em vigor: as estimativas atuais variam de 790 mil[2] (conforme o jornal brasileiro *Migalhas* divulga) e pode ir até 6 milhões. O

---

1 Professor e estrategista líder em criatividade e inovação. Publicou suas ideias pela primeira vez em Economia Criativa – *Como ganhar dinheiro com ideias criativas* em 2001 (no Brasil lançado pela editora M Books), que se tornou o livro referência para o tema (revisado em 2013). Desenvolveu suas ideias em Creative Ecologies: Where Thinking is a Proper Job (2006). Seu livro *Invisible Work* (2020) mostra como o trabalho cognitivo é a chave para o futuro, incluindo nosso relacionamento com a IA. Suas ideias são baseadas em sua carreira comercial em editorias, TV, cinema, mídia digital e streaming em mais de 30 países. Ele tem falado em eventos em muitos países e esteve associado à HBO e à Time Warner de 1982 a 1996, com responsabilidades pelos negócios de TV e transmissão na Europa. Ele é ex-presidente da CREATEC, Tornado e BOP Consulting, e membro do conselho da Equator Films, HandMade plc, HotBed Media, Screen East, First Person Films e outras empresas. John é membro do Comitê Consultivo das Nações Unidas sobre Economia Criativa. Foi presidente da London Film School, vice-presidente do British Screen Advisory Council (BSAC) e membro do conselho do UK Arts and Humanities Research Council (AHRC). Foi Diretor Executivo do International Institute of Communications (IIC). Foi Executivo Residente na Drucker School of Management, Claremont, Los Angeles, Professor Visitante na City University, Londres, e Vice-Reitor e Professor Visitante na Shanghai School of Creativity, Shanghai Theatre Academy, China. Fundou e dirigiu a RSA Adelph Charter sobre Criatividade, Inovação e Propriedade Intelectual. Trabalhou como jornalista por muitos anos na Time Out, The Sunday Times, Harpers & Queen e The Economist. Foi editor da InterMedia, Vision e The National Electronics Review.
Por favor, acesse o site do John: http://johnhowkins.com/.

2 Migalhas. Disponível em: https://www.migalhas.com.br/quentes/313899/brasil-tem-mais-de-790-mil-normas-vigentes--foram-mais-de-6-mi-editadas-desde-a-cf-88. Acesso em: 11-2-2023.

Conselho Nacional de Justiça[3] (CNJ) indica que há quase 28 milhões de novas ações judiciais todos os anos, além de outros 62 milhões que continuam sem decisão judicial definitiva. O país tem cerca de 1,3 milhão de advogados para uma população de 212 milhões; sendo 1 advogado para cada 164 cidadãos (conforme divulgado pela Ordem dos Advogados do Brasil)[4]. Em comparação, a Índia tem 2 milhões de advogados para seus 1,4 bilhão de cidadãos.

Esta é uma boa e uma má notícia. Boas notícias, porque a economia criativa depende mais do Direito do que qualquer outro setor, notadamente o Direito Societário/Empresarial, o Comercial e o de Propriedade Intelectual. Mas também é uma má notícia porque precisamos do aconselhamento jurídico para sermos ainda mais precisos e úteis – e rápidos, é claro.

Nos últimos anos, o mundo do trabalho e dos negócios mudou rapidamente. A criatividade tornou-se uma exigência em quase todas as áreas e a "economia criativa", conceito que criei há mais de 20 anos, afetou profundamente a forma como todo o trabalho é processado e as empresas agregam valor.

Portanto, precisamos garantir que a lei e o sistema de justiça atendam às necessidades humanas, apoiem os negócios e alcancem a justiça social e o desenvolvimento sustentável.

As raízes da economia criativa começaram nas décadas de 1980 e 1990 quando a Europa, América e outros lugares começaram a apreciar a importância econômica da arte, cultura, design e mídia. A isso logo foram adicionados serviços e conteúdos digitais. A criatividade começou a ter impacto na tecnologia e na inovação. Então comecei a coletar dados e alertar os governos sobre o que estava acontecendo.

Se você gosta de arte e *design*, lê livros, ouve música, gosta de se vestir bem e curte novidades – ou seja, se você gosta de mudar as coisas para melhor e gosta de estar cercado pelos resultados de quem pensa da mesma forma, então você faz parte da economia criativa. Podemos olhar para isso em termos culturais e econômicos; ambos são igualmente importantes. Tudo isso recebeu um impulso dramático com o crescimento das plataformas online e da inteligência artificial. A sociedade hiperconectada de hoje está afetando tudo, desde vidas individuais até ativos e lucros da empresa, bem como as relativas atrações de patrimônio e dívidas na "mentalidade de start-up". Notícias, música, vídeo, moda foram os primeiros setores afetados. Mas ninguém escapa. A lei é profundamente afetada.

Acredito que a criatividade e a economia criativa se tornaram um movimento de massa. E cresce a cada dia.

Terra, mão de obra e capital sustentaram por muito tempo as economias tradicionais. **O principal ativo da economia criativa é fundamentalmente diferente: é a imaginação individual de cada um. Acredito que todo indivíduo nasce com a matéria-prima da**

---

[3] CNJ. Disponível em: https://www.cnj.jus.br/justica-em-numeros-2022-judiciario-julgou-269-milhoes-de-processos-em-2021/#:~:text=O%20Poder%20Judici%C3%A1rio%20concluiu%2026,crescimento%20de%2010%2C4%25. Acesso em: 11-2-2023.

[4] OAB. Disponível em: https://www.oab.org.br/noticia/59992/brasil-tem-1-advogado-a-cada-164-habitantes-cfoab-se-preocupa-com-qualidade-dos-cursos-juridicos. Acesso em: 11-2-2023.

criatividade. E cada um tem que defender a sua criatividade na vida: por meio da educação, do trabalho, da sua profissão.

Acredito que nada é inventado do nada. **Para despertar o processo criativo, o indivíduo transita entre o estoque de sua memória e suas circunstâncias sociais e reúne duas ou mais ideias que nunca estiveram juntas antes.**

Quando essas ideias são transformadas em produtos e serviços que podem ser colocados no mercado e vendidos, então precisamos da lei. Os advogados precisam conhecer as características especiais das pessoas que são criativas e inventivas e os fatores que afetam suas startups e acordos comerciais. **Os advogados também podem precisar ser criativos, não no sentido de começar a escrever ou pintar de repente, mas em sua agilidade e capacidade de "pensar diferente".**

O mundo está se movendo em direção à colaboração, que pode significar compromisso, mas também pode significar um esforço de apoio mútuo e cocriação, em que as profissões se complementam. Isso deve ser incentivado pelos profissionais do Direito, uma vez que a ciência jurídica precisa servir à sociedade, e os advogados criativos precisam lidar com esses problemas inéditos, sem precedentes.

Eu tenho um resumo do processo criativo chamado pelo acrônimo "RIDER", que reúne as palavras, no inglês, Revisão, Incubação, Sonho, Entusiasmo e Verificações da Realidade. Eles são escritos nesta ordem simplesmente para torná-los mais fáceis de lembrar. Você pode iniciar o processo a qualquer momento. Pode ser frustrante e solitário, mas acredite, quando você atinge seu objetivo, é extremamente gratificante.

Em meu livro *Invisible Work* (2020), discuto essa importância de se divertir e se dar prazer. Você não pode instruir alguém a ser criativo. Para ser criativo, devemos querer fazê-lo. É certamente o mesmo com qualquer trabalho que valha a pena. Disseram-me que é o mesmo no Direito.

Em *Invisible Work*, sugiro que o cérebro seja o novo escritório. A pandemia acelerou a tendência do home office. Na minha opinião, tanto trabalhar de casa quanto do escritório têm seus pontos fortes e fracos. Decidir onde estar depende de onde você pode maximizar seu potencial criativo, produtividade e felicidade.

A economia criativa é a primeira a ser baseada em pessoas. Quero dizer, depende de ideias e pontos de vista pessoais, e não de terra, trabalho e capital. **O cérebro é onde ocorre o trabalho invisível da criatividade.**

Quando Gilberto Gil era Ministro da Cultura no Brasil, tive a oportunidade de trabalhar com ele todos os dias durante duas semanas em São Paulo e depois em Londres. Ele instigou grandes mudanças na cultura do Brasil e em seus negócios culturais. A liderança dentro do governo faz a diferença. O novo governo deve permitir que uma empresa seja criada com mais facilidade e o sistema tributário deve facilitar que as pessoas façam investimentos de igual modo. Uma startup não pode estar sobrecarregada de dívidas. A equidade é o caminho a ser seguido, mesmo que as estruturas legais possam ser mais desafiadoras. As *legaltechs* e *lawtechs* do país podem ajudar o Brasil a superar esses desafios.

Concluo fazendo dois convites. **O primeiro convite é para as grandes corporações investirem mais.** Há muitos talentos criativos esperando por uma chance. Os setores de artes, cultura e tecnologia na Califórnia são bons exemplos de como isso é feito da melhor forma. Organizações com dinheiro (ou capital próprio) podem se manter competitivas e crescer investindo e terceirizando/subcontratando com *startups*. Os bancos podem facilitar o acesso ao crédito para quem quer investir em inovação, seja o dinheiro vindo da agricultura, manufatura ou setor de serviços.

O meu segundo convite é aos jovens advogados e profissionais do Direito para que cooperem com este novo setor e partilhem o seu entusiasmo e vontade de mudar o mundo. Também estendo este convite a líderes experientes que desejam deixar um legado significativo. Inspire-se nos exemplos citados neste livro. Todos os *cases*, boas práticas e ensinamentos demonstram a necessidade de investir no futuro.

Boa leitura!

PREFÁCIO
A (RE)CONSTRUÇÃO DO DIREITO EM UMA ERA DE TRANSFORMAÇÃO DIGITAL POR MEIO DO COMPORTAMENTO CRIATIVO

Camila Farani[1]

Há mais de 20 anos eu tenho contato com o mundo jurídico. Muitos ainda se surpreendem ao saber que sou graduada em Direito e já cursei uma faculdade em que talvez não guarde muita relação com o que eu faço hoje. Sim, já li muito livro jurídico, fiz muita prova utilizando juridiquês e também já sonhei em transformar o país em um lugar mais justo usando o meu conhecimento enquanto futura jurista.

Bom, posso dizer que aquela estudante hoje é advogada. Uma advogada que não seguiu uma carreira tradicional no Direito e que teve um caminho um pouco diferente do que imaginava para atingir seus objetivos. Entretanto, essa estudante ainda existe e acompanha com entusiasmo todo o movimento de transformação que o mundo jurídico vem passando nos últimos anos.

Quando entrei no mundo do empreendedorismo, pude perceber o quão as vidas – e, por consequência, toda a sociedade – estão sendo transformadas por novos produtos e serviços até então inexistentes. É inegável que a inovação, em qualquer área, vem para atender as necessidades de um mercado, aumentando a competitividade entre concorrentes e criando novas oportunidades que até então ninguém se dava conta de que era possível. São facilidades

---

1 Presidente da G2 Capital, boutique de investimento em tecnologia, Camila Farani é a única mulher reconhecida como a melhor Investidora-Anjo no Startup Awards. Em 2022, foi eleita uma das 500 pessoas mais influentes da América Latina pela Bloomberg Línea e Empreendedora do Ano pela IstoÉ Dinheiro, na categoria Inclusão Social.
Uma das principais investidoras da América Latina, segundo a Association for Private Capital Investment in Latin America (Lavca), Shark Tank Brasil por seis temporadas, membro do Conselho de Administração do PicPay e da Tem Saúde, e do Conselho de Marketing e Growth da NuvemShop. É sócia e investidora da Play9, sócia do Rio Innovation Week (RIW) e cofundadora da Staged Ventures. Fundadora do Grupo Farani, que congrega EdTech, InvestTech, Brand Image e o Ela Vence, comunidade que conecta e inspira lideranças femininas, empreendedoras e investidoras.
Colunista da Forbes, Estadão e MIT Technology Review. Advogada com pós-graduação em Marketing e especializações em growth, tecnologia e startups em Stanford, MIT e Babson College.

que se tiverem um diferencial estratégico bem explorado, podem aperfeiçoar o ambiente produtivo e social, alavancando os indicadores ESG[2] e a realidade de todos os envolvidos.

Todo esse discurso é muito comum nos fóruns sobre inovação e novas tecnologias. Falas assim geram entusiasmo e dão às pessoas a motivação necessária para deixar a imaginação fluir em um mundo sem limites, regras ou cuidados em torno da criatividade. Mas não pode ser assim. Para vivermos em sociedade, limites precisam ser traçados. Os profissionais garantidores da segurança em torno desse ambiente disruptivo e inovador são todos aqueles que utilizam o Direito como meio para realizar suas profissões: advogados, profissionais de *Legal Operations*[3], representantes do poder público como serventuários e juízes.

Dentro de suas atividades, ao realizarem a prática jurídica, todas essas pessoas de alguma forma são responsáveis por garantir a segurança que faz "a inovação acontecer". E eles sabem que para um mundo que está mudando rápido demais, de uma forma nunca antes vista, a paciência e o conservadorismo podem ser grandes inimigos de um ambiente de negócios em uma pujante ebulição.

Minha missão, enquanto empreendedora e educadora, é ver um novo mercado jurídico nascer – com mais humanização. Quero ver advogadas, advogados e demais profissionais que sustentam o sistema jurídico brasileiro usando a criatividade para pensar em novas soluções e novos meios de resolução de problemas. Seria gratificante constatar que essas pessoas não só buscam ser referências em suas áreas, mas também possuem o objetivo de ver o Direito se transformando em uma ciência humana mais ágil para servir às pessoas, preservando sua principal característica que é tornar todo o processo seguro e previsível.

Especificamente como educadora, tento levar aos meus alunos a visão de mercado em que precisamos estar atentos. Atentos a novas práticas, a únicas oportunidades e, o mais importante, a aprender sempre. **O novo profissional do Direito que quer ter a inovação sempre presente em suas atividades, precisa ter em seu DNA um comportamento criativo.** Estudar e entender novos conceitos que podem facilitar sua rotina e a vida dos clientes são questões fundamentais para que isso ocorra.

Apesar do déficit de cadeiras sobre novas tecnologias, empreendedorismo e inovação nas instituições de ensino jurídico, há uma ampla oferta de opções para absorção de um conteúdo de qualidade. Podcasts, cursos livres, webinars, influenciadores e criadores de conteúdo e, é claro, livros. Quando fui convidada para prefaciar esta obra, vislumbrei no convite uma boa oportunidade de disseminar esse recado para os eternos estudantes que buscam se aperfeiçoar em sua vida profissional. Precisamos ler, refletir, estudar mais.

E falo isso porque, com uma certa frequência, vejo excelentes ideias e projetos não se transformando em incríveis oportunidades por falta de estudo e de reflexão. Vejo modelos

---

[2] ESG, sigla das palavras no idioma inglês para as governanças Ambiental, Social e Governança. Conceito que precisa ser estudado desde cedo por todos aqueles que querem maximizar lucros e garantir a sustentabilidade de seus modelos de negócio.

[3] Área responsável por reunir todas as atividades não jurídicas e estratégicas para a realização dos serviços jurídicos em um departamento ou escritório de advocacia.

de negócio sem a monetização adequada. Problemas não mapeados e, portanto, soluções inexistentes, tecnologia não codada e falta de conhecimento sobre os clientes e até mesmo sobre o faturamento. Isso acontece em todas as profissões e nos mais variados modelos de negócio que já pude apreciar. No Direito não é diferente.

Assim, é preciso que os profissionais jurídicos olhem para o futuro. Se atualizem constantemente. O ideal seria uma revolução no ensino jurídico desde o dia 1 na instituição superior de ensino, mas não podemos esperar que isso ocorra. Aguce sua curiosidade todos os dias. Leia sobre outros conteúdos e disciplinas. Bons exemplos são o aprendizado de máquina, inteligência artificial, metodologias ágeis, *Legal Design* e suas diferenciadas formas de materialização, meios diferenciados de investimento e apoio às startups, modelos preditivos, novas formas de regular a inovação como o *Sandbox* Regulatório, a tomada de decisão com base em dados... Assuntos assim e demais instrumentos inovadores serão encontrados nessa obra.

Já sobre como investidora, não tenho dúvidas de que estamos vivendo um momento singular no mundo, mas especialmente no Brasil. O empreendedorismo é, de fato, a única resposta para geração de renda, empregos e um meio expressivo de impactar a economia e a competitividade no país. Falo especialmente aqui porque temos um acervo de problemas e situações a endereçar com o apoio da criatividade. **Não importa o segmento da empresa, toda e qualquer grande organização deve ter como orientação um olhar acurado para a responsabilidade social.**

Contra dados não há argumentos. É de conhecimento comum[4] que as micro e pequenas empresas são as responsáveis por mais de 70% das vagas de emprego que surgem no país. Contratá-las é implementar na prática uma ação efetivamente de impacto na agenda ESG corporativa. E quando são startups, a contratante ainda leva de brinde um novo olhar sobre a atividade a ser contratada, uma atenção diferenciada e um ar inovador, vigoroso, que permitirá ao profissional do Direito repensar sua atuação em busca de meios mais eficientes de entrega.

Gosto sempre de dizer "empreender é transformar". Seja negócios, vidas ou oportunidades, o empreendedorismo tem o poder ainda de transformar culturas. E a cultura brasileira, sempre lastreada pela diversidade e pelo pluralismo em suas mais variadas vertentes, deve ser canal para toda essa transformação. **A diversidade é o principal catalisador de todo esse comportamento criativo que venho defendendo ao longo deste breve texto.** Precisamos que os serviços jurídicos sejam oferecidos, debatidos e construídos com olhares diversos, seja no viés da interdisciplinaridade, da orientação sexual, da etnia, da religião... Acompanhada da inclusão, a diversidade permite ao novo profissional do Direito um direcionamento assertivo para a criação de processos inovadores em suas funções.

---

4 Pequenas e médias empresas puxam a retomada econômica. JOTA. Disponível em: https://www.jota.info/coberturas-especiais/brasil-empreendedor/micro-e-pequenas-empresas-puxam-retomada-economica-gerando-72-dos-empregos-05102022#:~:text=No%20primeiro%20semestre%2C%20as%20MPE,7%20em%20cada%2010%20vagas. Acesso em: 15-4-2023.

Ainda, é importante transmitir mais um recado neste prefácio. Dissertar sobre a educação e o empreendedorismo em um livro de cases jurídicos tem um motivo, uma vez que esses assuntos guardam íntima relação com o Direito. Por ser o vetor principal do comportamento criativo, a educação é o ponto de partida e o empreendedorismo, que sente os impactos (positivos e negativos) das discussões jurídicas que permeiam o ambiente de negócios, é o destinatário final dessa jornada.

Sei que muitas vezes é difícil mudarmos leis para tornar essa jornada mais cativante e motivadora. Os próprios profissionais do Direito são reféns de iniciativas engessadas por leis ultrapassadas e que representam pouca (ou nenhuma) sintonia com o momento presente. A legislação ultrapassada e com lenta atualização prejudica o ambiente de negócios brasileiro que pulsa por oportunidades e por mais segurança jurídica nas atividades ligadas à inovação.

Para exemplificar, são poucas as oportunidades de fomento ao empreendedorismo inovador por meio do poder público. Diante o contexto da população carente de trabalho e renda, deveríamos ter muito mais. Os Códigos Civil, do Consumidor e de Processo Civil, por exemplo, precisam passar por importantes atualizações para abarcar uma série de situações provenientes do consumo nas redes sociais. Prefiro nem comentar a complexidade da legislação tributária, que prejudica todos os tipos de empreendedores e mesmo reformada, sempre apresentará uma oportunidade de melhora face os desafios do comércio global.

Como membro de conselho de diversas organizações, vejo o quão desafiador é lidar com a direção de uma empresa nesse mar de normas que mais dificultam e atrapalham do que necessariamente ajudam o processo de crescimento e de desenvolvimento do país. Precisamos atuar sempre pró-simplicidade. Enquanto cidadãos, ser críticos para fazer de nosso país um modelo de como fazer legislações mais dinâmicas e eficientes é essencial. Nada deve parecer impossível de mudar e precisamos nos atualizar de forma constante, em par e passo ao mundo da inovação.

Aos leitores do livro, faço um recado especial: atuem sempre pró-simplicidade. No início desse ano, toda a comunidade de negócios – e a jurídica também – ficou assustada com os avanços da inteligência artificial. Se a regulação da proteção e privacidade de dados durou anos para acontecer, imagina uma discussão sobre uma tecnologia que pode criar textos, imagens, resolver problemas e construir novos padrões do zero?! Será que estamos discutindo sobre a regulação de forma adequada? Não seria o caso de lançar premissas básicas e ir aprimorando a legislação na medida em que a vida acontece? Reflito se o *Sandbox* Regulatório já não cumpre esse papel. Talvez o que estejamos precisando de fato são estímulos para a expansão dessa prática.

Olhemos para o futuro com esperança, mas não podemos esquecer que os pés estão no presente. Gandhi disse que devemos ser a mudança que queremos ver no mundo. Os profissionais jurídicos precisam ser a mudança que querem para o seu setor. Eles devem abrir a cabeça para as novas tecnologias e usá-las para reinventar a profissão. É tendo coragem e ousadia – com uma dose generosa de bom senso – que o Direito vai se transformando de uma profissão conservadora e ligada à lentidão ao principal aliado para a realização de negócios seguros, rápidos e rentáveis.

É possível mudarmos essa realidade. Um aliado de valor para a (re)construção do Direito em uma era de transformação digital é o **comportamento criativo.** Ao perder o medo do "novo" e ao permitir outras visões para solucionar antigos problemas, um novo horizonte se abre para o Direito, em um futuro pró-empreendedorismo e superacelerado rumo à justiça social. Todos ganham. Por meio do comportamento criativo, a inovação se torna um processo e a sociedade caminha para frente. Espero que os leitores se inspirem nos casos aqui publicados e que estes exemplos gerem novos insights, dando origem a outros cases ainda mais aperfeiçoados. É assim que vamos evoluindo. Afinal, tudo o que precisamos para crescer é de boas referências – e aqui temos várias delas.

Boa leitura!

NOTA DOS COORDENADORES
CRIATIVIDADE É COMPORTAMENTO... INOVAÇÃO É PROCESSO

O que você está segurando em suas mãos não é só um livro. É um convite, uma espécie de chamamento ou convocação para um novo jeito de pensar a inovação no meio jurídico (e por que não, fora dele?). Não queremos que você encare a obra como mais um livro de Direito, porque você perceberá que ele não é.

Depois de muitos colegas nos abordarem, preocupados, sobre como trazer a inovação para as suas atividades e de nós de fato presenciarmos excelentes ideias não prosperarem por falta de sensibilidade e empatia com criações disruptivas, decidimos trazer *Criatividade é comportamento... Inovação é processo* à vida, como uma espécie de guia que instrui ao leitor como fazer a inovação da forma que acreditamos ser a correta, ao encará-la como consequência, como um processo, um fruto do espírito criativo que todo indivíduo deve ter no desempenhar de suas atividades.

Acreditamos que criatividade é que nem músculo. Ela precisa ser exercitada, fortalecida e estimulada com os exercícios corretos. Ela é o produto daquilo que vivenciamos, das experiências que temos, da capacidade de imaginar e da vontade que temos de unir ideias – antes isoladas – mas agora conectadas e com um objetivo em comum.

Com isso em mente, fica fácil entender que uma boa ideia é o resultado de um conjunto[1] de repertórios que acumulamos durante muito tempo. A melhor forma de se ter novas ideias criativas não é sobre esperar um insight, uma centelha de genialidade. É sobre expandir sua rede de relacionamentos, se expor a descobertas, debater com quem pensa diferente de você e, sobretudo, admitir que existem outros pontos de vista com seus mais robustecidos argumentos.

Especificamente no meio jurídico, há muita preocupação com o erro, com o ócio (ainda muitos não entendem que é importante para o processo criativo) e com a falta de iniciativa. E, se ainda assim, você fizer tudo isso e a criatividade vir a faltar? Essa obra também vai te ajudar a entender que a vida criativa não é uma jornada linear[2]. Está tudo bem em não ser criativo o tempo todo. Está tudo bem errar. Não existe ideia disruptiva ou produto inovador que não tenha passado pelo processo do erro.

---

1 JOHNSON, Steven. *De onde vêm as boas ideias*.

2 KLEON, Austin. *Siga em frente*: 10 maneiras de manter a criatividade nos bons e maus momentos.

Aqui, trouxemos especialistas para discutir o tema e fomos até outro continente para buscar o ensinamento do professor John Howkins, o criador do conceito de "economia criativa", para nos lembrar que para administrar a criatividade, requer talento e disciplina. Para gerar algo novo (seja no dizer, no realizar ou no fazer), é importante ser autêntico, ser dono de suas próprias ideias (sejam elas totalmente disruptivas ou fruto do aperfeiçoamento de outras inovações), saber a importância do esforço coletivo, mas também quando é melhor empregar o trabalho individual.

Além de John, outra referência profissional introduz a obra com seus insights: Camila Farani. Um dos maiores ícones do empreendedorismo inovador, Camila se une a nós para reforçar a importância da criatividade no Direito e, como advogada, demonstrar sua preocupação como o novo profissional jurídico. Segundo ela, esse novo profissional precisa ter em seu DNA um comportamento criativo, pois somente assim poderá re(construir) o Direito com a inovação sendo uma aliada no contexto de transformação digital.

Sabemos que a ansiedade está te dominando para começar a ler o conteúdo desta obra. Nós também ficamos assim a cada discussão de ideias, revisão de conteúdo e sessões de *brainstorming* quando criamos cada eixo ou fizemos cada convite. Essa pressa em devorar o conteúdo nos lembra a necessidade, no contexto de discussão sobre inteligência artificial, de fazer as perguntas corretas para ter as respostas mais adequadas aos nossos questionamentos.

Assim, passemos a refletir. Como criar soluções criativas para lidar com problemas complexos? Como utilizar a inteligência para direcionar a criatividade, bem como outras habilidades para buscar resultados diferenciados e acima da média? Quais seriam as mentes mais criativas do Direito para que possamos nos inspirar?

Nas mais variadas áreas profissionais, existem aqueles que viraram referências e sinônimo de qualidade. No mundo, Steve Jobs (Apple), Gertrude Belle Elion (Nobel de medicina e criadora do remédio para suavizar sintomas da Leucemia e Aids), Elon Musk (empreendedor), Hedy Lamarr (inventora do wi-fi), Walt Disney (produtor), Oprah Winfrey (comunicadora), Larry Page (Google), Beyoncé (cantora), Bill Gates (Microsoft)... E no Brasil? Temos gênios como Chiquinha Gonzaga (compositora de mais de 2 mil músicas), Ayrton Senna (piloto), Glória Maria (jornalista), Pelé (jogador), Tarsila do Amaral (pintora), Eduardo Saverin (Meta), Anitta (cantora), Silvio Santos (comunicador)...

Poderíamos ficar horas discutindo sobre os mais variados nomes e suas grandes realizações criativas, seja aqui ou no exterior. Certamente não chegaríamos nem perto de terminar uma lista com aqueles que revolucionaram seus setores com ideias criativas. Ao refletirmos sobre esses grandes nomes, é natural nos perguntarmos: seriam essas pessoas exemplos de seres humanos geniais? Ou apenas viram uma oportunidade na qual ninguém notou? Qual é o processo criativo que eles adotaram para chegar ao sucesso em suas áreas de atuação?

As reflexões são interessantes, mas qual sentido delas para o Direito? Simples. Historicamente o Direito não acompanha o processo inovador. É natural que o fato aconteça antes da norma ser criada, afinal é com base no empirismo e na ampla discussão que as legislações sejam debatidas e criadas. O Direito criou, inclusive, o *Sandbox* Regulatório, um modelo de regulação com conceito próximo ao que se vê na Tecnologia de Informação, em que um produto ou serviço é testado em um espaço controlado e, a partir do empirismo, a regulação começa a ser desenhada.

Para lidar com o ambiente inovador e com o mundo acelerado, conectado e sedento do "novo", não podemos mais esperar tanto para trazer segurança a novos modelos de negócio. Com o *Sandbox*, o Direito se posiciona como ciência que quer continuar a significar segurança para as pessoas, os produtos e os serviços.

Historicamente, também tivemos nomes do cenário jurídico brasileiro que merecem destaque. Antes do *Sandbox*, algumas cabeças brilhantes com formação jurídica, de alguma forma, deixaram seu legado. Qual seria o nome que você arriscaria a lembrar quando a pergunta fosse sobre nomes históricos e inovadores no Direito brasileiro? Rui Barbosa, cuja morte completa 100 anos em 2023? Ada Pellegrini Grinover? Myrthes Campos, a primeira mulher a advogar no Brasil? Pontes de Miranda? Ulysses Guimarães, presidente da Assembleia Nacional Constituinte?

Se trouxéssemos para mais perto, quando o progresso tecnológico começa a despontar em um ambiente de inovação e ineditismo, temos referências? Quem seriam essas pessoas? Entendemos que para criar uma lista, o primeiro passo é entender quais foram as realizações, depois medir os resultados e, por último, refletir como essas mentes brilhantes conseguiram utilizar maneiras únicas para solucionar problemas complexos e se destacar dos demais.

Aqui, fazemos um carinho e uma menção especial aos autores que assinam os textos reunidos nessa coletânea. Cada um desses nomes pode ser utilizado como resposta, pois são profissionais interessados em inovar no Direito como consequência de um comportamento acolhedor, respeitoso e criativo. Com base na autenticidade e na performance apresentada, a construção da autoridade para essas pessoas foi algo natural e não forçado.

Certamente, nossos autores não buscaram a inovação por si só; a inovação foi uma consequência da vontade de entregar um resultado diferenciado. Eles foram além: exercitaram o processo criativo a ponto de desconstruir conceitos e **adotaram a criatividade como um comportamento**, fazendo diferente e estimulando quem fizesse igual.

Leitor, é este o objetivo da obra: reunir aqueles que tem algo a compartilhar, seja por meio de cases de sucesso ou de insights sobre como se dá o processo criativo e leitores ávidos por conhecimento. Queremos propagar bons exemplos e, quem sabe, ajudar no processo de transformação do Direito.

Com uma linguagem acessível e didática, a obra mostra como a criatividade e a inovação estão interligadas e como as empresas – a começar pelas pessoas – podem adotar processos criativos para gerar resultados sustentáveis. É uma leitura indispensável para profissionais que desejam se atualizar sobre as melhores práticas em inovação no setor jurídico.

E, pela leitura dos capítulos aqui presentes, queremos que desenvolva a confiança criativa[3], que é a combinação de pensamento e ação, a capacidade de ter novas ideias e a coragem para testá-las. Queremos que entenda a diferença fundamental entre criatividade e inovação.

---

3 KELLEY, Tom; KELLEY, David. *Confiança criativa*: libere sua criatividade e implemente suas ideias. 2019.

Enquanto a primeira é uma habilidade, a segunda é um método, que pode ser desenvolvido, estudado e constantemente aperfeiçoado. Queremos que se dê conta que, ao buscar no dicionário, "inovação" está dentro da definição de "criatividade" e não o contrário. Transformação Jurídica está nas suas mãos e pede que se junte a nós para repetir: **Criatividade é comportamento... Inovação é processo**.

Guilherme Tocci
Paulo Samico
Tayná Carneiro

SUMÁRIO

EIXO I – O DESPERTAR DO ESPÍRITO CRIATIVO

EIXO II – CRIATIVIDADE É COMPORTAMENTO

EIXO III – INOVAÇÃO É PROCESSO

EIXO I

O DESPERTAR DO ESPÍRITO CRIATIVO

1

O intraempreendedorismo como caminho para a construção da criatividade junto às *legaltechs*

https://somos.in/IJCCIP1

Guilherme Tocci[1]
Paulo Samico[2]

É indiscutível que empreender no Brasil é um enorme desafio. Barreiras como a dificuldade de acesso ao crédito, problemas na captação de clientes, excesso de burocracia, falta de habilidades para a gestão empresarial e a alta carga tributária são constantemente lembradas em debates sobre este tema[3].

Não é à toa que inúmeras startups não vão tão longe. Segundo dados do IBGE[4], o Instituto Brasileiro de Geografia e Estatística, 80% das micro e pequenas empresas não chegam a completar o primeiro ano e 60% fecham antes dos cinco. Por que um número negativo tão alto e acentuado se é possível entender os motivos do insucesso?

---

1 Ávido por inovação na prática do Direito, teve uma carreira não tradicional no mundo jurídico. É Gerente Sênior Global de Legal Ops na Gympass e Cofundador da CLOB (Comunidade Legal Operations Brasil). Candidato ao MBA pela FGV e formado em Direito pelo Mackenzie. Trabalhou em legaltech e atuou em posição jurídica na Huawei e Demarest Advogados. Idealizador e coordenador de *Legal Operations*: como começar (pela SaraivaJur).

2 Advogado. Bacharel em Direito pela Universidade Federal do Rio de Janeiro (UFRJ), pós-graduado em Direito Processual e em Direito Regulatório pela Universidade do Estado do Rio de Janeiro (UERJ). Idealizador e coordenador dos livros *Departamento Jurídico 4.0 & Legal Operations* e *Legal Operations*: como começar (ambos pela SaraivaJur). Professor da Future Law, gerente jurídico na Mondelēz International, autor de artigos publicados em diversos periódicos jurídicos e colunista da Legal & Business, uma coluna do JOTA.

3 O Sebrae tem um excelente portal informativo com inúmeras ideias, cursos gratuitos e capacitações de extrema relevância para ajudar nessas dificuldades. Recomendamos o acesso em: https://sebrae.com.br/sites/portalsebrae?utm_source=google_search&utm_medium=search&utm_campaign=aw-oportunidade&utm_term=texto-art&utm_content=aw-opt0115&gclid=CjwKCAjwjYKjBhB5EiwAiFdSfhNzaF38NC6p93pogQ4aotBSEhgEHav29B1EpXbDfM5LSKKl_d84KBoC49oQAvD_BwE. Acesso em: 14/05/2023.

4 Dados do IBGE podem ser encontrados diretamente do site do órgão em: https://www.ibge.gov.br/estatisticas/economicas/servicos/22649-demografia-das-empresas-e-estatisticas-de-empreendedorismo.html. Acesso em: 14/05/2023.

Não é tão simples assim. Neste capítulo, temos o compromisso de trazer um tema que pode ajudar alguns (intra)empreendedores a se destacar no mercado, evitando entrar para os indicadores apresentados anteriormente. Falaremos sobre o desenvolvimento de produtos e serviços que sejam considerados realmente criativos e inovadores voltados para o ecossistema jurídico. E, de quebra, tentaremos conectar com algo que deveria ser constantemente estimulado: o intraempreendedorismo nas organizações.

Intraempreender é empreender dentro de uma organização. Essa habilidade vem sendo cada vez mais valorizada no ambiente de negócios, uma vez que, de forma proativa, os colaboradores estão buscando sugestões e *insights* para melhorar os serviços, os processos internos e os produtos da organização que atuam. Sobra até para o nicho de atuação empresarial, uma vez que o intraempreendedor pode sugerir novas oportunidades de negócio como possibilidade comercial.

Esse tipo de colaborador é visto como alguém que engaja, cocria, motiva, une, conecta. Além das atividades para as quais foi contratado, ele está sempre prestando atenção onde pode colaborar mais e exercer seu lado criativo. Geralmente os intraempreendedores são autogerenciáveis, pois sabem o que esperam dele.

O termo foi cunhado por Elizabeth Pinchot e Gifford Pinchot. Nos anos 1980, a dupla lançou um artigo[5] em que definem que "o intraempreendedorismo é empreender dentro de uma organização já existente". Vem da palavra inglesa "intrapreneur", que também pode ser entendido como empreendedorismo intracorporativo.

Existem excelentes exemplos de como o intraempreendedorismo pode dar certo e se transformar em uma fonte poderosa de geração de lucro para as organizações. O botão curtir do Facebook, o Gmail do Google e o post-it da 3M nasceram de atividades intraempreendedoras. Basta pesquisar que você perceberá que esses projetos não estavam no radar das organizações e viraram realidade por meio da vontade de seus idealizadores em fazer diferente. Eles tiveram coragem de sair da inércia, focaram em passar a primeira marcha, erraram, melhoraram e superaram o bloqueio criativo para vender seus projetos ao ponto de defenderem uma versão inicial.

No meio jurídico, não é diferente. Intraempreender é observar oportunidades[6] para dentro e para fora da organização. Para dentro, uma forma de alavancar os resultados internos, garantir atendimento ágil e personalizado, aperfeiçoar a eficiência operacional, atingir os objetivos estratégicos. Para fora, um meio de demonstrar responsabilidade social, pois

---

5 Intrapreneuring: Why You Don't Have to Leave the Corporation to Become an Entrepreneur. Artigo de autoria de Gifford III Pinchot, disponível em: https://papers.ssrn.com/sol3/papers.cfm?abstract_id=1496196. Maiores informações também em: https://printwayy.com/blog/intraempreendedorismo-quando-o-espirito-empreendedor-do-colaborador-se-manifesta/. Ambos com acesso em: 14/05/2023.

6 Conheça o Manifesto do Intraempreendedorismo, iniciativa que conta com a adesão de mais de 60 profissionais e diferentes organizações, como fomento na contratação de startups no Brasil. Disponível em: https://www.jota.info/opiniao-e-analise/artigos/manifesto-do-intraempreendedorismo-como-facilitar-a-contratacao-de-startups-12052023. Acesso em: 14/05/2023.

contratando as pequenas empresas, a economia é fortalecida e os empregos por elas gerados são preservados em um momento financeiro ruim para os investimentos de risco.

O processo criativo junto às startups jurídicas se dá pelo apetite de inúmeros empreendedores em aprender e desenvolver novos produtos e serviços com base na necessidade do mercado. Muitos dos fundadores se sentem impelidos a atender diretamente os clientes, se desafiando constantemente para entregar algo realmente inovador, estando sempre atento às tendências do setor, de modo que possa se antecipar à concorrência e ser um dos primeiros a farejar oportunidades comerciais de alto impacto financeiro e em um curto espaço de tempo.

Esse desenvolvimento, muitas vezes, é observado sem Provas de Conceito por meio do empirismo e pelo clássico método "tentativa e erro". Algo extremamente necessário dado a peculiaridade dos serviços jurídicos, em que quase sempre há a exigência de serem serviços ou produtos adaptáveis conforme as características da equipe jurídica solicitante. Onde sobra responsabilidade na execução de gastos – e disso os Departamentos Jurídicos entendem bem, também há um excesso de projetos jurídicos mal executados por uma grande resistência à mudança.

Além de uma gestão de mudança mal executada (geralmente apontado como o motivo principal de fracasso dos projetos), outros problemas são comumente apontados[7], na seguinte ordem de recorrência: a liderança não investe ou falta orçamento; a tecnologia é complexa ou não existe; e houve demora excessiva na implementação. Há algumas formas de mitigar os riscos para que esses problemas não ocorram e o intraempreendedorismo possa prosperar[8]. E uma das formas é escolher a startup jurídica adequada, especializada no problema e com profissionais que vivenciam todos os dias aquilo que se quer resolver.

A recomendação para buscá-las é o tradicional benchmarking. Buscar sessões, seja individualmente ou com comunidades com quem já utiliza a solução é o melhor meio para buscar dicas práticas e entender se o que está sendo vendido pelo fornecedor é de fato aquilo que será entregue. Também existem outras formas de intraempreender com segurança. Uma fonte segura que pode ser utilizada é o Radar[9] da AB2L, a Associação Brasileira de *Lawtechs* e *Legaltechs* e as trocas entre os eventos e benchmarks da CLOB, Comunidade *Legal Operations* Brasil. Seja fruto de cisões, fusões ou fundações, ao longo do tempo, é perceptível como o número de pequenas empresas vem aumentando.

Com o objetivo de facilitar o processo criativo originado na união do intraempreendedorismo com a contratação de startups, abaixo reunimos algumas ideias que podem ajudar em projetos nesse sentido:

---

7 Recomendamos a leitura de "#TrendingTopics para contornar os principais problemas em projetos jurídicos de tecnologia", texto em que esmiuçamos os problemas e apontamos soluções. Disponível em: https://analise.com/opiniao/trendingtopics-para-contornar-os-principais-problemas-em-projetos-juridicos-de-tecnologia. Acesso em: 14/05/2023.

8 Vide o mesmo artigo.

9 Disponível em: https://ab2l.org.br/ecossistema/radar-de-lawtechs-e-legaltechs/. Acesso em: 14/05/2023.

- **Investir no storytelling:** em texto ou em imagem, é recomendável saber contar a história, com início, meio, fim e aquilo que se espera da iniciativa. A Microsoft[10] revela que o cérebro humano processa informações visuais (imagens) cerca de 60 mil vezes mais rápido do que apenas texto. Já pensou em defender um projeto só com imagens e poucas palavras?
- **Ouvir críticas é fundamental:** independentemente da hierarquia, saber trabalhar o feedback, tendo argumentos consistentes o suficiente para o debate sobre o projeto é algo fundamental para evitar que o ego atrapalhe a execução da ideia – além da perspectiva de saber receber críticas construtivas para uma melhor construção colaborativa em projetos multidisciplinares.
- **Automatizar é usar o recurso da empresa de forma responsável:** a hora de trabalho de uma pessoa é muito preciosa, e cara, cara demais para ser gasta com atividade operacional. Enquanto um ser humano gasta dez horas de trabalho em uma função periódica, uma máquina pode fazer em poucas horas ou até em minutos com apenas um prompt de comando, de modo que a pessoa seja destacada para uma função mais intelectual e estratégica. Lembre-se: todo trabalho que pode ser feito por um robô não é um trabalho humano.
- **Orientação de decisões por meio de dados:** ouvir as opiniões e diferentes percepções dos times é relevante, mas permita que os dados tenham um peso maior no momento de decisões estratégicas no rumo do desenvolvimento da empresa, direção e realização do produto.

O processo criativo ocorre com base na união de inúmeras experiências que antes não foram conectadas. Para que isso ocorra, entendemos que as ações acima podem ajudar, mas sempre com a habilidade intraempreendedora fundamental permeando todo o cenário: a proatividade. Segundo o poeta alemão Goethe[11], "tudo o que você conseguir fazer ou sonhar que pode, comece a fazer. A ousadia traz em si talento, poder e magia".

Acreditamos que todo resultado é proporcional ao envolvimento. Não podemos esperar um resultado de milhões com um envolvimento de centavos… E para intraempreender é necessário coragem, atitude e se envolver em escala milionária. Aposte alto, acredite na ideia e tenha coragem para executar. Quando isso ocorre de forma genuína, orgânica, o sucesso é uma consequência natural. Já dizia Henry Ford[12], "o único erro real é aquele com o qual não aprendemos nada". Ou você acerta, ou você aprende.

---

10 Recomendamos a íntegra do artigo publicado pela empresa, disponível em: https://blogs.microsoft.com/blog/2023/03/21/create-images-with-your-words-bing-image-creator-com. Acesso em: 14/05/2023.

11 Extraído do site Forbes Quotes. Disponível em: https://www.forbes.com/quotes/5037/. Acesso em: 14/05/2023.

12 Extraído do site Forbes. Disponível em: https://www.forbes.com/sites/erikaandersen/2013/05/31/21-quotes-from-henry-ford-on-business-leadership-and-life/?sh=47c94173293c. Acesso em: 21/05/2023.

2 Direito e criatividade na era da inteligência artificial

Bruno Feigelson[1]
Tayná Carneiro[2]

INTRODUÇÃO

A inovação e a criatividade estão reformulando todas as áreas de nossa sociedade, inclusive o campo jurídico. Este artigo discute como podemos integrar esses elementos-chave em tempos de aprendizado de máquina, inteligências artificiais generativas e automação. Acreditamos que explorar os pontos de convergência entre o Direito e a Criatividade é um caminho essencial na era em que vivemos. As habilidades e conhecimentos que formam o conjunto de recursos mentais que usamos para resolver problemas, tomar decisões e criar valor – tornam-se, portanto, mais valiosos do que nunca.

O Direito, uma disciplina tradicionalmente vista como rigorosa e estruturada, é desafiado a abraçar novos paradigmas. A criatividade, muitas vezes relegada a campos artísticos, agora se torna um componente essencial para os profissionais do direito navegarem em um cenário jurídico cada vez mais complexo e dinâmico.

A inteligência artifical (AI), uma força disruptiva que está reconfigurando muitas áreas de nossa sociedade, desempenha um papel importante nesta interseção. Ela está alterando não apenas a maneira como as tarefas jurídicas são realizadas, mas também as habilidades necessárias para se destacar e contribuir com o desenvolvimento da prática jurídica e dos negócios.

As organizações valorizam cada vez mais o conhecimento, as habilidades e a capacidade de inovação que residem nas mentes de seus membros. A criatividade é o recurso que alimenta a inovação e a adaptação em um mundo em constante mudança.

---

1 Doutor e Mestre em Direito pela Universidade do Estado do Rio de Janeiro (UERJ), Bacharel em Direito pela Universidade Federal do Rio de Janeiro (UFRJ). Professor convidado da Fundação Getulio Vargas e Coordenador convidado do Ibmec, abordando os temas Direito e Inovação. Cofundador e Membro do Conselho da Presidente da AB2L – Associação Brasileira de Lawtechs e Legaltechs. Coordenador da Revista de Direito e as Novas Tecnologias (RDTec – RT). E-mail: bruno@futurelaw.com.br.

2 Doutoranda em Direito pela Universidade de São Paulo (USP), Mestre e Bacharel em Direito pela Universidade do Estado do Rio de Janeiro (UERJ). CEO da Future Law. Coordenadora da Revista de Direito e as Novas Tecnologias (RDTec-RT). Foi fellow do programa internacional da Universidade de Kobe no Japão. Professora e Coordenadora convidada do Ibmec, abordando os temas Direito e Inovação. Advogada, pesquisadora e professora atuante nas áreas de Web2 e Inovação no Direito. E-mail: tayna@futurelaw.com.br.

No âmbito jurídico, o profundo conhecimento da lei, habilidades de raciocínio lógico e argumentação persuasiva, bem como a capacidade de se adaptar e aplicar esse conhecimento a diferentes contextos e situações, são essenciais. No entanto, na era da IA, onde informações e conhecimentos jurídicos podem ser acessados e processados com uma velocidade e precisão sem precedentes, o desenvolvimento de habilidades relacionadas à criatividade se torna a grande chave para se destacar na profissão.

1. CRIATIVIDADE COMO PARTE INTEGRANTE DO DIREITO

São os recursos mentais – o conhecimento, as habilidades e a capacidade de criar – que nos permitem nos adaptar e desenvolver. O Direito, em particular, enfrenta um desafio único: como os profissionais do Direito podem desenvolver as habilidades necessárias para enfrentar as mudanças trazidas pela IA e usar essa tecnologia para melhorar sua prática?

A criatividade é frequentemente vista como uma habilidade reservada a artistas, escritores e inventores, este quadro limita o desenvolvimento de soluções inovadoras para problemas jurídicos e sociais contemporâneos, permitindo aos profissionais do Direito sair dos limites estreitos do juspositivismo e encontrar soluções mais eficazes e adaptadas às especificidades de cada caso. Trata-se da habilidade que torna possível transformar uma situação jurídica aparentemente inflexível em uma oportunidade para a justiça, a inovação e a eficiência.

Reconhecer a criatividade como parte integrante do Direito é o primeiro passo para superar esse obstáculo. Os advogados devem ser vistos não apenas como especialistas em legislação, mas também como solucionadores de problemas criativos. Simultaneamente, precisamos de um ecossistema jurídico que seja flexível o suficiente para se adaptar à inovação.

A incorporação de criatividade e inovação na prática do Direito não é apenas possível, mas é um imperativo para o futuro da profissão, representando, talvez, a habilidade mais valiosa no atual contexto. Ao adotar uma mentalidade de inovação, os profissionais do Direito podem resolver problemas de maneira mais eficaz e trazer soluções inéditas para desafios jurídicos.

2. IMPACTOS DA IA NO DIREITO

A Inteligência Artificial (IA)[3] está transformando a maneira como o Direito é praticado. Ela automatiza tarefas rotineiras, como pesquisa e revisão jurídica, liberando tempo para tarefas que requerem reflexão e criatividade humana. Ao reconfigurar os modelos de prestação de serviços jurídicos, a IA também está mudando as habilidades cognitivas mais valiosas no campo do Direito.

---

[3] Alguns especialistas criticam a designação "inteligência artificial" (IA) por acreditarem que não reflete de maneira precisa o que esses sistemas fazem. A IA, como conhecemos hoje, é especializada em tarefas específicas e não possui consciência, autopercepção ou entendimento semântico profundo – aspectos fundamentais da inteligência humana. Por isso, sugerem que a IA deveria ter outro nome, como "computação avançada", "aprendizado de máquina" ou "automação inteligente", termos que representariam melhor suas capacidades.

Habilidades como criatividade, pensamento crítico, empatia e a capacidade de se adaptar e aprender continuamente tornam-se essenciais. Essa mudança está levando a um reajuste na forma como os profissionais aprendem o Direito e exercem sua profissão.Isto significa que, além de seu profundo conhecimento da lei, os profissionais do Direito precisam se engajar em aprendizado interdisciplinar, melhorar suas habilidades de comunicação e resolução de problemas. A educação jurídica e a formação profissional precisam refletir esse novo paradigma, oferecendo oportunidades para o desenvolvimento contínuo de habilidades cognitivas centradas no desenvolvimento criativo.

A natureza imprevisível e volátil do mundo atual demanda soluções novas e flexíveis. O pensamento criativo é crucial para lidar com desafios complexos e inéditos, concebendo soluções únicas que vão além do que os algoritmos pré definidos podem oferecer. Adicionalmente, a criatividade permite a exploração de possibilidades futuras, a construção de cenários hipotéticos e a identificação de oportunidades emergentes – habilidades que a IA ainda não consegue replicar plenamente.

Por fim, a criatividade desempenha um papel vital na interação e colaboração humanas, contribuindo para a empatia, o entendimento mútuo e a criação coletiva. Enquanto a IA pode imitar aspectos da interação humana, a profundidade e a riqueza da colaboração criativa humana permanecem além de suas capacidades atuais. Por todas essas razões, a criatividade surge como uma habilidade inestimável na era da IA generativa.

2.1 Adapte-se: como integramos a criatividade à nossa vivência jurídica?

Nos últimos anos, temos vivido uma jornada fascinante no universo jurídico, enfrentando desafios e adquirindo conhecimentos que se entrelaçam com nossa história pessoal e profissional. Temos acompanhado o despertar de inúmeros profissionais do direito para o campo das novas tecnologias. Somos apaixonados por inovação e incorporamos a criatividade como um elemento essencial da nossa prática jurídica. Notamos e destacamos algumas ferramentas e comportamentos que nos ajudaram a adaptarmos ideais e que contribuíram para que encontrássemos recursos mais arrojados em nossos trabalhos:

a) Use metodologias e ferramentas como facilitadores

O *Design Thinking*, o *brainstorming*, o pensamento lateral, os mapas mentais e a prototipação rápida são algumas abordagens que nos ajudaram nesse processo. Essas práticas nos permitem explorar diferentes perspectivas, quebrar padrões de pensamento e visualizar soluções criativas para os desafios jurídicos. Ao adotar essas metodologias, desenvolvemos uma mentalidade mais aberta e colaborativa[4].

b) Crie a partir das interações com clientes e colegas

É fundamental interagir com clientes e colegas para compreender suas necessidades, anseios e objetivos. O pensamento centrado no usuário, aplicado às questões jurídicas, nos

---

[4] Nesse aspecto, recomendamos a seguinte leitura: DESTEFANO, Michele. *Legal Upheaval*: a guide to creativity, collaboration, and innovation in law. Ankerwycke, 2018.

ensina a ouvir e a entender verdadeiramente os envolvidos em um caso, permitindo a criação de soluções mais alinhadas com suas expectativas[5]. A prática do pensamento divergente, que envolve a habilidade de gerar múltiplas soluções para um único problema, e é identificada como um componente crítico do desenvolvimento da criatividade, se beneficia muito da interação, que permite sintetizar soluções mais eficazes, por contemplarem maior diversidade[6].

c) Compartilhe suas ideias de forma cativante

Inspire, envolva e influencie. A capacidade de contar histórias inspiradoras e engajadoras é essencial para transmitir ideias, projetos e estratégias no mundo jurídico. É importante sensibilizar tanto os clientes como as partes envolvidas nos casos sobre os objetivos das soluções propostas. Com uma narrativa bem articulada, é possível convencer e obter apoio para as abordagens inovadoras que propomos[7].

d) Equilíbrio entre as necessidades dos usuários e os objetivos dos negócios

Ao adotar uma abordagem centrada no cliente e ao mesmo tempo considerar as metas estratégicas da organização, podemos criar soluções jurídicas inovadoras e eficientes. Podemos identificar oportunidades para simplificar processos jurídicos, oferecer serviços personalizados e aumentar a satisfação dos clientes, ao mesmo tempo em que garantimos a viabilidade e o desenvolvimento da organização. Esse equilíbrio entre usuários e negócios impulsiona a criatividade e a geração de soluções jurídicas diferenciadas[8].

e) Sensibilidade ao contexto

Uma visão inspiradora nas organizações jurídicas requer sensibilidade para perceber e entender o mundo ao nosso redor. Devemos nos expor, ser vulneráveis e estar dispostos a aprender com as pessoas e seus problemas. Evangelizar não é o caminho; ao invés disso, precisamos compartilhar ideias que ressoem com as pessoas, inspirando-as a seguir em direção a soluções inovadoras. Ao nos permitir reconhecer nossos pontos cegos, abraçamos nossas vulnerabilidades. É a partir desse encontro com nós mesmos que podemos trazer à tona ideias genuínas e transformadoras. Desenvolver a criatividade no mundo jurídico exige a coragem de se expor, a curiosidade para explorar o desconhecido e a consciência plena de nossas próprias narrativas[9].

---

5 Leitura recomendada: STICKDORN, Marc et al. *Isto é design de serviço na prática*: como aplicar o design de serviço no mundo real: manual do praticante. Porto Alegre: Bookman, 2019.

6 Sugestão de leitura: BUTTERWORTH, John; THWAITES, Geoff. *Thinking skills*: Critical thinking and problem solving. Cambridge University Press, 2013.

7 Leituras recomendadas: FARIAS, Eduardo. Storytelling de dados: contando histórias com dashboards. Sistemas de Informação. Pedra Branca, 2020; ANDERSON, Chris. *TED Talks*: o guia oficial do TED para falar em público. Rio de Janeiro: Intrínseca, 2016.

8 Leitura recomendada: BESSANT, John; TIDD, Joe. *Gestão da inovação*. 5. ed. Brasil: Bookman, 2015.

9 Leitura recomendada: BROWN, Brené. *A coragem de ser imperfeito*. Rio de Janeiro: Sextante, 2013.

CONSIDERAÇÕES FINAIS

Em tempos de IA generativa, a criatividade é o norte da bússola profissional no mundo jurídico. A exposição a um arco diversificado de experiências educativas e de crescimento pessoal, juntamente com o exercício consistente do pensamento divergente, constitui uma rota para a geração de ideias originais e a formação de conexões inovadoras. Neste cenário, a advocacia deve se tornar um espaço que acolha a inovação, a experimentação e mesmo o fracasso, como partes integrantes do processo criativo. Além disso, é essencial reconhecer o papel do relaxamento e da contemplação, práticas que, segundo estudos recentes, fomentam *insights* criativos ao conceder ao cérebro o tempo necessário para a assimilação e integração de ideias.

O desenvolvimento da criatividade, vital na era da IA generativa, é um processo complexo que demanda a sinergia de múltiplas estratégias, todas elas cruciais para a adaptação bem-sucedida dos profissionais do Direito a esse novo cenário[10].

REFERÊNCIAS

ANDERSON, Chris. *TED Talks:* o guia oficial do TED para falar em público. Rio de Janeiro: Intrínseca, 2016.

BESSANT, John; TIDD, Joe. *Gestão da inovação.* 5. ed. Brasil: Bookman, 2015.

BUTTERWORTH, John; THWAITES, Geoff. *Thinking skills:* Critical thinking and problem solving. Cambridge University Press, 2013.

BROWN, Brené. *A coragem de ser imperfeito.* Rio de Janeiro: Sextante, 2013.

DESTEFANO, Michele. *Legal Upheaval:* a guide to creativity, collaboration, and innovation in law. Ankerwycke, 2018.

FARIAS, Eduardo. Storytelling de dados: contando histórias com dashboards. Sistemas de Informação. Pedra Branca, 2020.

SPECTOR, Jonathan Michael; MA, Shanshan. Inquiry and critical thinking skills for the next generation: from artificial intelligence back to human intelligence. *Smart Learning Environments*, v. 6, n. 1, p. 1-11, 2019.

STICKDORN, Marc et al. *Isto é design de serviço na prática:* como aplicar o design de serviço no mundo real: manual do praticante. Porto Alegre: Bookman, 2019.

---

10 SPECTOR, Jonathan Michael; MA, Shanshan. Inquiry and critical thinking skills for the next generation: from artificial intelligence back to human intelligence. *Smart Learning Environments*, v. 6, n. 1, p. 1-11, 2019.

3 O "como fazer" faz a diferença

Pedro Duarte[1]

Direito Privado. Direito Público. As duas grandes ramificações do mundo jurídico. De um lado, as aulas de Direito Civil e Empresarial, do outro as de Direito Administrativo e Constitucional. De um lado, resumidamente, pode tudo o que não for proibido; do outro, apenas aquilo que for autorizado. Seria a dicotomia entre a liberdade do indivíduo e as constrições ao Leviatã. Essa é a teoria, e quais seriam seus efeitos na prática?

Atuo dentro do Poder Legislativo há sete anos, acompanhando *in loco* o funcionamento da máquina pública e, em especial, a estruturação, discussão e elaboração de diplomas legais que norteiam a vida da população. Sendo assim, sou obrigado a concordar com a célebre frase atribuída ao Duque de Lauenburg, o Príncipe Otto von Bismarck: "Os cidadãos não poderiam dormir tranquilos se soubessem como são feitas as salsichas e as leis". De fato, desde que entrei neste universo, passei a experimentar muitas noites mal dormidas.

Recentemente, tive a felicidade e o privilégio de me tornar um legislador, a nível municipal, no Rio de Janeiro. Uma ótima oportunidade para colocar em prática tudo o que aprendi na faculdade de Direito ao longo dos anos, pensei, logo imaginando que eu sairia na frente pela boa formação acadêmica. Ledo engano. Em dois tempos, pude perceber que o dia a dia da política e da atividade legislativa demandaria muito mais do meu comportamento, iniciativa e criatividade que do meu conhecimento em si. Explico.

Em primeiro lugar, é preciso fazer um esclarecimento importante, pois muitos não devem saber, apesar de não ser difícil de acreditar: não há receita de bolo para o exercício de um mandato parlamentar. Diferentemente do Poder Executivo, que possui orçamento, metas, obrigações legais e controle por diferentes órgãos, o Poder Legislativo é bem, bem menos rígido. Desse modo, é natural que surjam alguns questionamentos como: o que define um bom mandatário? O que é um parlamentar eficiente e atuante? No entanto, não é fácil estipular parâmetros que sejam justos a todos, mas vale a tentativa. E foi com base nessas mesmas perguntas que começamos a formular os padrões da nossa atuação, que podem servir a outros que venham a se aventurar no Poder Público.

---

1 Advogado e especialista em Gestão Pública, Pedro Duarte é vereador da cidade do Rio de Janeiro, presidente da Comissão de Ciência e Tecnologia e integrante da Comissão do Plano Diretor. Acredita que, por meio da inovação, um Rio diferente é possível.

Apesar da dificuldade já citada, não é verdade também que seja uma tarefa impossível estabelecer ao menos critérios mínimos, como: (i) transparência, (ii) diálogo, (iii) participação social e (iv) respeito aos pilares da boa administração pública – legalidade, impessoalidade, moralidade, publicidade e eficiência – o bom e velho "LIMPE"[2], sigla guardada com esmero na cabeça dos admiradores do direito administrativo. Convenhamos: qualquer representante popular que valorize e se dedique a esses valores está pontuando positivamente, a despeito da sua vertente ideológica, já que deveria ser um ponto de partida comum a todos os gestores. É uma questão de forma, e não de conteúdo. Isto posto, o desafio seguinte é a materialização; a conversão da teoria em prática.

Como dizem: "falar é fácil, fazer que é difícil". Não propriamente por uma questão operacional em um primeiro momento, mas de idealização mesmo. O que é ser transparente na gestão pública? Publicar as decisões no Diário Oficial? Será que *basta jogar tudo em uma plataforma digital na crença de que os cidadãos saberão decifrar a linguagem da gestão pública*[3]? Claro, tem que ter, mas passa longe de ser o suficiente. Manter as redes sociais ativas? Abrir o maior número possível de canais nas mídias sociais e divulgar relatórios periódicos das ações do mandato? Fazer enquete no *Instagram* e interagir com os seguidores é participação social? Já foi inovador, agora é *feijão com arroz*. Sabemos que não precisamos, nem temos, que inventar a roda, mas é preciso ir além, ser criativo – se quiser *fazer* diferente para, de fato, fazer a diferença, claro. Nós queremos.

Vejam bem. Nós, primeira pessoa do plural e não do singular. Por dentro, e não por trás, da figura de um parlamentar, e de seu mandato, existe uma equipe, um time. Como qualquer empresa, o poder público também é feito, para além de todos aqueles princípios, de gente. Não há como entregar algo inovador e criativo dentro da administração pública – sobretudo dentro dela, com seus "freios e contrapesos" – sem a seleção de indivíduos firmemente comprometidos com isso. Já na seleção de nosso gabinete (processo aberto, com centenas de inscritos), definimos que, para além da competência técnica, da trajetória profissional e acadêmica, teríamos também um critério fundamental: a empatia e a boa vontade para lidar com o público. O motivo é simples: dificilmente teríamos um mandato efetivamente aberto à população (transparente e participativo, portanto), se os membros da equipe não gostassem de lidar com cidadãos. De todos os tipos: dos que mandam e-mails, dos que ligam, dos que aparecem no gabinete do nada, dos que fazem perguntas duras e desafiadoras e também os que querem apenas um pouco de atenção (há muitos desses, inclusive). Todos que trabalham conosco veem um valor fundamental nisso e sabem que é parte importante do processo.

---

2 BRASIL. Constituição (1988). Constituição da República Federativa do Brasil. Art. 37. Brasília, DF: Senado Federal, 1988. Disponível em: http://www.planalto.gov.br/ccivil_03/constituicao/constituicao.htm. Acesso em: 11 mai. 2023.

3 PICCOLOTTO, Letícia. Por que a transparência deve ser uma necessidade estratégica para o país? Com transparência e o uso de tecnologias, será possível restabelecer a confiança e credibilidade que os governos tanto precisam. JOTA, 2020. Disponível em: https://www.jota.info/coberturas-especiais/inova-e-acao/por-que-a-transparencia-deve-ser-uma-necessidade-estrategica-para-o-pais-18082020. Acesso em: 11 mai. 2023.

Selecionadas as pessoas comprometidas com os mesmos valores que os seus, o passo seguinte é a criação (e manutenção) da cultura de trabalho necessária aos objetivos postos. No nosso caso, firmamos uma tese: se selecionamos bem as pessoas, não faz sentido ficar administrando todas as suas pequenas decisões. É preciso dar liberdade, confiar – para tentar, ousar e errar (e, eventualmente, acertar). **Quem busca continuamente práticas inovadoras precisa estar ciente disto: o "erro" será parte da sua rotina – com uma singela diferença no caso do Legislativo: o escrutínio público. Enquanto muitos dos erros em empresas começam e terminam dentro da empresa, restrito aos diretamente envolvidos, na vida pública vale a regra oposta: muitos estarão acompanhando – e alguns torcendo contra, inclusive.** Diferentemente do seu time, que você selecionou e treinou, a sua audiência não necessariamente tem a mesma tolerância e compreensão com "inovações malsucedidas" ou "criatividade sem resultado" (para não dizer *erro*).

É preciso nivelar isso – não com uma, duas ou três iniciativas. Trata-se de um trabalho contínuo, que deve fazer parte da sua rotina – enquanto líder do grupo, o exemplo que todos seguem – e dos demais membros da equipe. Nesse sentido, a inovação na prática pública não decorre de uma ideia genial pensada em reunião de *brainstorming* ou da contratação de alguma consultoria especializada (nada contra ambos, aliás). A revolução não está no resultado, mas no caminho, no meio, no *processo*. O seu público precisa – e merece, convenhamos – participar ativamente dos trâmites que levam à inovação!

Muitas vezes a avaliação de uma política pública ou de um projeto de lei se dá não pelos produtos finais, mas sim pelo sucesso no decorrer da sua implementação. Vejamos: um projeto de lei pode ser idealizado por um parlamentar, redigido por seu assessor e formalmente protocolado. Tramitará segundo o regimento da Casa e irá a voto – podendo, evidentemente, ser aprovado ou rejeitado. Além disso, inúmeras vezes o projeto recebe emendas, que podem de fato melhorar o projeto, mas também têm a capacidade de torná-lo inócuo. É muito difícil ter controle sobre este resultado, que depende da cabeça de seus pares (podem ser dezenas ou centenas deles, a depender da instância). Agora, sobre o que se tem domínio é o *processo* até este momento final.

Para isso, é necessária uma reflexão: qual a origem da ideia que levará ao projeto apresentado? Partiu de algum integrante do mandato ou é fruto de demandas trazidas por cidadãos, associações representativas ou mesmo pela imprensa? Priorizar o que emerge da sociedade civil – e, portanto, já possui algum respaldo em ao menos um segmento dela – é uma boa pedra fundamental. Em seguida, circular essa ideia entre outros grupos, favoráveis e contrários, para que possa amadurecer e ganhar solidez (ou ser descartado, vale dizer). Aí sim, lapidado por assessoria técnica que adeque a proposta ao nosso ordenamento jurídico e faça a redação necessária, que seja protocolado o projeto.

O desafio, portanto, consiste em combinar uma análise técnica com a abertura à participação popular no processo legislativo, o que é fundamental em uma democracia[4].

---

[4] LEITE, Marcus Vinicius; SOARES, Hugo. Participação e contraditório na construção do processo legislativo.

Durante a tramitação, é fundamental movimentar as comissões temáticas, organizar audiência pública, organizar abaixo-assinado, escrever artigos sobre, pautar a imprensa, tudo o que for possível para ajudar a esquentar o debate. Por diferentes motivos. Além de essa movimentação (sobretudo se convertida em *pressão*) ajudar na aprovação e implementação do que se idealiza, o maior ganho, como já pontuado, acontece aqui, no processo. Conteúdo foi produzido, o Poder Público saiu da paralisia, pessoas se informaram sobre o tema, exerceram sua cidadania e sentiram-se mais próximas de seus representantes e das instituições. Ainda que o projeto não seja aprovado e *pareça* a alguns que não houve ganho algum, apenas tempo e esforços desperdiçados, isto não será verdade. Os ganhos para todos nós, enquanto sociedade e democracia, será enorme. E compreender este processo faz parte do amadurecimento político, tanto do parlamentar e seus assessores quanto da sociedade civil, que também deve ser protagonista do jogo de xadrez que é a política.

A partir do momento que você, seja como agente público ou alguém engajado em causas públicas, entende e percebe essa diferença, toda a sua percepção sobre *como* fazer (boa) política muda. Toda a lógica de "se você não fizer assim, como sempre foi feito, nada seu será aprovado", que tentam impor a contragosto de muitos, é deixada de lado. É uma falácia, uma mentira muito conveniente (a alguns). Com base nesse entendimento que pautamos hoje a nossa forma de trabalhar, permitindo que toda a equipe se comporte **criando e inovando livremente**, desde que alinhada aos princípios citados no início, e que trazemos novamente para cá:

- **Transparência:** publique, divulgue, deixe o site atualizado, use as redes sociais, organize relatórios e prestação de contas. Informação nunca é demais.
- **Diálogo:** valorize o contraditório, mantenha boas relações com aqueles que você discorda, instigue-os a fazer, desde o início, o contraponto ao que você propor. Interaja com os elogios, mas jamais deixe de responder uma crítica ou um questionamento.
- **Participação social:** organize enquetes, campanhas de mobilização, audiências públicas, eventos na rua, programas de formação, receba as pessoas em seu gabinete / órgão. Toda e qualquer ideia que amplie a participação do cidadão na sua rotina de trabalho é bem-vinda.
- **Respeito aos pilares da boa administração pública:** ao mesmo tempo em que respeitá-los é fazer o mínimo enquanto figura pública, não podemos subestimar a força do *exemplo*. Vá além do básico, as pessoas perceberão valor nisso.

Esses valores não são só os princípios que nortearão o resultado. Segui-los, incentivá-los e promovê-los são o próprio resultado.

Elaboração normativa envolve tratamento de problemas sociais relevantes e concretos, com dimensões práticas. JOTA, 2020. Disponível em: https://www.jota.info/opiniao-e-analise/artigos/participacao-contraditorio-construcao-processo-legislativo-30092020 . Acesso em: 11 mai. 2023.

[illegible]

[illegible]

[illegible]

[illegible]

[illegible]

[illegible]

[illegible]

EIXO II

CRIATIVIDADE É COMPORTAMENTO

#skills

4 A criatividade se origina da coragem de defender uma ideia

https://somos.in/IJCCIP1

Karina Tronkos[1]

"Projetos criativos têm algo em comum. Eles envolvem o gesto corajoso de trazer algo da nossa imaginação para o mundo real. E todos começam por uma ideia."
Tiago Henriques, no livro *Erra uma vez*

Doug Dietz era chefe de design na General Electric e estava envolvido há alguns anos em um projeto cujo objetivo era desenvolver a mais nova máquina de ressonância magnética do mercado. Orgulhoso por terem desenvolvido a mais "inovadora" e avançada máquina de diagnóstico até o momento, ele foi ao hospital onde uma delas havia sido instalada para conferir o resultado de vários anos de dedicação.

Ao chegar no hospital, ele presenciou a preparação do exame de uma garotinha de 7 anos que chorava aterrorizada diante da máquina. Ao conversar mais a fundo com o hospital, descobriu que cerca de 80% dos pacientes pediátricos tinham de ser sedados para usar o equipamento. Diante disso, se perguntou: "Qual o sentido de criar uma máquina tecnologicamente avançada em termos de precisão de diagnóstico, mas que causa pânico nos pacientes?".

Para lhe auxiliar a pensar em uma solução, ele participou de um workshop de Design Thinking na "d.school – Creativity And Design Thinking", o renomado instituto de design

---

1 Conta com atuações como designer de experiência do usuário na Apple Developer Academy PUC-Rio, Globo, Accenture e Hurb. Formada em ciência da computação pela PUC-Rio, foi cinco vezes vencedora do Scholarship da Apple, uma competição mundial para estudantes de desenvolvimento de aplicativos. Também é TEDx speaker, palestrante, LinkedIn Top Voice e criadora de conteúdo no Nina Talks (@ninatalks), projeto que conta com centenas de milhares de entusiastas e apaixonados por design e tecnologia.

da Stanford University. Durante o programa, ele aprendeu sobre conceitos como design centrado no humano e **confiança criativa.**

Foi assim que surgiu a ideia de se criar um ambiente lúdico, em que as crianças pudessem se sentir à vontade. Para transformar a experiência dos pequenos em uma "Aventura Pirata", a máquina e a sala foram pintadas, imitando um navio pirata e os operadores foram treinados para promover a imersão por meio do **storytelling.**

Os resultados foram impressionantes: caiu para 10% o número de crianças que precisavam ser sedadas (diminuindo os custos com anestesia), mais crianças passaram a ser examinadas por dia, sendo uma solução extremamente benéfica para os pacientes, suas famílias, os planos de saúde e os hospitais. **Esse é um grande exemplo de como explorar a sua confiança criativa para criar algo inovador.**

Mas o que é essa tal de "confiança criativa"? Esse termo foi cunhado por Tom e David Kelley, cofundadores da IDEO, uma das maiores empresas de design e consultoria em inovação do mundo. De acordo com eles, apesar das pessoas terem habilidades e perspectivas diferentes, todas têm algo muito importante em comum: são capazes de pensar de maneira criativa e guardam dentro de si um enorme potencial de criação.

Em poucas palavras, confiança criativa é a capacidade de ter novas ideias e a coragem de testá-las. Nós não precisamos criar a criatividade do zero! O que David e Tom Kelley enxergaram é que eles só precisavam ajudar as pessoas a redescobrir o que elas já possuem: a capacidade de imaginar, ou expandir, ideias originais.

A criatividade é como um músculo, que pode ser fortalecido e exercitado com empenho e persistência. Mas o maior valor da criatividade só surge com coragem de colocar essas ideias em prática.

Ao despertar a sua confiança criativa, você começa a ver novas maneiras de melhorar as coisas, desde o modo como dá uma festa até como conduz uma reunião. Quando você abre a sua mente para a possibilidade de que a sua capacidade de criação é ilimitada e desconhecida, você já está com o tênis de corrida, agora é hora de experimentar correr!

Muitas pessoas atrelam a criatividade às pessoas com habilidades artísticas como músicos, dançarinos e escritores. Só que a criatividade é necessária em todas as indústrias! Existem mentes criativas na medicina, advocacia, engenharia etc. Nós precisamos vencer essa nossa tendência de nos rotularmos como "não criativos".

Certa vez, eu li um artigo muito interessante que falava da relação entre a criatividade e o ofício. Ele falava sobre o fato das pessoas não se sentirem criativas por conta da confusão entre as duas palavras. Quando a gente observa o resultado de um trabalho, ele consiste em duas partes: a criatividade e o ofício. O ofício é o fazer, a mão na massa e a criatividade é a engenhosidade por detrás dela.

É fácil olhar para os outros e supor que, por conta dos seus dons criativos, eles são tão bons. Mas, na verdade, a criatividade requer um aperfeiçoamento do ofício, da prática, do fracasso e do aprendizado. O ofício é o subproduto do trabalho hora após hora, semana após semana, ano após ano. E para você desenvolver o seu ofício, você precisa dedicar tempo.

Onde a criatividade entra nisso tudo? Ela é a forma com que a gente utiliza as nossas habilidades para trazer algo à vida.

Quem nunca observou o trabalho de alguém que admira e falou "nossa, ele nasceu pra isso, ele é muito talentoso". Em contrapartida, nós raramente nos perguntamos o quanto essa pessoa praticou para se tornar bom.

Mas como a criatividade e a inovação conversam entre si? De acordo com o dicionário de Oxford, criatividade significa: "Inventividade, inteligência e talento para criar, inventar e inovar". Como podemos ver, "inovar" está dentro da definição de "criatividade", pois a inovação é resultado direto da criatividade.

De acordo com uma pesquisa da *Forrester Research*, 82% dos executivos concordaram que a criatividade beneficia suas empresas por meio de aumento de receita e maior participação de mercado. A IBM também produziu um estudo, o *IBM Global CEO Study*, que afirmou que +1500 CEOs classificaram "criatividade" como fator número #1 para o sucesso do futuro dos negócios, pois navegar em um mundo cada vez mais complexo exigirá criatividade.

Uma frase que nós ouvimos com frequência é sobre "pensar fora da caixa", mas e se a gente pensar dentro da caixa? Essa é uma reflexão trazida no livro *Rethinking Creativity*, do Robert Weisberg que fala que a verdadeira inovação depende do pensamento de dentro da caixa. Em que sentido? Uma das suas premissas é que as ideias originais vêm do que já conhecemos. Ou seja:

1) O primeiro passo na criatividade é uma **compreensão profunda do assunto que está tratando.** Algumas das pessoas mais criativas são aquelas com uma grande base de conhecimento sobre algum assunto. Elas observam e agem em cima dos problemas olhando para a sua estrutura existente e usando sua compreensão do que funcionou e do que não funcionou antes para pensar em novas soluções.
2) O segundo aspecto é a **curiosidade**! Por mais clichê que possa parecer. Quando as pessoas estão fazendo perguntas e se questionam "e se...", elas estão iniciando o caminho da criação. Testar hipóteses e fazer experimentos é um ótimo exercício criativo! São justamente as observações curiosas que permitem que possamos construir nosso conhecimento, nos levando a novas ideias.
3) O terceiro aspecto é que se trata de se **fazer conexões entre as coisas.** Trata-se de estudar o que aconteceu no passado, o que está acontecendo no presente e refletir sobre o futuro que desejamos. Como dito por Murilo Gun: "Soluções antigas não resolvem desafios novos. Se você ficar apegado a resolver como sempre resolveu outras questões, não vai dar certo".

Para abrir uma nova possibilidade, a gente precisa arriscar entrar no território do novo, do desconhecido. Em geral, a humanidade foi condicionada a ter medo do desconhecido, porque medo é relacionado com "perigo", mas o medo também é um indicativo do novo. Para um ser usar a criatividade para criar algo inovador, ele provavelmente vai enfrentar o medo no meio do caminho.

Gostaria que, a partir dessas reflexões, você possa refletir sobre a coragem de se enxergar como criativo, coragem de criar, coragem de ousar ser inovador. Você pode realmente se tornar mais criativo mudando a sua mentalidade. Inovadores disruptivos fazem isso por escolha, não por acaso.

#skills

5 A diversidade é o único caminho para a sustentabilidade das organizações

Eduardo Gil[1]

Thiago Luiz Ferreira[2]

A discussão sobre o papel da diversidade no contexto das organizações não é recente. Sob uma perspectiva histórica, pelo menos desde a década de 1960 grandes empresas têm adotado políticas internas com o objetivo de garantir igualdade de oportunidades para grupos minoritários. No entanto, o eixo central dessa discussão vem evoluindo ao longo do tempo, o que significa dizer que a visão construída em torno do conceito de diversidade organizacional e dos seus impactos para o negócio é dinâmica e segue em amplo processo de transformação.

Para fins de estruturação deste capítulo, dividimos a jornada de concepção da diversidade organizacional em três grandes momentos: *diversidade como responsabilidade social*; *diversidade como alavanca de performance organizacional*; e *diversidade como estratégia de sustentabilidade corporativa*.

DIVERSIDADE COMO RESPONSABILIDADE SOCIAL

Inicialmente, o fomento à diversidade surgiu como uma resposta das organizações a fatores externos que, de alguma forma, poderiam impactar a sua imagem ou marca corporativa. Dentre esses fatores externos, destacam-se o avanço das legislações antidiscriminatórias em nível global e a pressão social por igualdade de oportunidades e de tratamento para todos os indivíduos.

---

1 Chief Counsel Brasil – Diretor Jurídico na Mondelēz International.

2 Senior Legal Manager na Mondelez International, com passagens pela Souza Cruz (BAT Brasil) e pelo Lobo & Ibeas Advogados. Ao longo de sua trajetória profissional, acumulou experiências diversificadas na gestão estratégica de questões jurídico-corporativas. Lidera projetos de tecnologia e inovação jurídica com foco em gestão, eficiência, simplificação e identificação de oportunidades. É mentor e líder de equipes da alta performance, com experiência em processos de reestruturação organizacional, transformação cultural e gestão da mudança. Acredita na construção de ambientes de trabalho acolhedores e inclusivos para todos, e, nesse sentido, tem atuação firme na liderança de projetos de diversidade, equidade e inclusão. Possui pós-graduação pela PUC-Rio e MBA Executivo pela Fundação Dom Cabral. Recentemente, foi reconhecido na lista de executivos jurídicos da "The Legal 500 GC Powerlist".

A diversidade era, então, abordada sob um viés social e humanitário, cujo objetivo principal era o de garantir que nenhuma pessoa seria discriminada com base em sua raça, gênero, orientação sexual, religião etc. Buscava-se, dessa forma, viabilizar uma atuação corporativa em conformidade com as leis vigentes e, assim, evitar qualquer tipo de dano reputacional.

Em outras palavras, a diversidade consistia em tática preventiva focada apenas e tão somente na mitigação de riscos para a organização. A diversidade não era trabalhada sob a perspectiva de estratégia de negócio e certamente não existia uma visão concreta acerca do valor que ela poderia agregar em termos de resultados financeiros e performance organizacional.

DIVERSIDADE COMO ALAVANCA DE PERFORMANCE ORGANIZACIONAL

Com a evolução do contexto social e cultural envolvendo diversidade, as organizações passaram a adotar uma nova abordagem: a diversidade deixa de ser exclusivamente uma questão de responsabilidade social para assumir um papel estratégico na propulsão de resultados financeiros e performance organizacional.

E esse é o momento vivido pela grande maioria das empresas. A diversidade passa, então, a ser considerada verdadeiro diferencial competitivo, já que possibilita a reunião de diferentes perspectivas, vivências e experiências na execução do propósito e do plano estratégico da organização.

Isso porque cada vez mais os consumidores buscam produtos, serviços e conteúdos adequados à sua realidade. Eles querem adquirir uma experiência. Querem se ver considerados e respeitados naquilo que consomem. E como somos todos diferentes e cada grupo possui características, realidades e necessidades específicas, queremos consumir algo que nos atenda plenamente. Não serve mais o mesmo shampoo ou comida para todos.

Reforçando essa premissa, pesquisas recentes[3] deixam claro que as gerações Z e Y, principais forças de consumo na atualidade, buscam produtos e serviços com os quais se identifiquem e, mais que isso, nos quais enxerguem os seus próprios valores. As novas gerações buscam representatividade nos seus hábitos de consumo.

Atentas a esse novo contexto de realidade, as grandes empresas perceberam que só conseguiriam entregar produtos, serviços e conteúdos com autenticidade para as novas gerações, que celebram as diferenças e enxergam a pluralidade como um valor inegociável, trazendo representantes dos mais variados grupos de diversidade para a cadeia de desenvolvimento.

A razão é simples: somente com diferentes perspectivas, vivências e experiências é possível viabilizar a construção de um ambiente mais aberto, com ampla variedade de ideias, conceitos e soluções – um ambiente, portanto, propício à *criatividade*. Ambientes diversos impulsionam a criatividade na medida em que estimulam a resolução de problemas e

---

3 Accenture Strategy. "Generation P(urpose): from fidelity to future value" (2020).

desafios por meio de soluções originais e eficazes, geralmente a partir de um fluxo de pensamento não linear (e muitas vezes intuitivo).

A criatividade gera resultados concretos quando direcionada para a criação de novos produtos e serviços – dentro de um processo de *inovação*. A inovação é, assim, o resultado da aplicação da criatividade em soluções tangíveis e diferenciadas que agregam valor e impulsionam os resultados da organização.

Pessoas que apresentam diversidade de origem, gênero, raça, religião, classe social e outras obviamente contam com experiências de vida e visões do mundo diferentes. Quando essas pessoas encontram espaço para se manifestar livremente – e, mais que isso, para existir em sua verdadeira essência –, podem contribuir de forma muito mais ampla e autêntica que um grupo homogêneo.

Somente representantes desses diversos grupos sociais podem traduzir de forma assertiva como os indivíduos neles inseridos se sentem com relação a determinado produto ou serviço ou, ainda, como gostariam de ver suas necessidades atendidas. É essa dinâmica de interações que permitirá à organização chegar a uma solução que acomode a maior amplitude de interesses, aumentando, assim, as chances de tais produtos ou serviços serem aceitos pelos consumidores.

Já existem diversos estudos dando conta de que empresas que investem em diversidade apresentam melhores resultados financeiros e performance organizacional, como, por exemplo, os relatórios produzidos pelas consultorias *McKinsey & Company*[4] e *Deloitte*[5], cujos resultados apontam que:

- Empresas com equipes de liderança diversas têm entre 25% e 36% mais chances de apresentar desempenho financeiro superior;
- Empresas que desenvolvem uma cultura de diversidade e inclusão aumentam em 2 vezes as chances de atingir ou exceder métricas financeiras e em 8 vezes as chances de atingir melhor performance de negócio;
- Empresas com maior diversidade apresentam maior capacidade de inovação;
- Empresas com diversidade de pensamento aumentam o seu potencial de inovação em até 20% e reduzem riscos em até 30%;
- Empresas que desenvolvem líderes inclusivos garantem aumento de 17% na performance de seus times, 20% na qualidade da tomada de decisão e 29% na colaboração entre as equipes;
- Empregados de empresas comprometidas com diversidade e inclusão relatam 70% de aumento no sentimento de justiça, respeito, valor, pertencimento e segurança emocional/psicológica.

---

4 "Why diversity matters" (2015); "Delivering through diversity" (2018); "Diversity wins" (2020).

5 "The diversity and inclusion revolution: Eight powerful truths" (2018).

É evidente, portanto, a relação entre diversidade, criatividade, inovação e performance organizacional. A diversidade, na realidade, é a base de sustentação da criatividade, que, por sua vez, suporta a inovação. Sem inovação, as organizações não conseguem atender à demanda dos novos consumidores por produtos e marcas que lhes representem em suas especificidades e que lhes proporcionem uma experiência autêntica e significativa.

Na medida em que contribui para a construção de ambientes mais criativos e inovadores, a diversidade constitui verdadeiro diferencial competitivo e, assim, alavanca os resultados da organização.

DIVERSIDADE COMO ESTRATÉGIA DE SUSTENTABILIDADE CORPORATIVA

O próximo estágio de evolução da diversidade organizacional surgiu da constatação de que a construção de times diversos não é suficiente para garantir resultados sustentáveis. De fato, as organizações já perceberam que a diversidade só agrega valor concreto quando inserida em um ambiente de *inclusão*, em que todos encontrem espaço e acolhimento para ser quem realmente são e, assim, atingir o seu potencial máximo.

Diversidade e inclusão são conceitos relacionados, mas diferentes entre si. A *diversidade* se refere à existência de pessoas com características e origens diversificadas dentro de um determinado grupo, o que engloba diferenças relacionadas com etnia, raça, gênero, orientação sexual, idade, habilidades etc. A *inclusão*, por sua vez, reconhece e valoriza essas diferenças, criando um ambiente de empatia e respeito em que todas as pessoas se sintam acolhidas em suas singularidades. Como muito bem colocado por Verna Myers[6], "diversidade é ser convidado para a festa, inclusão é ser chamado para dançar".

Importante destacar, aqui, que uma perspectiva de inclusão poderosa e efetiva deve necessariamente partir de uma concepção ampla de diversidade. Atualmente, a grande maioria das organizações se encontra em um momento de transição em suas estratégias de diversidade e inclusão, migrando de um modelo de atuação com foco em grupos de afinidade, especialmente aqueles voltados para as temáticas de gênero, orientação sexual, deficiência e raça/etnia, para um modelo construído com base em uma abordagem mais ampla, que não se limita a características identitárias, mas abraça também as diferenças de opinião, perspectivas, experiências, formações, habilidades, personalidades etc. – a *diversidade ideativa*.

Essa mudança de prisma – de diversidade pura e simples para diversidade inclusiva; de diversidade estrita para diversidade ideativa – constitui o pilar fundamental da diversidade como estratégia de sustentabilidade corporativa. Aqui, a diversidade está integrada na cultura e nos valores da organização, o que potencializa os impactos positivos para o negócio em uma perspectiva sustentável (de longo prazo), tais como:

---

6 Verna Myers é advogada, consultora e autora americana especializada em diversidade, equidade e inclusão.

- Clima organizacional: ambientes diversos e verdadeiramente inclusivos são mais abertos e acolhedores, estimulando a construção de relacionamentos de confiança e colaboração em todos os níveis;
- Equipes de alta performance: apenas quando se sentem acolhidas em sua essência e livres para ser quem realmente são, as pessoas encontram espaço para atingir o seu potencial máximo;
- Diferentes perspectivas: pessoas com diferentes experiências e formas de enxergar o mundo tendem a pensar em soluções e abordagens criativas e inovadoras para problemas;
- Estímulo ao pensamento crítico: a diversidade e a inclusão abrem espaço para o debate construtivo, já que as pessoas podem ser desafiadas a reconsiderar suas suposições e encontrar novas soluções;
- Tomada de decisão: grupos diversos e trabalhando de forma colaborativa em um ambiente inclusivo tendem a possuir maior arsenal de informações e opiniões, o que pode mitigar vieses inconscientes e alavancar o processo de tomada de decisão;
- Identificação de novas oportunidades: a representatividade dos diversos grupos sociais nos quadros da organização aumenta as chances de sucesso de estratégias de negócio focadas no consumidor, além de viabilizar a identificação de novas oportunidades de mercado e o desenvolvimento de produtos/serviços que atendam às necessidades de um público mais amplo.

Até bem pouco tempo, o resultado financeiro de uma empresa bastava para indicar sua perspectiva de sucesso futuro. A realidade de hoje é outra, já que, no mundo moderno, muito mais complexo e fluido, o consumidor busca constantemente por inovação, autenticidade e representatividade, ao passo em que causas sociais ganham cada vez mais relevância. Nesse contexto, a diversidade passa a ser a única forma de uma organização conseguir entender e atender a todas as demandas e necessidades de seus consumidores e garantir resultados futuros.

Portanto, não restam dúvidas de que somente grupos diversos e inseridos em um ambiente verdadeiramente inclusivo têm a capacidade de traduzir toda a complexidade e multiplicidade de existências do nosso mundo atual para entregar produtos, serviços e conteúdo que representem de forma efetiva os consumidores e que, ao mesmo tempo, atendam à demanda da coletividade por organizações que atuem com responsabilidade social e dos investidores por empresas que demonstrem capacidade de entender o presente, planejar o futuro e entregar resultados sustentáveis no longo prazo.

#skills

6 O futuro do trabalho e a importância da inovação para os profissionais no presente

Mariana Reis[1]

A inovação é um tema que tem sido amplamente discutido nos últimos anos, especialmente no contexto do futuro do trabalho. Com o avanço acelerado da tecnologia e as constantes mudanças no mercado, as empresas precisam inovar para se manterem competitivas e os profissionais precisam estar preparados para acompanhar essas mudanças e se adaptar a elas.

Diante desse cenário, surge a necessidade de se discutir o papel da inovação na formação do profissional do futuro. O mundo do trabalho está em constante transformação e as habilidades que eram valorizadas no passado podem não ser mais relevantes. Por isso, é preciso entender como a inovação pode ajudar os profissionais a se destacarem em um mercado cada vez mais exigente e competitivo.

Neste capítulo, vamos explorar a relação entre inovação e o profissional do futuro, enumerando as principais competências que serão necessárias para se destacar no mercado de trabalho e as estratégias que podem ser adotadas para desenvolver essas habilidades.

CONTEXTO DO MERCADO DE TRABALHO GLOBAL

Segundo dados do estudo publicado pelo Fórum Econômico Mundial[2] em 2020 a pandemia acelerou alguns processos que já vinham acontecendo no mercado corporativo. A publicação também informa que mais de um bilhão de empregos – quase um terço de todos os empregos em todo mundo – serão transformados pela tecnologia na próxima década e até 2025 teremos uma demanda decrescente de 85 milhões de postos de trabalho.

---

1 Graduada em Administração de Empresas pela IBMEC-RJ, com mestrado internacional em Gestão de Projetos pela EAE Business School – Barcelona. Atualmente é a fundadora e CEO da UPTALENT, atua como Headhunter Internacional e especialista em gestão de carreira atuando no mercado Nacional, Europeu e Asiático. Realiza palestras, treinamentos e mentorias em gestão de carreira e talentos, que já impactaram mais de 10.000 talentos e contribuiu com a recolocação e transição internacional de clientes em mais de 19 países nas empresas mais desejadas pelo mercado como Google, Red Bull, L'Oreal, Amazon etc.

2 Disponível em: https://jornal.usp.br/atualidades/pandemia-gera-alteracoes-no-mercado-de-trabalho-a-partir-da-digitalizacao/. Acesso em: 13/05/2023.

Quando olhamos para esse dado ele nos assusta, não é? Logo pensamos "meu emprego vai sumir", "A máquina vai tomar o lugar do homem". E aí é que para a nossa tranquilidade vem a boa notícia: existe uma projeção[3] de que 97 milhões de novos empregos surgir. Algo ainda pouco explorado, talvez porque é uma matéria que "não vende".

Portanto, não há o que temer no sentido de que "não terei com o que trabalhar". Esses números apontam que teremos oferta até maior de trabalho do que temos hoje, mas o fato é que sim teremos grandes mudanças no escopo das funções muito relacionadas à tecnologia, transformação digital e digitalização do negócio.

Nesse contexto, nós profissionais precisamos nos antecipar e se qualificar para atender as demandas do mercado, antevendo e se antecipando às tendências e às mudanças. Se eu estivesse em uma entrevista com você hoje e te fizesse a pergunta abaixo, você saberia me responder?

QUAL A TENDÊNCIA DE TRANSFORMAÇÃO DIGITAL NA SUA ÁREA DE ATUAÇÃO?

Você PRECISA saber essa resposta. Se não, terá um problema no curto/médio prazo. Se você não sabe responder hoje, tudo bem. O propósito deste capítulo é provocar essa reflexão. O problema começa de fato quando você não sabe e não está preocupado em encontrar essa resposta.

"Tendência" comunica o que está mudando. É uma luz vermelha piscando para você e falando "ei, isso aqui vai mudar" e o primeiro passo para se adaptar para o novo é entender o que está mudando. Por isso, é tão importante sempre se provocar com essa pergunta durante a sua carreira.

Atualmente estamos experimentando novas formas de consumir. Essa "descoberta" será traduzida em um novo comportamento do consumidor que, por sua vez, faz com que todas as empresas – independentemente do porte – tenham que rever o seu modelo de negócio. Esse novo formato gerará novas formas de atuação e, portanto, um novo modelo de gestão. Temáticas como "Digital" e "Analytics" estão encabeçando todas as transformações nas empresas e "transformação digital" deixa de ser uma questão relacionada à TI e passa a ser uma estratégia institucional.

O QUE É TRANSFORMAÇÃO DIGITAL?

Existe um grande equívoco hoje, de grande parte dos profissionais, em acreditar que transformação digital é apenas comprar uma tecnologia, comprar um sistema novo, trazer os serviços de uma nova startup. Acreditam, de verdade, que está relacionado ao fato de adquirir uma nova tecnologia. Permita-me discordar.

---

3 Disponível em: https://www.fiems.com.br/noticias/relatorio-projeta-que-automacao-deve-acabar-com-85-milhoes-de-empregos-nos-proximos-5-anos/33087. Acesso em: 13/05/2023.

Transformação digital é uma JORNADA. Uma equação que envolve um forte trabalho de cultura da empresa, políticas de RH que fomentem essa ideia internamente, um grande esforço dos líderes para cocriarem um modelo mental de abertura ao novo e ao erro nas suas equipes e de também criarem um ambiente seguro onde os colaboradores se sintam confortáveis para sugerir novas formas de fazer algo, uma jornada que envolve também um grande trabalho de melhoria dos processos internos e, aí sim, adicionamos a tecnologia. Entendo que a tecnologia é muito mais uma consequência dessa jornada do que o fato principal em si. Sabe qual é o grave problema que vem ocorrendo se não for pensado dessa forma?

Muitas empresas e profissionais estão indo direto para a "contratação do novo sistema" e quando você age dessa forma, muito provavelmente você acaba digitalizando o "ruim" e o que era para ser uma transformação digital... Acaba virando uma frustração digital. Transformação digital, apesar do nome, tem muito mais a ver com você que está lendo este capítulo, o seu modelo mental, a sua abertura para o novo do que efetivamente com tecnologia.

> "A transformação digital acontece através das pessoas.
> Qualquer estratégia de transformação digital é, necessariamente,
> uma estratégia de transformação de pessoas."
> Silvio Meira

COMO A INOVAÇÃO VEM IMPACTANDO O MERCADO DE TRABALHO

Não existe inovação sem provocação. Entendo "Inovar", de maneira extremamente simplificada, como "sugerir uma nova forma de fazer algo". Não seja o profissional que afirma querer ser inovador, mas que não permite que ninguém te provoque.

Existe uma diferença fundamental entre criatividade e inovação, enquanto a primeira é uma habilidade, a segunda é um método, que pode ser estudado, desenvolvido e aplicado. Daqui para a frente, cada vez mais, não bastará apenas ter boas ideias, é preciso que haja aplicabilidade. Inovação sem romantismo apenas emitirá uma nota fiscal para a empresa no final do dia. Seja para aumentar um faturamento, uma receita ou diminuir um custo/despesa.

Precisamos entender que esse fluxo não é pontual, existe uma jornada, um caminho a ser percorrido entre ter uma ótima ideia e um produto inovador, viável operacional e financeiramente.

"CRIATIVIDADE É COMPORTAMENTO E INOVAÇÃO É PROCESSO"

Quando estou recrutando, consigo observar quem é apenas criativo de quem implementou alguma melhoria de processo real por onde passou. **Criatividade é parte do processo de inovação, mas não é o fim, não se iluda.** Algumas reflexões:

- Você quer inovar? Você precisa se provocar ou alguém estar te provocando hoje;
- Você quer ser um líder inovador? Você precisa ter o hábito de provocar a sua equipe diariamente a pensar ou a fazer diferente;
- Você quer ter uma equipe inovadora? Tenha um time diverso, um time com pessoas com histórias, backgrounds diferentes, que pensem diferentes, de formação diversa onde dessa forma um irá provocar o outro a pensar diferente. Tenha a certeza de que se estiverem todos iguais ninguém provoca ninguém.

Um profissional inovador não se contenta em apenas fazer ou cuidar de determinada rotina que lhe foi proposta, ele pensa também sempre em formas de aprimorar o que lhe foi apresentado. Pessoas com esse olhar crítico para melhoria dos processos têm grande valia para o mercado e costumam se destacar.

Uma tendência no cenário de governança corporativa que vem sendo amplamente aplicada é a **gestão da inovação com foco em inovação aberta.** Segundo o criador do conceito, um professor de Harvard chamado Henry Chesbrough, inovação aberta é o uso de fluxos de conhecimento internos e externos para acelerar a inovação interna e expandir os mercados para o uso externo de inovação.

Nesse formato, situações problema dentro das companhias são traduzidas como projetos e busca-se outra empresa ou profissional de fora para desenvolver a solução. Esse caminho também pode passar por órgãos públicos, ongs, fornecedores, e até mesmo pelo público em geral, na forma de consulta a consumidores não profissionais, o que aumenta consideravelmente a possibilidade de aprovação desses artigos e serviços. Promovendo o intercâmbio de culturas e conhecimento, essa abordagem mais disruptiva e descentralizada cria conexões que incentivam a diversidade se utilizando de times mistos, com peças que se complementam. Ou seja, são inúmeras as possibilidades de cocriação e desenvolvimento de produtos ou serviços, e assim, de novas posições e até mesmo novos mercados de trabalho, principalmente via startups.

Para implementar essas práticas, as empresas têm diferentes ferramentas como suporte para pesquisas em universidades, crowdsourcing (colaboração coletiva) e hackathons[4]. O uso dessas aplicações não tem mais volta e será cada vez mais comum envolver parcerias de fora na solução de qualquer obstáculo. Até a NASA já utiliza essa estratégia na busca de resultados com menor tempo e custo nas execuções.

QUEM É O PROFISSIONAL DO FUTURO?

Considerando minha atuação como recrutadora e contato diário com diversas empresas e executivos no âmbito global, desenvolvo abaixo 3 principais características que estão muito relacionadas com o profissional do futuro e para ser um profissional inovador. Independente

---

4 Evento que une profissionais de diferentes formações para a criação de uma solução em potencial. Maiores detalhes em: https://hackathonbrasil.com.br/o-que-e-hackathon/#:~:text=Sendo%20assim%2C%20o%20Hackathon%20%C3%A9,um%20dia%20ou%20uma%20semana. Acesso em: 13/05/2023.

da sua área de atuação e nível hierárquico, se você já está trabalhando, observe se esses atributos fazem parte do seu dia a dia, pois provavelmente você estará sendo avaliado e cobrado por essas competências.

AUTOGESTÃO

Quando penso no profissional do futuro penso na palavra **AUTONOMIA.** A clássica estrutura de comando e controle predominante em ambientes de trabalho altamente verticalizados tem sido substituída por uma forma mais autônoma que exige responsabilidade individual. Por isso é tão importante entender o conceito de autogestão. Esse tema envolve ter disciplina para organizar seu tempo e rotinas, saber priorizar tarefas, ter senso de urgência em uma tomada de decisão, conseguir conciliar os afazeres pessoais e profissionais em qualquer que seja o ambiente e, principalmente ter autonomia para aprender.

Durante muitos anos nós aprendíamos no trabalho. Hoje, o mercado já tem uma expectativa que você vai chegar sabendo muita coisa e, se por acaso não souber, terá uma postura e autonomia para buscar esse conhecimento sozinho. Vivemos na era do conhecimento, grande parte da sociedade tem pleno acesso a informação.

A separação entre seu "eu" pessoa física e jurídica está cada vez menos distante porque as empresas estão dentro das casas, elas são nossas novas hóspedes. Então é imprescindível ter autoconhecimento para alternar essas posturas mantendo a ética e sem perder sua essência e personalidade. Cada um desses "eus" se autorregula, mas para isso é preciso se conhecer, ter consciência das suas aptidões e dificuldades. Para buscar esse comportamento:

- Invista em seu autoconhecimento;
- Compreenda a missão da empresa e como contribuir com ela;
- Lembre-se de que você faz parte de um time. Autogestão não é sinônimo de individualismo;
- Defina objetivos profissionais e metas de curto prazo.

CURADORIA DE CONTEÚDOS E CONHECIMENTO

Nunca fomos tão bombardeados de informações como hoje em dia. Estima-se que a cada minuto, cerca de 168 milhões de e-mails são enviados no mundo todo, 600 vídeos são postados no Youtube e 1500 textos publicados em blogs, segundo informações obtidas recentemente pela Go-Globe.com[5].

Diante dessa avalanche de dados, cada vez mais as pessoas vêm se transformando em acumuladores de informação, mas já não são capazes de desenvolver um pensamento crítico e mais aprofundado das coisas. Hoje se sobressai o profissional que consegue eleger o que, de

---

5 Confira direto na página https://www.go-globe.com/things-that-happen-every-60-seconds-infographic/. Acesso em: 13/05/2023.

fato, é mais relevante, assegurando-se da veracidade da fonte, hierarquizando e priorizando esses elementos, ou seja, não basta ser um receptor. Se eu estivesse em uma entrevista com você agora e te perguntasse: "Quais são as 3 fontes mais seguras da sua área de atuação que você se mantém atualizado?"... Você saberia me responder? Nas minhas consultorias percebo muitos profissionais tomando decisões erradas porque se basearam em dados falhos, assegurar-se da veracidade da fonte é extremamente importante antes de tomar qualquer decisão.

Não faz mais a diferença no mercado quem tem acesso a informação e sim quem está fazendo a melhor curadoria de informações para a sua tomada de decisão. O profissional do futuro precisará ter muito essa habilidade de analisar esse *boom* de informações e filtrar o que nos é oferecido entendendo o que realmente proporciona enriquecimento e o que não tem utilidade. Esse é um exercício diário e a curto prazo você perceberá que a qualidade é mais importante que a quantidade.

Algumas formas de demonstrar esse comportamento no trabalho:

- Averigue as fontes das suas leituras e se inscreva para receber conteúdo de qualidade das principais fontes da sua área de atuação;
- Siga no LinkedIn empresas e influenciadores que você admira e confia;
- Tire algumas horas por semana para estudar e se atualizar do mercado.

GESTÃO DE RISCOS

Com a rápida evolução da tecnologia, novas ameaças surgem a todo momento, e a capacidade de gerenciar riscos é uma habilidade crucial para garantir o sucesso de uma empresa ou projeto. Os profissionais precisam estar cientes dos riscos que afetam seus negócios e aprender a gerenciá-los de forma eficaz.

O risco é efeito da incerteza, um desvio em relação ao curso e objetivos esperados, e acho que essa "incerteza" nunca foi tão presente também quanto o período de pandemia pelo qual passamos. Por esses motivos, acredito que a temática da gestão de risco esteja tão em alta, tendo virado uma das principais agendas do mundo corporativo. Em meu contato com o mercado vejo o quanto empresas e recrutadores começaram a prestar mais atenção nos profissionais que apresentam esse olhar para mitigar o risco. Que não pensam apenas na solução, mas também em mapear o impacto dessas soluções, prevendo cenários e, acima de tudo, criando planos de ação caso as coisas não saiam como deveriam. Pode ser um acidente de trabalho, perda de um funcionário chave na sua cadeia de produção, um problema de logística, processo judicial, até entraves como o envio de uma informação errada ou sigilosa.

Essa competência pode ser vista como uma forma de antecipar e preparar-se para o futuro, permitindo que os profissionais desenvolvam estratégias para lidar com incertezas e mudanças rápidas. Em resumo, a gestão de risco é uma habilidade essencial para qualquer profissional que deseja ter sucesso no ambiente de negócios em constante evolução do futuro.

OS DOIS VERBOS DO PROFISSIONAL DO FUTURO

Não tem jeito, todas as vidas e carreiras serão impactadas pela tecnologia e como as mudanças ocorrerão de forma cada vez mais rápida, com ciclos mais curtos, sairá na frente quem estiver sempre se antecipando. Só haverá espaço para aqueles em constante requalificação e olhando para "fora", atentos ao contexto externo. **RESSIGNIFICAR e REQUALIFICAR** são os verbos chave que farão parte da nossa rotina daqui em diante.

Dado todo esse contexto, se eu pudesse resumir em poucas linhas, para mim o profissional do futuro é aquele que está acompanhando de perto as tendências e transformação digital da sua área de atuação e está tendo FLEXIBILIDADE para se ADAPTAR com maior AGILIDADE.

Cuidado para não apenas se ADAPTAR à mudança, mas também ser um profissional que PROVOCA a mudança. Não se coloque em uma posição de ficar só na "defensiva" tenha flexibilidade para se adaptar, mas também se atente para assumir o PROTAGONISMO e provocar essas transformações.

Provocação não é confortável. E justamente por isso gera inovação, provoque e se permita ser provocado.

#skills

7 Os nômades digitais da advocacia e seu destino após a pandemia

https://somos.in/IJCCIP1

Benedito Villela[1]

Dentre as muitas mudanças ocorridas durante a pandemia, houve aumento exponencial do nomadismo digital, ou seja, o fenômeno no qual o profissional se vale do uso pleno da tecnologia para realizar as tarefas de sua profissão de maneira remota e ao não depender de uma base fixa para trabalhar, conduzindo seu estilo de vida de uma maneira nômade. Essa nova forma de encarar a vida profissional ganhou amparo de países que, visando incentivar a moradia, começaram a emitir vistos específicos de trabalho para aqueles que desejam trabalhar dessa forma, como Portugal, por exemplo, dando uma longevidade muito superior àquela temporariedade situacional de eventos como a pandemia da Covid-19, que provocou uma adesão involuntária a vários aspectos do nomadismo digital por empresas e profissionais em *lockdown* em todo o mundo.

Obviamente, nem toda profissão – nem todo profissional – poderia fazer essa mudança de *mindset* e adotar um trabalho desvinculado geograficamente de sua prestação, o que levou muitas profissões a terem seu modelo de negócio questionado e seriamente impactado com as restrições de deslocamento impostos entre os anos de 2020 e 2022. Afinal, uma pessoa diarista ou cabeleireira não puderam exercer seus ofícios à distância, da mesma forma que nada impactaria uma pessoa escritora, programadora ou mesmo uma gerente de

[1] Head of Special Projects e Secondment na Laurence Simons Latam e Sócio na Chazin e Mello Advogados. Oitavo Executivo Jurídico mais Admirado do Brasil em 2020 e Décimo em 2021 segundo a Editora Análise. General Counsel Latin America Finalist 2020 pela Lexology. LLM em Direito Societário INSPER/SP. Especialista em Direito Contratual PUC/SP. PEC em Societário e Imobiliário GVLaw/SP. Professor do IBMEC, Finted, Future Law, ESA e AASP. Passagem pelo Grupo CIMED, Nors, SRC Advogados, McDonalds, Ipsos, OAS, Hip Telecom. Consultor, Palestrante e Autor de diversos artigos publicados: www.falandolegal.org. Membro do Jurídico Sem Gravatas. Conselheiro da FENALAW.

investimentos de atuarem de forma plena, independente da latitude e longitude ou mesmo do fuso no qual se encontrassem. Mas como ficaria a adoção pelo meio jurídico?

Como headhunter jurídico, atuando tanto em projetos de alocação tradicional e permanente, seja em empresas ou escritórios de advocacia, como em projetos temporários, por tempo determinado ou mesmo indeterminado com diferentes formas de vínculo jurídico (também conhecido como *secondment*), o nomadismo digital se tornou um fenômeno a ser acompanhado de perto, e, mais do que isso, sugerido, incentivado e implantado em todas aquelas organizações que tivessem a cultura e o DNA que aceitasse o trabalho remoto sem preconceito, fossem elas startups, unicórnios, ou que pelo menos estivessem dispostos a tentar fazer as coisas diferentes, afinal o mundo corporativo nunca mais seria o mesmo.

Não seria, contudo, uma tarefa fácil. Afinal, a profissão jurídica encontra, em sua própria formação, uma dicotomia que perdura até os dias de hoje. Se por um lado, intrinsecamente, é uma área de atuação absolutamente intelectual, sendo a ciência humana por excelência, o que lhe permitiria, em tese, a sua militância sem qualquer barreira geográfica, especialmente após a criação do Processo Judicial Eletrônico em 2009, e que considerou plenamente operacional em meados de 2015, libertando assim os advogados contenciosos das amarras dos fóruns e serventias, já que os profissionais do âmbito consultivo já gozavam dessa liberdade plena muito antes; por outro lado é uma profissão cujo apego à tradição e suas instituições centenárias se tornou indissociável do seu pleno exercício, afinal o que mais justificaria em tempos atuais o ultrapassado uso dos latinismos, a indumentária ultrapassada do terno e gravata (inclusive em audiências online, diante de juízes "becados" que perguntam sobre a compostura quando lhes convém), a predileção egocêntrica do tratamento de "doutor", datada dos tempos do império e a teimosa dissociação epistemológica das demais ciências, em cega obediência à doutrina kelseniana?

Mas resistir à mudança não era uma opção: uma vez determinado o *lockdown*, empresas e escritórios foram às compras – milhares de laptops foram buscados da noite para o dia, esgotando estoques, uma vez que precisaram ser enviados para milhares de casas a fim de permitir o trabalho de outros tantos milhares de advogados, que se deslocavam para pegar materiais de escritório – inclusive de mobiliário, devidamente mascarados em seus antigos locais de trabalho, que corriam para criar políticas de trabalho remoto, enquanto o poder legislativo batia cabeça frente às amarras enferrujadas da legislação trabalhista e ferramentas de acesso e integração online eram contratadas às pressas.

Com um ambiente econômico, político, social e até mesmo jurídico em total momento de incerteza e ebulição, era natural que as multinacionais congelassem suas contratações de pessoal, contudo o ambiente corporativo necessitava ainda mais de equipes jurídicas prontas a atender as necessidades e constantes mudanças de posicionamento legislativo. Assim, enquanto os escritórios reforçavam seus quadros com praticantes das especialidades mais necessárias para o momento, as empresas, de mãos amarradas, se voltaram às contratações temporárias, de projetos, conhecidas como *secondment*, por meio do qual a empresa contrata um escritório de advocacia veículo, com o intuito de contratar por si e alocar no cliente o profissional escolhido, de forma a otimizar a utilização dos recursos orçamentários dessa empresa cliente a fim de providenciar uma solução rápida e descomplicada para suas necessidades jurídicas. Sem nenhuma surpresa, esse modelo de negócio cresceu exponencialmente.

Não faltam motivos para o sucesso dessa inovadora forma de trabalho: se por um lado as empresas encontraram um acesso a bons profissionais que lutavam contra um cenário de empregabilidade duro, por outro lado existiam milhares de advogados na faixa dos seus 30 anos que já não compartilhavam a mesma visão dos seus antepassados legais e que viam com bons olhos a possibilidade de vivenciar diferentes realidades e diferentes empresas sem a pecha de ser um *hopper* (ou seja, pejorativamente um profissional que não se consolida em nenhum emprego), expandido sua rede de contatos e complementando suas experiências profissionais, ou mesmo que enxergavam nessa modalidade de contratação benefícios econômicos ou até um bilhete premiado para futura efetivação, sem contar aqueles excelentes profissionais residentes fora do eixo das principais metrópoles do Brasil que passariam a ter acesso às mesmas concorridas posições da "capital".

Com tantas oportunidades, não poderia deixar de haver bons cases de sucesso. Um dos mais interessantes talvez seja de uma empresa multinacional de consultoria de gestão, tecnologia da informação e *outsourcing* que, visando diminuir custos e ser bem atendida, se voltou ao Brasil como um celeiro de advogadas e advogados bem formados que poderiam servir na modalidade de consultores internacionais (obedecido um rigoroso teste de proficiência em inglês, frise-se) para projetos nos quais a atuação geográfica fizesse pouca ou nenhuma diferença, priorizando assim as expertises em contratos de tecnologia, lançamento de produtos e comunicação. A maturidade corporativa dessa empresa, aliada a uma expectativa bem alinhada sobre a entrega devida por esses profissionais, permitiu a alocação funcional de uma profissional brasileira morando em Portugal prestando serviços na Grã-Bretanha, enquanto outros dois profissionais residentes em território nacional continuamente atendam ao time dos Estados Unidos. O bom alinhamento prévio permitiu que casos assim se multiplicassem, como diretores jurídicos que atendessem em projeto empresas europeias, ou advogadas residentes em outros países da América do Sul que, mediante visitas oportunas, sejam o braço legal de empresas brasileiras. Abriu-se um mercado para advogados brasileiros ao redor do mundo com o nomadismo digital jurídico, a despeito da reserva de mercado das entidades classistas.

Mas nem tudo são flores. Para o trabalho do nômade jurídico ser eficiente e o projeto bem-sucedido, tanto a empresa como o profissional precisam muitas vezes desenvolver um conjunto de qualidades e habilidades comportamentais diversas daquelas usualmente requeridas na gestão da relação empregador-empregado. A instituição com DNA enraizado de cultura presencial não pode se ressentir do profissional não estar presente na empresa e não conhecer o "jeitinho" de cada um, tentando digitalizar relações de maneira artificial, como o caso de uma empresa em que o profissional tinha que responder simultaneamente a três diferentes gestores, que por estarem distantes, faziam simultaneamente exigências urgentes. Ou empresas que entendem que trabalho remoto é sinônimo de disponibilidade contínua, independente da hora. Da mesma forma, é exigido um diferente tipo de disponibilidade, comprometimento e resiliência do profissional jurídico atuando como nômade digital:

advogados que se queixam de não estarem fazendo exatamente o que foram contratados, ou que confundem a maior autonomia do trabalho remoto ("home office") com a liberdade de deixarem de trabalhar e de prestar contas quando bem entenderem ("home off"), desaparecendo ao bel prazer.

Assim, para trabalhar para projetos e como nômade digital jurídico, é importante prestar atenção a algumas dicas valiosas:

1) **Comprometimento:** ficar disponível determinado número de horas por dia não é opcional, é requisito;
2) **Flexibilidade:** estar alocado em diferentes fusos do seu empregador implica necessariamente em ter que acomodar o horário, geralmente à disponibilidade do empregador;
3) **Cuidado:** checar se existe sinal, internet e silêncio onde você pretende trabalhar são fundamentais, afinal você não está de férias. Atenção com a indumentária e o asseio fazem parte do pacote;
4) **Planejamento:** de nada adianta se propor uma vida de aventuras se sua renda não comporta as viagens ou a estadia nos locais planejados;
5) **Disponibilidade:** o mundo está tentando recuperar algumas tradições antigas. Então estar disponível para visitas ocasionais à sede física do seu empregador torna-se cada vez mais importante.

Movimentos e contramovimentos são uma dinâmica constante da natureza biológica e sobretudo da natureza empresarial e econômica, então é natural que o mercado esteja tentando resgatar antigos costumes, dentre os quais está o famigerado e temido retorno pleno ao presencial. Vagas remotas viraram híbridas, vagas híbridas viraram presenciais e as vagas presenciais com um dia de home office estão considerando abolir este também. Velhas tradições que pegaram de surpresa uma geração mais nova de advogadas e advogados que desenvolveu bons anos sua carreira atuando de forma remota. Até mesmo uma grande instituição financeira que fez estardalhaço com a construção de uma sede no interior e promulgação de home office eterno mandou todos voltarem ao trabalho, isso para não falar sobre CEOs do Vale do Silício falando da importância do trabalho presencial. Assim, se torna fundamental que ao investir em uma carreira de nômade digital, que se considere a personalidade corporativa de cada instituição, pois DNAs digitais enxergam com muita tranquilidade a entrega remota, enquanto que empresas aterradas, que trabalham junto de suas plantas industriais, ou mesmo sob o escrutínio do dono, vão encarar o trabalho remoto como uma desagradável fase que ficou para trás, em sentido contrário à evolução das relações de trabalho no Brasil e no mundo.

#comunidades

8 A base do conhecimento jurídico em transformação – um novo caminho entre o aprendiz e o aprendizado

Christiano Xavier[1]
Marina Cavalieri[2]

Nunca foi tão palpável a perspectiva da tecnologia alcançar (ou superar) a eficiência humana, inclusive no campo da criação. Falamos em projeções nas quais não só as soluções tecnológicas realizam amplamente trabalhos repetitivos, mas também onde as inteligências artificiais se apresentam como desdobramentos de habilidades profissionais em diversos setores.

A base do conhecimento também foi envolvida por esse processo, abrindo novas oportunidades de negócios e iniciativas criativas. E o mercado jurídico também vem se adequando a essa tendência, tanto para acompanhar as atualizações legais que visam se ajustar às novas demandas como para otimizar a sua prestação de serviços.

O crescimento das edtechs jurídicas, startups educacionais, talvez sejam o melhor exemplo de como essa evolução no ensino está acontecendo. As novas formas de ensinar e aprender são consequência de uma intensa transição social e de mercado. Mas antes de analisarmos o impacto das edtechs jurídicas, é importante entendermos o contexto que nos trouxe a esse cenário.

O APRENDIZ NEO-HUMANO

Nós, os Sapiens, somos uma espécie em evolução. Sendo a evolução cultural uma característica muito mais latente e de fácil percepção do que qualquer outro avanço biológico, mais comumente associado às ideias de espécie e evolução. Você já ouviu falar no termo "neo-humano"?

---

1 Empreendedor, Sócio-fundador da edtech Future Law, do Future Law Studio, da agência de branding e marketing jurídico LSD – Legal Service Designer e do Inverso Hub. Sócio da Quark Legal Design e Lawfinder. Coordenador da RDTech, Revista de Direito e as Novas Tecnologias da Revista dos Tribunais. Atuou em escritórios nacionais e internacionais de grande porte e como Head of Legal da Localiza Rent a Car S/A, por dez anos. Mestre em Direito dos Negócios pela Fundação Getulio Vargas (FGV) e especialista em finanças (FGV) e direito tributário (IBET).

2 Diretora de Produtos, Agilidade e Inovação na Falconi e Sócia do Grupo. Acumula 17 anos de carreira com experiência em grandes empresas de diversos segmentos. Atua também em empresas do Grupo Falconi como Actio, Dayway e Mihner, como mentora dos cursos Inovação da FRST – Falconi Road of Skills and Talents, além de conselheira consultiva da Vortex. Formada em administração de empresas pela UFMG, Executive MBA pela Fundação Dom Cabral, Educação Executiva pela Universidade de Yale, Gestão de Produtos Digitais e Marketing Digital pela Tera, CSPO pela Scrum Alliance, Leading SAFE pela Scaled Agile, KSI e F4P pela Kanban University, Flight Levels System Architecture e Product Strategy pela Reforge.

Essa expressão é título de uma das obras da premiada Doutora em Teoria Literária e Livre-docente em Ciências da Comunicação pela USP, Lucia Santaella. Ela define o neo-humano como essa espécie em franca evolução, para além dos paradigmas biológicos, onde a linguagem em seus mais diferentes desdobramentos é a base da evolução, afinal, nossas capacidades cognitivas são consequências dela. Em entrevista à revista Cult, a professora resume: "Dei ao estágio em que hoje nos encontramos o nome de neo-humano, um ser hiperconectado, marcado por suas extensões cognitivas, recheado de contradições em que se encontra e se perde". É, somos nós.

A hiperconexão nos coloca como protagonistas e testemunhas de uma grande transformação. Você também tem a impressão de que tudo está sempre mudando, não é? E está.

Como de praxe, essas mudanças têm sido impulsionadas pela nova geração. Estamos falando dos millennials, também conhecidos como geração Y, aqueles e aquelas nascidos entre 1981 e 1999. Educados em meio ao processo de evolução digital, os verdadeiros nativos digitais se desenvolvem junto com o avanço da hiperconexão. E isso muda muita coisa!

Segundo o professor de psicologia profissional nas Universidades de Londres e Columbia, Tomás Chamorro, 80% dos alunos do ensino médio concordam com a afirmação "Sou uma pessoa importante". Nos anos 1950, esse número era de 12%.

No âmbito do trabalho, pessoas com esse nível de segurança e um raciocínio hiperconectado não têm problema em fazer uma mudança de carreira, por exemplo. Afinal, de acordo com Simon Sinek, escritor considerado especialista em desenvolvimento de lideranças e criador do conceito de Golden Circle, os millennials sentem uma maior necessidade de aprender e cooperar, além de terem se criado sob uma perspectiva – perigosa, sim – onde tudo pode ser resolvido, consumido e aprendido rapidamente.

Em 2019, uma pesquisa do banco de investimentos Itaú BBA já apontava que os millennials eram 50% da força de trabalho. Além disso, os dados projetavam que a geração chegaria a 70% dos assalariados até 2030. Diante desse cenário, que pode ser identificado inclusive no meio jurídico, o mercado de trabalho precisa estar atento às demandas de uma geração que se sente à vontade para procurar outro emprego, quando não encontra o que espera, ou até mesmo criar as próprias oportunidades por meio do empreendedorismo.

Com foco em ter um equilíbrio melhor entre vida pessoal e profissional, ao invés de garantir segurança no emprego, emerge na sociedade um novo parâmetro de sucesso. Por conta disso, muitas organizações estão revendo sua metodologia de gestão, se dedicando a engajar esses profissionais por meio de um tipo de liderança que atua por condução.

A gestão dos millennials se dedica a inspirar os membros da equipe se colocando de forma aberta a críticas e construções de novas soluções; colocando a produtividade como algo mais importante que o cumprimento da jornada de trabalho; e buscando a realização de atividades burocráticas por meio da tecnologia.

Impossível acreditar que tamanha transformação comportamental não afetaria o jeito de ensinar e aprender. A educação precisa se adaptar à nova sociedade, no âmbito do ensino jurídico a urgência vem ainda maior. Quem está absorvendo a maior parte desse impacto? Elas, as edtechs.

TUDO ESTÁ TECH

Especialistas afirmam que já experimentamos a 4ª revolução industrial, marcada pela convergência de tecnologias digitais, físicas e biológicas. As inovações desenvolvidas promovem um aumento na produtividade das empresas, zelam pela segurança, melhoram a conectividade e a comunicação entre as pessoas, e oferecem acesso mais ágil e flexível à informação.

De acordo com dados da Sondagem Especial Indústria 4.0, da CNI (Confederação Nacional da Indústria) 69% das empresas brasileiras já utilizavam algum tipo de tecnologia em seus processos em 2021. Em 2016, esse percentual era de 48%. Porém, o mercado jurídico também tem boas condições de atestar o crescimento no uso de novas tecnologias. A AB2L (Associação Brasileira de *Lawtechs* e *Legaltechs*) aponta que o Brasil já tem cerca de 400 startups dedicadas ao ramo do Direito.

Além disso, muitos escritórios de advocacia também já contam com departamento de tecnologia da informação para oferecer suporte qualificado, assistência técnica personalizada para as questões de segurança e até mesmo auxílio para o desenvolvimento de soluções adaptadas às suas demandas e que auxiliem nas atividades rotineiras. A revista Análise Advocacia 2021 aponta que 5 em cada 10 escritórios de advocacia empresarial têm alguma iniciativa própria na área de tecnologia, e que quase todos vêm aumentando o valor investido em tech.

A adoção de inovações tecnológicas na rotina dos escritórios de advocacia é uma das principais razões que estimulam profissionais do ramo – o que não inclui apenas pessoas advogadas – a buscarem qualificações técnicas mais específicas com o intuito de atuar em um mercado com características e regras bastante particulares, como é o caso do Direito. Assim, já é possível identificar um público com uma demanda a ser atendida por startups de educação jurídica.

Então, de um lado temos jovens profissionais (e também os seniores que não abrem mão de se manterem relevantes) com novos valores e uma perspectiva totalmente diferente sobre sucesso, aprendizado e até do tempo. E, do outro lado, temos organizações jurídicas e o próprio Judiciário preocupados em evoluir e se tornando cada vez mais aliados da tecnologia. Conectando essas duas pontas temos o elo do aprendizado.

E claro que esse elo, esse caminho entre o aprendiz e o aprendizado, já não é mais o mesmo do que foi há 50 anos, ou sequer, há cinco.

Com uma grade curricular, em boa parte, ainda tradicional e amplamente dedicada às atribuições judiciais, as universidades pouco investiram em disciplinas voltadas à formação de profissionais empreendedores e com visão calibrada para os negócios. A formação acadêmica dos profissionais do Direito também representa um ponto de inflexão que alavanca o desenvolvimento de edtechs dedicadas ao universo da advocacia.

As novas habilidades ganham importância de forma rápida, e a necessidade de capacitação profissional ocorre na mesma velocidade. Ponto para as edtechs!

MILLENNIALS E EDTECHS, O GRANDE ENCONTRO

O perfil dos nativos digitais, o desenvolvimento crescente de inovações tecnológicas e as novas demandas de um mercado cada vez mais competitivo impuseram um desafio ao sistema de educação jurídica tradicional. Diante deste contexto, as startups de educação surgem como uma solução adaptada às novas demandas, dotadas da linguagem e da velocidade que o novo cenário exige.

O impacto de startups de educação jurídica no mercado foi alavancado durante a pandemia da Covid-19. Nesse período, o isolamento social tornou-se uma realidade para barrar o avanço da crise sanitária, até que uma vacina fosse desenvolvida. Como parte das consequências, o número de empresas que empregam tecnologia para criar soluções inovadoras para a área de educação cresceu 26%, segundo levantamento realizado entre 2019 e 2021 pelo CIEB (Centro de Inovação para a Educação Brasileira) e pela Abstartup (Associação Brasileira de Startups do Brasil).

Atualmente, as edtechs ocupam o quarto lugar no ranking das Startups, representando 5,7% do total, de acordo com o levantamento Emerging Giants produzido pela KPMG e Distrito. O crescimento é bastante expressivo, embora o setor de educação tenha sido um dos últimos a ingressar no processo de transformação digital. Contudo, a manutenção de demandas educacionais, como as dedicadas a atender o setor jurídico, devem garantir uma boa margem de crescimento para este tipo de solução.

No estudo intitulado "Formação jurídica e novas tecnologias: relato de uma aprendizagem experiencial em Direito", as autoras Marina Feferbaum e Stephane H. B. Lima se debruçaram sobre as alterações na forma como o serviço jurídico passou a ser prestado graças ao uso de soluções tecnológicas e concluíram que os profissionais de Direito precisam aprender a trabalhar com equipes multidisciplinares, profissionais de outras áreas e se aprimorar nas lógicas jurídica e de programação para contribuir com a construção de novas soluções.

Feferbaum e Lima apontam ainda que as universidades precisam investir no desenvolvimento de competências e na adoção de uma metodologia mais experiencial em sala de aula, em lugar de atuar apenas por meio da transmissão de conteúdos. Uma vez que o método ainda não é amplamente conhecido, especialmente pelas faculdades de Direito do Brasil, cabe às startups de educação jurídica contribuírem para moldar o futuro do setor jurídico na velocidade em que as inovações tecnológicas e ideias disruptivas surgem.

Exemplos bem sucedidos permanecem garantindo seu espaço de forma criativa para atuar na base do conhecimento voltado para novos negócios. É o caso da Future Law, escola que prepara profissionais do direito e de outras áreas – dispostos a entrar para esse universo – para os tempos exponenciais, e que já ensinou mais 15.000 pessoas estudantes.

Sendo viabilizada pela tecnologia, a continuidade do ensino à distância como alternativa para esse movimento garante a presença das edtechs jurídicas não apenas como meio de aprendizagem, mas ainda como oportunidade para construção de rede de contatos e participação de um ecossistema voltado às transformações.

#gestão jurídica

9 Inovações jurídicas também começam pelo porquê

Amanda Santos[1]
Pedro Mansur[2]

Este é um capítulo sobre *inovação*, portanto, ele será muito diferente de um artigo acadêmico jurídico. Nada de *data vênia*, de *mutatis mutandis*, de hermenêutica, antinomia, muito menos tridimensionalidade do Direito. Se o assunto é inovação, o texto a seguir buscará também inovar na concepção jurídica tradicional, com muito mais cara de jornalismo, para não dizer crônica ou prosa, pois seria muita pretensão. Mas, quem sabe, seja possível também transmitir algumas ideias sobre gestão, não teóricas, mas empíricas e práticas.

Dito isso, comecemos pelo começo: quão criativo um advogado pode ser? Assim começou a nossa jornada de experiências com *Startups*, a partir de um questionamento sobre a rotina do advogado corporativo.

Tradicionalmente, essa rotina envolveria a análise e parecer internos, com base nos riscos jurídicos, para determinado projeto ou atividade a ser implementado pelo negócio. Essa função, geralmente, contaria com opiniões legais de renomados escritórios externos, restando ao advogado *in house* essa intermediação. Ou, para a gestão de contencioso, uma função reduzida, limitada à contratação de uma *top legal firm* para a condução dos processos judiciais. Bem, esse não era, definitivamente, o nosso caso, nem éramos, nós, esses advogados.

E mais, tratando-se de contencioso de alta complexidade, cuja visão estratégica é indispensável, a expectativa para uma condução diferenciada era e é ainda maior, e nós, no entanto, partimos lá de trás, com um agravante: era auge da pandemia, todos isolados em nossas casas, aprendendo a trabalhar 100% remotamente.

Mas voltando ao que interessa – o começo do processo de inovação. E passou, como assim acreditamos que deveria e deve ser, com perguntas: "qual o sistema jurídico adotado?", "quais análises são feitas?", "de quais dados dispomos?", "quais são os fluxos de atividades/tarefas da área?", "o que é automático e o que depende de intervenção humana?", e, o mais

---

1 Gerente Jurídica do contencioso estratégico da Prudential do Brasil. Pós-graduada em Processo Civil e em Direito do Trabalho pelo IBMEC.

2 Diretor jurídico da Prudential do Brasil. Coordenador da Comissão Jurídica da Associação Brasileira de Franchising Rio de Janeiro (ABF-Rio). Advogado com mestrado pela Universidade de Lisboa. Pós-graduado em Processo Civil e em Direito Empresarial pela FGV, bem como em Direito e Economia pela CEDES.

importante, "por quê?", repetidas vezes – como diz a teoria, 5x pelo menos. Como esperado, nem todas as respostas eram satisfatórias.

Se do ponto de vista técnico-jurídico estávamos bem, na parte de gestão o desafio era grande, já que tínhamos um sistema jurídico aquém da tecnologia atual, uma visão e, como consequência, uma rotina de baixa produção de dados e geração de *insights*, qualificação deficitária das informações e assim por diante... Estávamos, assim, sem saber os rumos do futuro e sem dados devidamente estruturados para uma avaliação estratégica do passado.

Tínhamos agora uma direção estratégica e isso fez o desafio da gestão, em contrapartida, ainda maior, já que não tínhamos os elementos básicos para evoluirmos. Como falar em Jurídico 4.0 sem ter percorrido todas as etapas anteriores? Como chegar rapidamente ao estado da arte? Inconformismo, curiosidade, criatividade foram e vêm sendo os ingredientes nada secretos. Uma receita bem diferente da tradicionalmente adotada, descrita no primeiro parágrafo.

Iniciamos, então, com o básico, pois nenhum projeto pode existir sem estrutura: arregaçamos as mangas e convidamos ao trabalho a boa e velha planilha; mapeamos todos os casos manualmente; levantamos com apoio dos escritórios externos todas as decisões; datas ou quaisquer elementos que fossem minimamente obrigatórios para uma análise eficiente e, claro, fizemos com base em priorização, primeiro os mais estratégicos e recentes, depois olhamos para o passado para entender como chegamos até aqui.

Esse diagnóstico também foi feito para cada etapa da gestão dos processos judiciais, tanto as executadas pelo corpo jurídico interno, quanto àquelas realizadas por outros *stakeholders*, fossem eles escritórios externos ou outros atores internos. Cada atividade foi mapeada, os prazos para sua performance, os responsáveis, a forma de atuação. E, na sequência, um olhar crítico para aquilo que deveria ser abandonado, sem apego, além do que deveria ser iniciado ou melhorado.

Estávamos felizes com a nossa base quase analógica de processos e que nos permitia responder mais de 3 perguntas sobre o portfólio gerido. Afinal, era um avanço, havíamos saído da inércia e, lembrando da História, do tempo da escuridão (não à toa apelidamos o projeto em homenagem ao Iluminismo).

Era o momento de ir para o passo básico 2: analisar os dados. Testamos nossos dados com a construção de *dashboards* produzidos internamente, os quais eram extremamente trabalhosos. Eles funcionavam? Sim! Ótimo, pois de nada adianta uma grande tecnologia com dados poluídos; mas o investimento de tempo nas análises e a probabilidade de erros ainda estava longe do resultado que desejávamos.

Fizemos o mapeamento e criação de todos os fluxos da área. Estávamos finalmente prontos para conversar com empresas e pedir propostas. Iniciamos nossa busca por fornecedores que fossem capazes de otimizar a obtenção de dados de boa qualidade, agilidade no recebimento de informações e perenidade das ações, para que nossos projetos virassem processos contínuos.

As metas iniciais foram difíceis de cumprir, já que não havia tempo a perder e precisávamos de parceiros flexíveis. Sabíamos que algumas empresas – em especial as mais tradicionais – não se adequariam à missão, então definimos o que buscávamos: empresas com profissionais que também estivessem desafiando o *status quo*, inconformados, curiosos e buscando fazer diferente e melhor. A solução era buscar uma *Startup*.

Startups têm seus desafios de crescimento, mas, se bem compreendidas as limitações e delimitadas bem as expectativas, é possível extrair muitas vantagens além da inicial dita acima – de aceitar um desafio inusual. Geralmente são mais baratas e custo é um fator extremamente relevante quando se tem muito a fazer e se busca não só eficácia, mas eficiência a um projeto. Também oferecem profissionais atualizados, multifuncionais, que fogem do estereótipo de profissionais que somente entendem de programação, além da facilidade de diálogo, já que são engajados e comprometidos com a experiência do cliente. Buscam, acima de tudo, testar seus produtos e aprender, junto com o cliente, como fazer daquele embrião um unicórnio.

O primeiro projeto implementado foi o de uma plataforma para mapeamento de jurisprudência exclusivamente formada de nossos casos. Era separar, numa imensidão de processos judiciais, aqueles nossos e formar um banco jurisprudencial de fácil acesso e consulta, acessível inclusive por *smartphones*, de maneira a conferir ao advogado externo um trunfo para sua atuação jurídica. Funcionou bem. Estávamos começando a fazer a diferença, a trabalhar com inovação tecnológica, mas isso era pouco. Queríamos agora avançar em outras frentes, tanto relacionadas à gestão de dados quanto à gestão de rotina. Era o momento de buscarmos um novo parceiro.

E aqui uma lição importante aprendida pelo time envolvido: não bastava ser somente advogado, precisamos aprender sobre projetos, sobre sistemas, sobre governança de dados, sobre processos e sobre tomada de decisão.

O segundo projeto então veio para revolucionar a forma de gestão das atividades do contencioso interno – lembram-se de que já tínhamos mapeado os fluxos? Mas ainda operávamos manualmente, dando margem para erros humanos e muita ineficiência. Refletimos acerca de por onde começar e finalmente estávamos prontos para iniciar o piloto de automação, tendo escolhido, de cara, nosso principal fluxo, também o mais complexo.

Fazendo de uma longa história um relato curto, apesar do grande desafio de construir, por meio dessa plataforma parceira, um fluxo 100% automatizado do zero, com disparos de gatilhos automáticos, captura dos processos do site dos Tribunais de Justiça, leitura por robô de atas de audiência, criação de *grid* de tarefas multidirecionais e interdependentes, com controle de SLA e medição de resultados e os tão sonhados *dashboards*, em 6 meses, conseguimos colocar tudo para rodar em tempo real.

Obviamente, os fluxos desenhados precisaram ser construídos e reconstruídos algumas vezes enquanto geríamos o estoque de ações judiciais e executávamos os fluxos na vida real – no jargão corporativo, com o carro em movimento –, mas aceitar que isso faz parte de tudo que é totalmente novo é um processo importante para evitar frustração do time interno e dos próprios fornecedores, que igualmente têm suas expectativas e ambições.

Como puderem perceber ao longo deste curto capítulo, a ideia era trazer um texto em formato narrativo, mais fluido, com linguagem direta, mas sempre trazendo, a cada parágrafo, as lições aprendidas por nós ao longo desses 2 anos de jornada *inovativa*. As nossas preferidas, que destacamos como chave para futuros projetos vão abaixo:

- **Esqueça o conceito de advogado *in house* parecerista ou, para contencioso, coadjuvante.** Empresas precisam de gestores jurídicos que usem o Direito com ferramenta para impulsionar o *business,* tomando decisões estratégicas junto com seus parceiros de negócio. E, ninguém conhece melhor as demandas judiciais e o que é preciso fazer para ganhar processos do que o advogado interno. Esteja a frente dos processos lado a lado com o parceiro externo;
- **Inovação não é só tecnologia, é fazer algo diferente.** Se faltam recursos para contratar, tenha um bom plano e use as ferramentas disponíveis. Uma *planilha* pode instrumentalizar uma grande inovação se ela representar um conceito novo e que agregue valor para sua gestão;
- **Faça perguntas, em especial, se pergunte por quê.** E algumas vezes, até chegar na essência;
- **Comece seu projeto do básico.** Com *Startups* é importante ter um escopo pré-definido. São profissionais extremamente criativos e a melhor forma de alavancar esse potencial é delimitando exatamente o que se pretende;
- **Sempre peça uma prova de conceito a partir de seu escopo ("POC").** É a partir dele que vocês poderão, realisticamente, alinhar as expectativas quanto ao alcance do projeto e/ou seu tempo de desenvolvimento e implementação;
- **Se é para testar, então que seja para valer,** pois descobrir, muito depois do início do projeto, que ele esgotou sua capacidade antes de endereçar todo o objetivo traçado não só gerará uma decepção significativa ao time, mas um importante desperdício de recursos e, principalmente, de tempo;
- **Não se frustre com as customizações ou eventuais necessidades que surjam ao longo do caminho.** Tudo que é novo demanda trabalho e qualquer inovação tecnológica virá cercada de lacunas que serão preenchidas no curso do processo. Preveja isso no projeto e se planeje.

#legal ops

10 O importante papel da área de *legal operations* na inovação e transformação digital do mercado jurídico

Marcelo de Almeida Horacio[1]

CRIATIVIDADE NO DIREITO

Como inovar no Direito, mesmo com tantas normas que restringem os profissionais da área de exercerem sua atividade de forma criativa?

É natural que os profissionais do Direito dediquem a maior parte do seu tempo e foco para o estudo de leis e normas necessárias para melhor assessorar os seus clientes, afinal esse é o principal produto dos seus serviços.

Nesse contexto, também é comum que a forma de pensar seja muitas vezes delineada pelos limites previstos nos diplomas normativos, até mesmo para que os clientes (no caso de advogados) sejam orientados a não infringirem tais limites, evitando que se exponham a riscos.

Acredito que, por essa razão, certa vez em uma conversa soou quase como uma ofensa quando disse a um arquiteto que o Direito e a arquitetura eram muito parecidos pelo nível de criatividade que se exige para o exercício da profissão e após a minha fala prontamente o arquiteto rebateu dizendo que não conseguia entender como o advogado poderia ser criativo já que precisaria sempre pautar o seu pensamento em leis e normas.

Então, expliquei sobre as formas de interpretação histórica e sistemática, a influência do repertório sociocultural de cada indivíduo para se chegar a uma conclusão a respeito de uma mesma norma que pode ser completamente diferente para cada pessoa, de modo que a criatividade se torna um elemento fundamental nessa equação, possibilitando a construção de diversos cenários diferentes em torno de uma mesma situação para auxiliar os clientes na busca da melhor adequação do seu negócio às disposições normativas que o regulamentam.

---

1 Vice-presidente de Legal Operations, Global Procurement e Innovation na Pearson Education, antes trabalhou na mesma empresa como Vice-presidente Jurídico para LatAm e International Markets, além de atuar em diversas áreas do direito em outras empresas e escritórios de advocacia. Pós-graduado pela PUC-SP – COGEAE e FIPECAFI, possuindo também formação na área de tecnologia atuando, antes de se tornar advogado, no desenvolvimento de sistemas e automação de rotinas.

Nesse sentido, a criatividade exerce um papel importante na atividade interpretativa do operador do Direito em direção ao caminho percorrido pela norma jurídica ao encontro da realidade e vice-versa.

Com base nesse racional a criatividade pode conduzir o operador do Direito à literalmente pensar fora da caixa, ou melhor dizendo, pensar livremente de fora para dentro (do sistema jurídico) no sentido de que a atividade de interpretação da norma poderá ser realizada a partir das hipóteses capturadas da realidade para se adequarem à restrita hipótese normativa.

O gráfico a seguir representa melhor a ideia do fluxo do pensamento livre e criativo em direção ao caminho da adequação normativa:

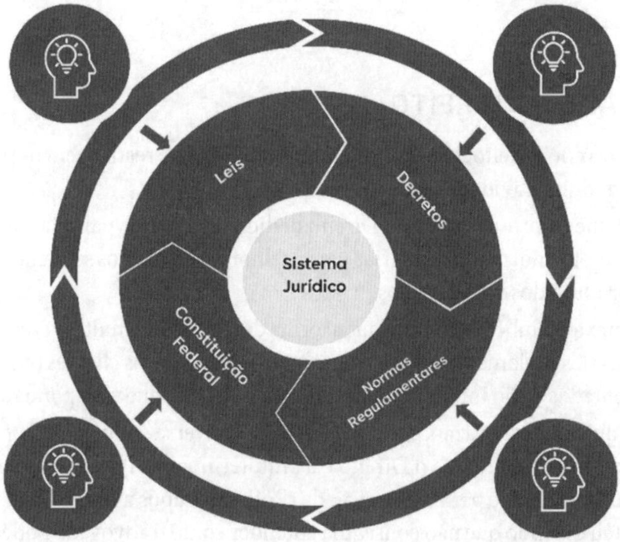

Fonte: Elaboração própria.

Apesar do que até aqui foi exposto, o pensamento criativo não se mostra presente em todos os ambientes e áreas do Direito, sendo muitas vezes rechaçado como algo que possa ser prejudicial à mais adequada interpretação das normas em sentido estrito.

Por essa razão conclui-se que a criatividade decorre do comportamento e repertório de cada indivíduo formado a partir do momento em que resolvem sair da sua zona de conforto na busca incessante por conhecimento e aprendizado, resultando inevitavelmente no estímulo à criatividade e inovação que pode ser traduzida pelo *mindset* de crescimento, muito bem representado por Carol S. Dweck em *Mindset*: A nova psicologia do sucesso, quando contrapõe o *mindset* fixo ao *mindset* de crescimento:

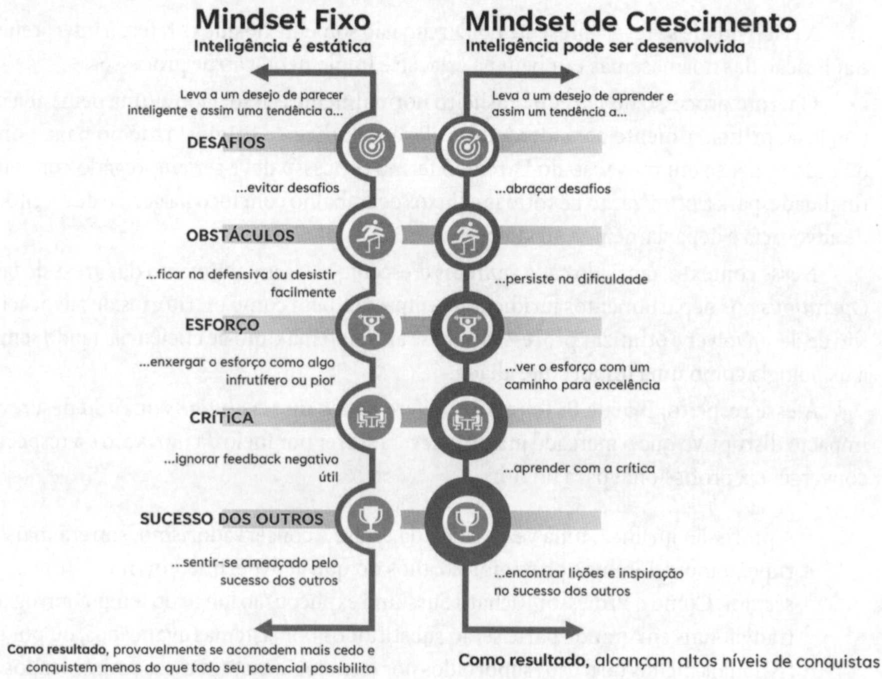

Fonte: Elaboração própria com base em: DWECK, Carol S. *Mindset:* A nova psicologia do sucesso. Objetiva, 2017. E-book, p. 369.

Em contraposição ao *mindset de crescimento* que conduz ao pensamento criativo, muitas vezes nos deparamos com o *mindset* fixo, que remete à permanência dos indivíduos em suas zonas de conforto mantendo sempre a forma de pensar que traga segurança e controle, distanciando-se do pensamento criativo e da inovação.

Aliás, quando se pensa na velocidade das mudanças que acontecem hoje na realidade do "mundo BANI" (Frágil, Ansioso, Não Linear e Incompreensível)[2] o comportamento criativo se torna imprescindível para os profissionais e empresas que pretendem se adaptar e vencer nesse contexto.

Daí se conclui que a criatividade decorre diretamente do comportamento de cada indivíduo na busca incessante pelo conhecimento e aprendizado que permitirão pensar de forma diferente mantendo o constante fluxo de inovação.

[2] Termo criado pelo antropólogo e futurologista norte-americano Jamais Cascio, que compartilhou as suas percepções sobre a realidade e publicou o artigo "Facing the age of Chaos" em 2020 (Brittle, Anxious, Non-linear, Incomprehensible).

INOVAÇÃO E TRANSFORMAÇÃO DIGITAL

A criatividade se revela presente no Direito não somente no que se refere à interpretação e aplicação das normas, mas também na criação e implementação de processos.

O termo processo no Direito brasileiro normalmente é associado a uma demanda contenciosa, principalmente considerando o elevado índice de litigiosidade no país, porém, quando se pensa em inovação no Direito o termo processo deve ser empregado com outra finalidade, para a otimização de rotinas e fluxos de trabalho com foco na gestão de escritórios de advocacia e departamentos jurídicos.

Nesse contexto, tem sido cada vez mais crescente o desenvolvimento das áreas de *Legal Operations* nos departamentos jurídicos de empresas, bem como escritórios de advocacia, a fim de desenvolver e otimizar processos para se atingir o máximo de eficiência, tendo sempre a tecnologia como uma importante aliada.

A esse respeito, Bjarne P. Tellmann[3] refere-se a *twin revolutions* quando descreve o impacto disruptivo que o mercado jurídico deverá sofrer por meio da inovação e a respectiva convergência profissional para tal fim:

> A profissão jurídica, uma vez bastião da estase e conservadorismo, sofrerá mais disrupção inovadora nos próximos 20 anos do que já experimentou nos últimos dois séculos. Como o Professor Richard Susskind explicou, ao longo do tempo "advogados tradicionais em grande parte serão substituídos por sistemas avançados, ou por profissionais menos onerosos suportados por tecnologia ou processos padronizados, ou por pessoas leigas equipadas com ferramentas de autoajuda online" (tradução nossa).

Para tanto, exige-se dos profissionais dedicados a função de *Legal Operations* o máximo de criatividade para que seja possível pensar em processos inovadores com o objetivo de proporcionar a melhor experiência ao cliente com o máximo de eficiência e mínimo custo.

De fato, o processo de inovação e transformação digital deverá sempre abranger os aspectos de cultura, tecnologia, dados e processos com foco na melhor experiência do cliente:

---

[3] No original: "The legal profession, once a bastion of stasis and conservatism, will undergo more innovative disruption in the next 20 years than it has experienced in the preceding two centuries. As Professor Richard Susskind explains, over time 'traditional lawyers will in large part be replaced by advanced systems, or by less costly workers supported by technology or standard processes, or by lay people armed with online self-help tools'". TELLMANN, Bjarne P. Building na Outstanding Legal Team: Battle-Tested Strategies from a General Counsel. Ed. Globe Law and Business Limited, 2017. E-book p. 43.

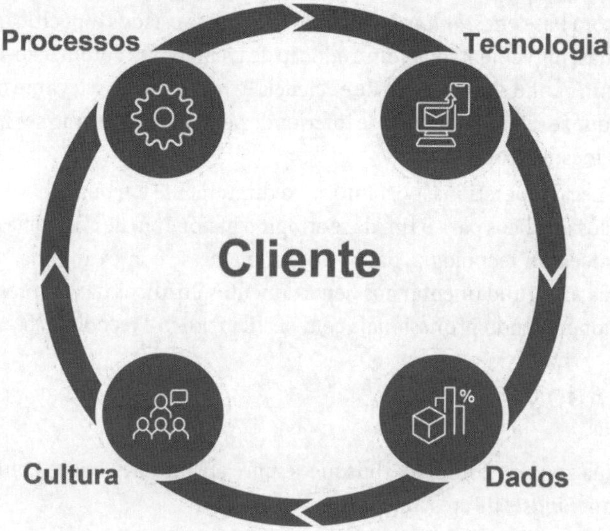

Fonte: Elaboração própria.

Portanto, não se trata tão somente da criação e implementação de processos analógicos com a finalidade de otimizar rotinas de trabalho, é necessário que se tenha uma visão holística para o emprego de tecnologia, gestão de dados e mudança cultural, sempre com o cliente no centro para melhorar a sua experiência e transformá-la em digital, eliminando-se barreiras desnecessárias e dispersão de tempo em tarefas rotineiras passíveis de automação, proporcionando assim a efetiva transformação digital.

Entretanto, ao que tudo indica alguns setores do Direito ainda resistem bravamente à transformação digital, mantendo a prestação de serviços jurídicos em formato analógico e investindo tempo e dinheiro em pseudoinovações (boletins informativos, *visual law*, relatórios etc.) que pouco impacto positivo gera para os seus clientes.

Refiro-me principalmente aos grandes escritórios de advocacia, que apesar dos elevados valores cobrados a título de honorários, muito pouco investem em ferramentas tecnológicas para transformar definitivamente a interação com os seus clientes por meio de uma interface totalmente digital, integrada aos serviços jurídicos tradicionais e alternativos, tais como: ferramentas de investigação e busca de documentos; sistemas de gestão de contencioso; espaço disponível em seus servidores para que os clientes possam acessar diretamente o histórico de trabalhos, permitindo que se reduza a quantia paga a título de honorários em razão de ineficiências e dispersão e concentrando-se em questões realmente estratégicas em que efetivamente o trabalho dos escritórios de advocacia agregarão valor.

Já quando se pensa no departamento jurídico de empresas, um bom exemplo da atuação direta da área de Legal Operations na gestão é o mapeamento de todas as rotinas operacionais e repetitivas que possam ser destacadas de diferentes áreas e movidas para dentro de um centro de excelência em que profissionais treinados para a execução das referidas tarefas operacionais, com base em *standard templates* e manuais criados especificamente para descrever tais rotinas, implementadas com a adoção de tecnologia e automação, que certamente resultarão em um ganho significativo de eficiência e uma redução relevante nos custos, principalmente no que se refere à quantidade inferior de pessoas que deverão ser necessárias para a execução das mesmas rotinas.

A área de Legal Operations, portanto, atua diretamente em busca da melhoria na prestação dos serviços jurídicos para o fim de se atingir o maior grau de eficiência ao menor custo, por meio de processos, tecnologia, dados e cultura e nesse contexto, cada vez mais se posiciona como uma área fundamental nos departamentos jurídicos das empresas e escritórios de advocacia, congregando profissionais com perfil jurídico e tecnológico.

APRENDIZADOS

- Saia da sua zona de conforto e busque sempre aprimorar os seus conhecimentos em direção ao *mindset* de crescimento;
- Tenha a cabeça aberta e seja criativo para pensar de forma diferente em novas possibilidades de processos, tecnologias e outras ferramentas que possam trazer inovação ao ambiente jurídico;
- Mapeie atividades que sejam operacionais e repetitivas e crie processos, standard templates e manuais para que tais atividades sejam realizadas de forma mais rápida, eficiente e por quaisquer pessoas treinadas para isso, gerando redução de custos;
- Adote e disponibilize ferramentas de tecnologia que tenham interface direta com os seus clientes, tornando a interação totalmente digital, para que aconteça de forma mais rápida e automatizada reduzindo custos com atividades operacionais.

#legal ops

11

Legal operations: estruturar ou terceirizar?

Daniella Archinto Marques de Melo[1]

Era da informação[2]. Talvez o nome não faça jus ao significado real do termo; os livros no futuro terão dificuldade em descrever o sentimento que vivemos: o mundo parece girar rápido demais.

Impérios são construídos em garagens, celebridades emergem e perecem nas redes sociais, conhecimento ao alcance de um clique. As possibilidades são infinitas, e nunca foi tão acessível aprender.

No universo jurídico, as mudanças da era digital e da era informação foram ainda mais impactantes. É verdade que a própria comunidade jurídica teve certa parcela de responsabilidade pela dor da mudança: quem insiste em ignorar a mudança dos ventos, não pode depois reclamar de ajustar as velas debaixo da tempestade.

O papel daqueles que integram a comunidade jurídica deixou de ser o de mero conhecedor das leis, para conhecedor de realidades. Finda-se a atuação como enciclopédia jurídica e inicia-se a atuação como mediador. Conhecimento técnico não basta, é preciso também entender de dados, negócios, pessoas, ferramentas.

É a partir desta realidade que surge a área de Legal Operations. Há quem prefira chamar de eficiência jurídica, controladoria jurídica, ou qualquer outro nome. Há também quem defenda que cada um desses conceitos é diferente entre si.

Para os efeitos deste capítulo, basta que você compreenda Legal Operations como uma área de Inteligência, uma central estratégica que tem por objetivo tornar a área jurídica mais eficiente, ou seja, permitindo que os advogados foquem em ser cada vez melhores e que os resultados entregues sejam cada vez mais relevantes.

Parece incrível! De fato, é. E, tal qual acontece com aqueles que escolhem a pílula vermelha no filme Matrix[3], o caminho é só de ida. Uma vez que você entende o impacto que uma

---

1 Formada em direito pela Universidade Presbiteriana Mackenzie, sempre se sentiu um peixe fora d'água no mar dos engravatados falantes de latim. Desde então atuou em escritórios e empresas, em diversas áreas. Depois de se tornar esposa e mãe, descobriu que era possível fazer mais com menos, e que pessoas engajadas entregam resultados melhores. Entusiasta da inovação, pensamento criativo, linguagem simples e curiosa profissional.

2 Disponível em: https://fia.com.br/blog/era-da-informacao/.

3 The Matrix (Matrix), Direção e roteiro: Andy Wachowski e Larry Wachowski, com produção de Joel Silver e distribuição de Warner Bros. EUA, 1999.

área como essa pode trazer para seu departamento, escritório ou negócio (isso sem mencionar no judiciário como um todo), é natural que os olhos brilhem.

Mas como saber se é o momento de estruturar a área? Quando delegar as atividades para uma consultoria especializada? Se você está na jornada da criatividade e inovação jurídica, provavelmente essas perguntas já lhe cruzaram a mente.

Não é um tema fácil, nem de resposta certa. Além disso, todo autor escreve sob o prisma de sua própria vivência, de forma que não há neste capítulo qualquer pretensão de imparcialidade. Ainda assim, espero que alguns dos aprendizados compartilhados possam ser úteis em sua jornada.

Antes de entrarmos no tema em específico, é importante definir alguns princípios para guiar sua atuação neste assunto, ou qualquer outro envolvendo sua jornada em Legal Operations. Assim, você terá mais clareza ao tomar decisões, mesmo em cenários incertos ou realidades desconfortáveis.

1) **Avalie a realidade como ela é, não como você gostaria que fosse:** quanto mais assertivos formos em entender o real cenário em que estamos, mais eficazes serão as soluções.
2) **Case-se com o problema, não com a solução:** não se apegue a ferramentas, fluxos, metodologias ou benchmarks com a fidelidade apaixonada de um torcedor de clube de futebol (ou, em tempos atuais, de torcedor de partido político). Entender a fundo qual é o problema a ser resolvido é o que trará clareza sobre a solução adequada.
3) **Não tenha medo de errar:** advogados são treinados por anos a fio para evitar erros e para considerar incompetentes os que erram. A questão é que, quem não erra, deixou de inovar. Em Legal Operations essa mentalidade precisa ser transformada, para que soluções criativas possam surgir[4].

Uma vez alinhados os princípios, podemos avaliar as vantagens de cada um dos cenários. Estruturar uma área interna de Legal Operations geralmente traz os seguintes ganhos:

- **Skin in the game[5]:** os riscos serão assumidos pelas mesmas pessoas que os avaliaram, o que aumenta a responsabilidade, comprometimento com resultados e fortalece a curva de aprendizado;
- **Visão de negócio:** ninguém conhece melhor a sua organização do que as pessoas que fazem parte dela. Diariamente, essas pessoas estão inseridas ali por no mínimo oito horas, absorvendo a cultura, entendendo o modelo de negócios, implementando rotinas. É vital para a área de Legal Operations entender profundamente esses fluxos, tornando-se mestre em saber o que de fato as pessoas fazem, não aquilo que dizem

---

4 Se você quer entender melhor como fazer essa mudança de mentalidade, recomendo o livro *Mindset*, de Carol S. Dwerk.

5 Em tradução livre: arriscar a própria pele ou, em bom português, "dar a cara à tapa".

fazer. Esse tipo de conhecimento é construído no médio e longo prazo, especialmente em empresas que atuam em modelos de negócios complexos;

- **Gestão dos dados:** é mais fácil ter o controle e gestão dos dados, documentos e informações desenvolvendo as soluções internamente. Além disso, dependendo da quantidade e complexidade da base de dados, substituir um determinado prestador de serviço pode impactar diretamente o resultado da área;
- **Escolha das ferramentas:** liberdade para escolher ferramentas conforme seus próprios critérios. Ao terceirizar, ficamos limitados às ferramentas daquele determinado prestador;
- **Prototipação:** em algumas realidades, principalmente no universo das startups, as constantes mudanças podem impactar o dia a dia, especialmente projetos de médio e longo prazo. Sem uma diretriz bastante clara de quais são as diretrizes e resultados esperados, é provável que a consultoria externa não atinja todo seu potencial, o que pode gerar frustração em ambas as partes;
- **Cultura:** mais importante do que estruturar uma área específica de Legal Operations é desenvolver no time jurídico (e, com sorte, em toda a organização) a mentalidade de que criatividade, inovação e eficiência são responsabilidade de todos. A melhor forma de construir essa cultura é dar-lhes oportunidade de atuar em projetos que desenvolvam essas habilidades.

Por outro lado, contar com uma consultoria especializada também pode trazer algumas vantagens, sendo as principais delas:

- **Especialização técnica:** os profissionais alocados em consultorias dedicam-se exclusivamente a conhecer as melhores soluções do mercado. Além disso, por atuarem com diferentes clientes e em diferentes segmentos, possuem um mapeamento mais profundo do que pode ou não funcionar em cada realidade;
- **Distanciamento:** há uma frase de José Saramago que diz: "É preciso sair da ilha para ver a ilha. Não nos vemos se não saímos de nós". Muitas vezes uma consultoria consegue diagnosticar problemas ou sugerir soluções com maior facilidade por não estar imersa na situação. Além disso, em alguns cenários, pode ser útil que o porta voz das mudanças seja um terceiro "isento", para evitar reatividade ou para passar uma percepção de maior profissionalismo[6].
- **Velocidade:** em qualquer time, é inevitável despender uma quantidade relevante de tempo com imprevistos – os famosos "incêndios" – burocracias e outras tarefas de curto prazo, o que pode impactar a qualidade e entrega dos projetos de médio e longo prazo. Contar com uma consultoria pode dar maior velocidade às entregas, especialmente àquelas de alto impacto, além de permitir que o time interno foque em outros aspectos ou tarefas;

---

[6] Ainda há nas organizações quem pareça pensar que "santo de casa não faz milagre".

- **Escalabilidade:** estruturar um time interno é mais complexo e menos escalável do que terceirizar. Por exemplo, ao contratar uma consultoria, é fácil ajustar a mão de obra em caso de aumento ou diminuição repentina de demandas;
- **Documentação:** por sua expertise, consultorias costumam documentar melhor tanto o processo quanto as conclusões finais, o que pode tornar a tomada de decisão mais eficaz;
- **Custo:** dependendo do volume e senioridade das pessoas envolvidas nos projetos, pode ser mais barato contratar uma consultoria do que dedicar hora/homem do time interno.

Como você pode perceber, ambos os caminhos possuem vantagens e desvantagens, cabendo a você avaliar a realidade atual da sua organização. Essa tarefa pode parecer desafiadora, então algumas perguntas podem ajudar a guiar seus pensamentos:

1) Contexto:

a) Qual é o momento atual da sua empresa e do mercado em que ela atua? Crescimento ou crise? Está em estruturação ou já consolidada?

b) Como estão as atividades centrais do time jurídico? Uma casa se constrói pela fundação, ou seja, se as áreas técnico-jurídicas ainda não estão estruturadas e desenvolvendo minimamente suas funções, faz sentido pensar na estruturação de Legal Operations neste momento?

c) Qual é a visão da alta liderança[7] sobre Legal Operations? Sobre o departamento jurídico e seu papel? Qual a visão e como foi a estruturação de áreas de eficiência em outros departamentos (por exemplo: design ops, devops)?

2) Cultura:

a) O quanto é complexo entender o que a sua empresa faz ou o mercado em que atua?

b) Os projetos a serem desenvolvidos necessitam de algum conhecimento específico?

c) Os problemas a serem resolvidos já foram identificados com clareza?

3) Financeiro:

a) Como está o orçamento da sua área?

b) Como está o cenário de contratações e demissões na sua empresa e no mercado em que ela atua?

c) O volume de demandas é, na medida do possível, estável ou há muita flutuação? Quantas pessoas são necessárias para atender as demandas?

d) Há um plano de carreira para a área e para as pessoas que eventualmente integrarem a área de Legal Operations?

---

7 Aqui, é importante entender não só a visão da alta liderança da área jurídica, mas da organização como um todo.

e) Quais são as habilidades e perfis que você busca para estruturar o time? Qual será o escopo de cada um?

4) Objetivos:

a) O que você espera de uma área interna de Legal Operations?
b) O que você espera de uma consultoria especializada em Legal Operations?
c) Quais são os aspectos positivos e negativos da internalização dos trabalhos?
d) Que problemas dificultam a internalização dos trabalhos?
e) Qual seria o esforço envolvido para solucionar estes problemas?
f) Solucionar estes problemas traria qual impacto para a equipe?

Se você observou sua realidade com atenção e respondeu às perguntas com profundidade, já deve ter mais clareza sobre sua organização e se estruturar uma área de Legal Operations é um projeto viável neste momento.

No entanto, a experiência me mostrou que nem sempre precisamos escolher um caminho em detrimento do outro; podemos aproveitar o melhor que cada cenário tem a oferecer. Por exemplo: construir um time interno de Legal Operations, enxuto e com foco exclusivo em otimizar, acelerar e desbravar[8], contando com o apoio de consultorias especializadas para atividades específicas.

Importante lembrar que você pode buscar consultoria especializada dentro de sua própria organização, caso exista área de Customer Experience ou Marketing. Vocês podem trabalhar juntos em projetos específicos, ou solicitar a alocação de um profissional específico destas áreas no departamento jurídico, por tempo determinado. Assim, é possível contar com metodologias específicas e expertise sem impactar o orçamento.

Seja qual for o caminho escolhido, há muito trabalho a fazer, e você certamente encontrará no universo do Legal Operations uma comunidade apaixonada e pronta para trocar experiências, vitórias e fracassos – que são os melhores professores.

Boa jornada!

---

8 Para entender melhor o que isso significa na prática, recomendo o texto "The Next Evolution in Legal Operations" escrito por Mary O'Carrol, disponível em: https://ironcladapp.com/blog/the-next-evolution-in-legal-operations/.

#legal ops

12 *Lean process for legal operations* reinventando o setor jurídico

Paulo Silvestre de Oliveira Junior[1]

O conceito de *Legal Operations*, ou *Legal Ops*, tem ganhado destaque no ambiente corporativo, e sua relevância se torna cada vez mais evidente no setor jurídico. Responsável pela implementação dessa abordagem no Machado Meyer, um dos principais escritórios de advocacia da América Latina, desenvolvi em 2019 um *framework* hoje adotado por diversos escritórios no Brasil e no mundo.

Esse *framework* visa fornecer uma estrutura integrada para otimizar processos de negócio de maneira eficiente e eficaz. Baseado na metodologia *Lean Manufacturing*, se organiza em três pilares essenciais: Controladoria Jurídica, Suporte Jurídico e Qualidade e Desempenho.

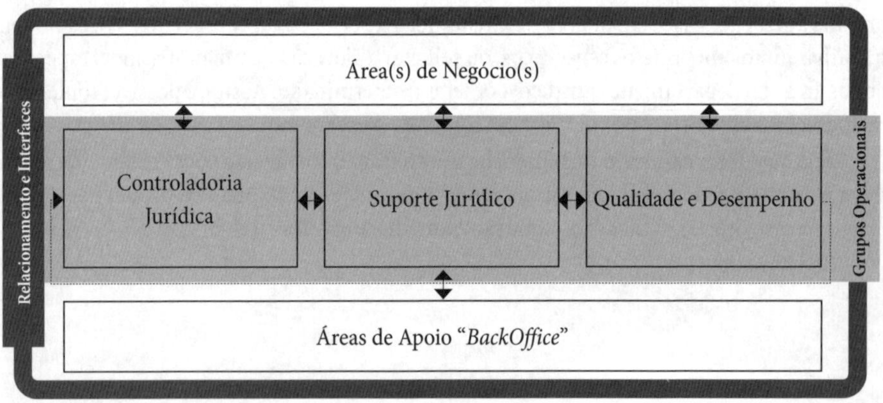

Fonte: Modelo desenvolvido pelo Autor. Todos os direitos reservados.

1 Especialista em desenvolvimento estratégico de departamentos jurídicos e escritórios de advocacia, com formação em Gestão Estratégica (IBTA), Business Innovation (FIAP), MBA em Segurança da Informação (FIAP) e especialização em Inovação Corporativa e Estratégia Digital (MIT). Paulo é head de Inovação e Desenvolvimento no Machado Meyer Advogados. Além disso, ele é fundador da IT Legal Experts – Innovation & Technology e autor do livro *Direito em transformação*: estratégia e inovação para advogados.

O pilar de **Controladoria Jurídica** foca na gestão de riscos, abrangendo atividades relacionadas a prazos e providências ligadas aos processos gerenciados pelo escritório. Isso assegura eficiência e eficácia no desenvolvimento das atividades pelos advogados atendidos pelo Legal Ops.

O **Suporte Jurídico** oferece apoio administrativo aos advogados, permitindo que se concentrem em atividades estratégicas. Já o pilar de **Qualidade e Desempenho** garante a prestação de serviços de alta qualidade pelo escritório, acompanhando indicadores financeiros e de desempenho para antecipar necessidades e ajustar, quando necessário.

Aliando esses três pilares, conseguimos maior enfoque em áreas críticas de negócios, padronizar processos e sistemas com as melhores práticas, minimizar riscos e custos administrativos, e potencializar a eficiência e produtividade.

O Legal Ops proporcionou novas perspectivas ao Machado Meyer, que já possuía iniciativas direcionadas à melhoria contínua dos processos de negócio. A estratégia de Legal Ops tem raízes na *Lean Manufacturing*, amplamente adotada em outros setores há décadas. Com a meta de aumentar a segurança, eliminar desperdícios e automatizar processos ineficientes, a metodologia tem se mostrado eficaz no setor jurídico.

Cada vez mais, o setor jurídico se assemelha a outras indústrias, mas é crucial destacar que a adoção da estratégia de Legal Ops não é universal e deve ser avaliada conforme a realidade de cada organização. É imprescindível que o Legal Ops esteja alinhado com a estratégia de negócio para maximizar a eficiência e eficácia dos processos.

Nesse contexto, a metodologia *Lean Manufacturing* pode ser uma grande aliada na melhoria contínua dos processos de negócios, especialmente em processos críticos que demandam segurança adicional. A aplicação dessa abordagem permite eliminar desperdícios, reduzir tempos de espera, aprimorar a qualidade do trabalho e elevar a produtividade. Ademais, a adoção do *Lean Manufacturing* pode ser a chave para a automatização de processos ineficientes, proporcionando maior agilidade e efetividade à equipe jurídica.

Não é novidade que advogados dedicam tempo considerável a atividades administrativas, muitas vezes não faturáveis. Durante a criação desse *framework*, realizei um levantamento e constatei que muitos profissionais gastavam até duas horas por dia em atividades administrativas, sendo que nenhum deles gastava menos de 35 minutos.

Levando em conta uma equipe com 40 advogados que dedicam 35 minutos do seu dia a atividades administrativas, e caso essas atividades fossem realizadas pelo time de Legal Ops em um período de 12 meses, além de liberar os advogados para focar em atividades estratégicas, teríamos 5600 horas com potencial para serem convertidas em receita. Essa estimativa de 35 minutos é conservadora, considerando a rotina do advogado, e esse resultado pode ser ampliado quando replicado para outras áreas de negócio.

Nesse cenário, a tecnologia é uma grande aliada para tornar as operações jurídicas ainda mais eficientes, eficazes e seguras. Entretanto, a tecnologia por si só não resolverá todas as ineficiências. Embora muitos esperem na tecnologia a solução, o que não está necessariamente errado, é importante questionar se você não está apenas automatizando o caos. Por isso, desenvolver uma abordagem que considere uma análise profunda dos processos pode trazer resultados sustentáveis e de longo prazo.

A implementação do Legal Ops como uma estratégia replicável para todas as áreas de negócio pode reduzir custos operacionais, otimizar o desenvolvimento das atividades e centralizar os processos, evitando redundância de profissionais. A padronização das atividades visa alcançar resultados previsíveis e replicáveis, aumentando a eficiência e produtividade. Além disso, otimiza a comunicação e a sinergia entre as equipes, facilitando a troca de informações e resultando em maior agilidade e eficiência operacional.

A partir disso, chegamos ao modelo conhecido como CSC (Centro de Serviços Compartilhados), que resulta em um suporte mais confiável ao negócio, padronização de processos e sistemas com a aplicação de melhores práticas, indicadores e controles que possibilitam um suporte com níveis de serviços adequados e redução de riscos. Também são alcançados ganhos de escala e produtividade.

A estratégia de Legal Ops aliada à metodologia *Lean Manufacturing* pode transformar o setor jurídico, rompendo com a imagem tradicional do advogado burocrático e pouco inovador. Profissionais que antes se limitavam a tarefas administrativas agora desempenham um papel estratégico e orientado a resultados.

Para se destacar em um mercado competitivo, é preciso uma gestão eficiente e serviços jurídicos de alta qualidade. Os pilares de Controladoria Jurídica, Suporte Jurídico e Qualidade e Desempenho são fundamentais para garantir a eficiência e eficácia do negócio. A tecnologia, como inteligência artificial e automação de processos, é crucial para a implementação do Legal Ops e pode trazer benefícios significativos, mas é preciso cautela.

A implementação do Legal Ops requer comprometimento da alta gestão e dos profissionais envolvidos. A mudança cultural e a melhoria contínua dos processos são essenciais para o sucesso. A adoção do Legal Ops e da metodologia *Lean Manufacturing* pode ser um diferencial para os escritórios de advocacia. O investimento em tempo e recursos pode gerar resultados satisfatórios em eficiência, qualidade e produtividade.

Quer saber qual será a "próxima geração" do Legal Ops? Então preste atenção! A combinação da estratégia de Legal Ops com a metodologia do *Lean Manufacturing*, que agora podemos chamar de *Lean Process for Legal Operations*, pode gerar resultados surpreendentes. Com ela, você pode aumentar a eficiência e qualidade dos serviços jurídicos prestados, ao mesmo tempo em que reduz custos e melhora a satisfação do cliente.

E ainda tem mais: com o *LEAN*, você pode otimizar processos e melhorar continuamente, mantendo-se sempre atualizado e competitivo no mercado. É assim que você garante um futuro promissor para o seu negócio! A próxima geração do Legal Ops está aí, e vamos nos falar novamente daqui a cinco anos para ver como evoluímos!

Como mencionado em meu livro *Direito em transformação:* estratégia e inovação para advogados, em um mercado cada vez mais competitivo, a estratégia – ou a falta dela – trará consequências reais. Portanto, a adoção do Legal Ops com a metodologia *Lean Manufacturing* surge como uma oportunidade ímpar para departamentos jurídicos e escritórios de advocacia avançarem em direção à excelência operacional.

#esg

13 Inovação orientada por ESG em empresas globais

Marcelo Pan[1]

ESG é um acrônimo para ambiental, social e governança. Originou-se do conceito mais amplo de investimento socialmente responsável (ISR), que surgiu na década de 1960 como uma forma de os investidores alinharem seus interesses financeiros com seus princípios éticos. Depois de algum tempo, o foco mudou de apenas evitar investimentos em empresas com práticas problemáticas para buscar ativamente empresas que apresentavam alto desempenho ESG. Essa mudança ocorreu porque simplesmente evitar investimentos em empresas com práticas questionáveis não era mais suficiente. O mundo queria mais.

Um número crescente de investidores está se conscientizando dos possíveis perigos e oportunidades relacionados às questões ESG e, como resultado, as considerações ESG evoluíram para um elemento chave e essencial do processo pelo qual as decisões de investimento são tomadas atualmente. As empresas com bom desempenho em termos de ESG são vistas como mais robustas, mais bem posicionadas para o crescimento de longo prazo e mais adequadas para gerenciar possíveis riscos. Por conta disso, houve um aumento na demanda por dados e análises referentes a ESG, bem como um aumento de produtos de investimento focados em ESG.

O processo de inovação pode encontrar nas questões ESG uma poderosa ferramenta de integração e catalisadora de mudanças dentro de qualquer corporação, encorajando empresas a pensarem além de resultados de curto prazo, mas construírem cadeias de valor sólidos e duradouros a todas os seus stakeholders, à medida que as empresas tentam cada vez mais agregar valor ao integrar práticas ESG em suas operações.

O PAPEL DO ESG NA PROMOÇÃO DA INOVAÇÃO

Em sua forma mais básica, ESG é uma ferramenta para fazer mais do que simplesmente reduzir o risco de uma empresa, mas um mecanismo que incentiva as empresas a investigar métodos sustentáveis, éticos e inclusivos. Essas práticas não apenas ajudam a

---

1 Formado em direito pela PUC/SP, LLM pela Queen Mary, University of London, MBA Executivo pela FGV/SP. Atuou por 20 anos no setor de infraestrutura e tecnologia da informação, tendo como último desafio a diretoria jurídica, compliance e proteção de dados, na Huawei do Brasil. Desde 2020 assumiu novos desafios na indústria de papel e celulose, na Paper Excellence do Brasil.

sociedade e o meio ambiente, mas também fornecem perspectivas financeiras significativas. Uma vez integrada junto aos valores da empresa, o ESG tem o potencial de servir como uma poderosa força por trás do processo de inovação, tornando-se um acelerador para uma série de oportunidades:

- A governança é a base de toda organização que aspira ser sustentável. Permite a tomada de decisões éticas e uma gestão de riscos eficaz. As empresas que possuem estruturas de governança bem desenvolvidas têm uma chance maior de fazer escolhas bem ponderadas e de longo prazo que incentivam a inovação contínua;
- Identificação de novas oportunidades de mercado: a inovação com ênfase ESG pode ajudar as empresas a entrar em novos mercados e atender às demandas insatisfeitas dos clientes, como a falta de alternativas baratas de energia renovável ou métodos de produção de alimentos ambientalmente responsáveis;
- Aumenta a eficácia das operações: práticas sustentáveis podem resultar em reduções de custos por meio da redução do consumo de energia, desperdício e uso de recursos. Essas práticas também podem melhorar a reputação da marca e a fidelização do cliente;
- Proteção do meio ambiente: o ESG incentiva as empresas a desenvolver soluções inovadoras e sustentáveis. A crise climática exige o desenvolvimento de tecnologias e práticas mais verdes, como métodos para reduzir o desperdício e aumentar o uso de fontes de energia renováveis. As empresas que concentram seus esforços nessas áreas não apenas reduzem o efeito negativo que causam no meio ambiente, mas também criam novas possibilidades no mercado;
- As empresas que enfatizam fortemente a inclusão e os padrões trabalhistas justos têm maior probabilidade de cultivar uma equipe diversificada e engajada. Isso é verdade do ponto de vista social. Um ambiente como esse é ideal para o desenvolvimento de ideias inovadoras e métodos de resolução de problemas, pois estimula os indivíduos a compartilharem seus diversos pontos de vista. Além disso, uma imagem social favorável pode atrair potenciais colaboradores e consumidores, o que pode resultar em um ciclo de desenvolvimento e inovação saudável e sustentável;
- Incentivar uma cultura de inovação: a inovação orientada a questões ESG incentiva uma cultura de cooperação, criatividade e melhoria contínua, o que permite que as empresas se adaptem às adversidades do mercado e permaneçam sempre um passo à frente de seus concorrentes.

O PONTAPÉ INICIAL

O estabelecimento de metas ESG transparentes, quantificáveis, atingíveis e relevantes, que estejam alinhados com a estratégia geral de negócios da empresa e os valores que defende, norteará todas as ações ao longo de todo o processo de inovação.

É importante levar em consideração os elementos ESG tanto como potenciais fontes de inspiração quanto como critérios importantes para novas ideias. As empresas e a liderança devem semear, cultivar e estimular uma cultura que apoie a produção de ideias. Mas também desenvolvê-las – muitas morrem na caixinha de sugestões presa em alguma parede do escritório. Essa cultura deve ser projetada para promover a inovação.

A exceção à regra é exceção até o dia que ela vira regra. Os princípios ESG precisam estar na vanguarda do processo de tomada de decisão. Isso envolve examinar as possíveis consequências ambientais, sociais e de governança de um novo produto ou serviço e aplicar ajustes de design para reduzir impactos negativos e promover benefícios positivos.

E não menos importante, as empresas devem monitorar e avaliar consistentemente seu desempenho ESG e, em seguida, usar os dados resultantes para identificar áreas específicas que precisam de aprimoramento e impulsionar a melhoria contínua. Isto permite que as empresas estejam mais preparadas e capazes de prever e mitigar possíveis riscos, como mudanças nos requisitos regulatórios, interrupções nas cadeias de suprimentos e danos à sua reputação.

INTEGRAÇÃO E SINERGIA

A liderança tem papel chave no processo de implementação de políticas ESG, pois líderes fortes são capazes de comunicar uma visão cristalina, são os alicerces por trás de qualquer processo de mudança de cultura. Além de incentivarem a equipe a adotar valores semelhantes, têm um papel significativo na alocação de recursos, o que ajuda a garantir que os projetos ESG recebam o apoio necessário. Portanto, uma liderança forte é essencial para transformar as políticas ESG de simples declarações em ações concretas, necessárias para o desenvolvimento de uma empresa genuinamente sustentável e responsável.

É essencial que a liderança realize uma comunicação transparente, em que todas as partes envolvidas obtenham informações precisas e atualizadas sobre a estratégia ESG da organização, para que todos busquem um objetivo comum e alinhados à visão e valores da empresa. Todos os stakeholders devem ser incentivados de alguma forma, para garantir um engajamento ativo, que inspire a todos a buscarem excelência no cumprimento das metas ESG, o que, em última análise, contribui para o sucesso da empresa como um todo.

O esforço coletivo de todos os stakeholders engaja a promoção de novas perspectivas, o que conduz à criação de ideias inovadoras, novos produtos e serviços, e garante que este conjunto de princípios ESG se torne parte integrante da cultura da empresa, de suas operações e do seu processo de tomada de decisões, levando a um crescimento sustentável de longo prazo e a um impacto positivo no meio ambiente, na sociedade e nas práticas de governança.

O QUE ACONTECE NA INDÚSTRIA DE PAPEL E CELULOSE

O ESG é uma poderosa ferramenta na promoção da inovação. Muitas empresas líderes globais em seus segmentos empregaram metas ESG agressivas e ambiciosas em seus planos de negócio, que impulsionaram a inovação e resultaram em produtos inovadores. Especificamente, a indústria de papel de celulose, em resposta às preocupações levantadas sobre o desmatamento, voltou-se para procedimentos que priorizam o abastecimento sustentável, obtendo suas matérias-primas de florestas geridas de forma sustentável ou recorrendo a fontes alternativas de fibra, como sobras agrícolas ou papel reciclado. Essa transição realizada ao longo das últimas décadas garantiu a proteção de ecossistemas, a manutenção da variedade biológica e a minimização da degradação ambiental.

Em outras frentes, as empresas de papel e celulose também passaram a adotar tecnologias energeticamente eficientes e feito grandes progressos na gestão da água, com investimentos na geração de energia renovável, implementando medidas de economia de energia e otimizando os processos de produção para minimizar as emissões de gases de efeito estufa e combater as mudanças climáticas, melhoras nos sistemas de reciclagem e reutilização de água, reduzindo o consumo de água e implementando tecnologias para tratar e minimizar o descarte de águas residuais.

E CONCLUÍMOS QUE...

O ESG está se tornando um elemento cada vez mais importante na determinação da lucratividade de curto e longo prazo de uma empresa, dentro de uma sociedade cada dia mais conectada e ambientalmente consciente. As empresas globais têm a oportunidade não apenas de melhorar seu desempenho em termos de sustentabilidade e suas conexões com seus principais stakeholders, mas também de impulsionar a inovação, descobrir novas possibilidades e gerar valor duradouro ao integrarem o ESG dentro de seu processo de inovação.

O poder do ESG como ferramenta de promoção da inovação está na sua integração aos valores da empresa. Não é apenas uma estratégia de relações públicas, mas uma mudança fundamental na mentalidade de todos os seus stakeholders e na abordagem. Quando os princípios ESG estão profundamente enraizados na cultura da empresa, eles inspiram o pensamento criativo e promovem um espírito de inovação em toda a organização.

Ao adotar a sustentabilidade ambiental, a responsabilidade social e as fortes práticas de governança, as organizações estarão melhor equipadas para enfrentar os desafios sociais, atender às crescentes demandas de seus clientes e aproveitar novas oportunidades de negócio. Além de melhorar a reputação da empresa, impulsiona a vantagem competitiva, atraindo os melhores talentos, clientes fiéis e investidores de longo prazo. Quando o ESG faz parte da estratégia de negócios de uma empresa, elas liberarão o potencial de um crescimento sustentável, impacto social positivo e inovação contínua no mercado global em constante evolução.

#regulatório

14 Novas tecnologias, direito, estado e judiciário: diálogos difíceis, porém, necessários

Fernando Maluf[1]

1. INFINITAS POSSIBILIDADES, FINITAS INDAGAÇÕES

Direito e desenvolvimento tecnológico sempre caminharam juntos. Se olhar para trás, não há como alcançar outra conclusão[2]. Revolução Cognitiva, Revolução Agrícola, Revolução Científica. Todas, sem exceção, giram em torno de um denominador comum: a incessante busca do homem por aprendizados, descobertas e/ou invenções[3].

Atualmente, há quem diga que vivemos uma Revolução Tecnológica. A velha forma de fazer as coisas (propriedade individual, consumo em massa e acúmulo de bens) tem perdido espaço para a nova – e disruptiva – forma (dividir para agregar)[4]. E tudo indica que é uma etapa da evolução humana sem limites e sem precedentes. Afinal, tudo pode ser compartilhado. São infinitas possibilidades!

Tanto é assim que, todo dia (sem exagero), surge uma – ou mais – plataforma de tecnologia diferente. São novas – e criativas – soluções para antigos problemas. Maior parte:

> sem as quais, no entanto, já não saberíamos mais viver. Para citar alguns: Google, Windows, Mac, Whatsapp, Telegram, Uber, Dropbox, Skype, Facetime, Facebook, Twitter, Instagram, Waze, Spotify, Amazon, Google maps, Google translator, iTunes, Netflix, YouTube. Para os solteiros, tem o Tinder, também[5].

---

1 Professor de Direito na Universidade Presbiteriana Mackenzie e no IBMEC-SP. Doutorando em Direito Constitucional pela Universidade de São Paulo. Mestre em Direito Internacional pela Pontifícia Universidade Católica de São Paulo. Coordenador de obras coletivas, autor de artigos jurídicos e capítulos de livros. Advogado. E-mail: fernando.maluf@mackenzie.br.

2 BARROSO, Luís Roberto. Revolução tecnológica, crise da democracia e mudança climática: limites do direito num mundo em transformação. *Revista Estudos Institucionais*, v. 5, n. 3, p. 1262-1313, set./dez. 2019, p. 1275.

3 Harari, Yuval Noah. *Sapiens*: uma breve história da humanidade, 2016, p. 15.

4 A receita de sucesso da "economia compartilhada", que Carlos Affonso Souza e Ronaldo Lemos definem como "o uso de tecnologia da informação em prol da otimização do uso de recursos através de sua redistribuição, compartilhamento e aproveitamento de suas capacidades excedentes" (LEMOS, Ronaldo; SOUZA, Carlos Affonso Pereira de. Aspectos jurídicos da economia de compartilhamento: função social e tutela da confiança. *Revista de Direito da Cidade*, Belo Horizonte, v. 8, n. 4, p. 1757-1777, p. 1759).

5 BARROSO, Luís Roberto. Revolução tecnológica, crise da democracia e mudança climática: limites do direito num mundo em transformação. *Revista Estudos Institucionais*, v. 5, n. 3, p. 1262-1313, set./dez. 2019, p. 1277.

Mas, em uma sociedade tão dinâmica e em constante transformação, algumas indagações aparecem e demandam respostas: (i) Será que o Direito acompanha essa (r)evolução?; (ii) Até onde o Estado pode e/ou deve intervir?; e (iii) Qual papel cabe – ou caberá – ao Poder Judiciário? Sem intenção de ser exaustivo, são essas provocações que serão examinadas e debatidas nas próximas páginas, a partir de uma breve retrospectiva histórica, análise da Constituição do Brasil e da experiência de seu intérprete, o Supremo, nesses **diálogos difíceis, porém, necessários.**

2. O DIREITO ACOMPANHA ESSA (R)EVOLUÇÃO?

Os avanços tecnológicos fazem parte da história da evolução do homem. É uma premissa, uma certeza. Disso, ninguém duvida. Porém, para responder se o Direito consegue acompanhar a mais recente etapa de nossa (r)evolução, é preciso entender o papel da tecnologia na História, bem como onde o Brasil se encontra, na teoria e na prática, quando o tema é inovação.

Olhando para o passado, não é difícil notar que "as nações com setor empresarial de sucesso são aquelas que romperam a inércia de forma a promover um processo inovativo continuado"[6]. As nações com instituições favoráveis à inovação prevaleceram[7]. As desfavoráveis às novas tecnologias[8], fracassaram[9]. Ou seja, o "sucesso" do desenvolvimento de uma nação depende, necessariamente, de um ambiente que colabore com o avanço tecnológico[10].

À primeira vista, o Brasil parece atender tal requisito. Afinal, na Constituição, há uma promessa expressa de "promo[ção] e incentiv[o] [d]o desenvolvimento científico, a pesquisa e a capacitação tecnológicas"[11], para além de outras referências esparsas à "ciência", "tecnologia" ou "inovação", bem como tantas leis, tratados internacionais, políticas públicas e incentivos.

---

6 TAVARES, André Ramos. APP's e plataformas on-line na intermediação econômica no Brasil. *Revista de Direito Constitucional & Econômico*, p. 13-44, jan.-jun., 2019, p. 20.

7 A exemplo da Grã-Bretanha e de outros países da Europa Ocidental, como assinalam Daron Acemoglu e James A. Robinson (ACEMOGLU, Daron; ROBINSON, James A. *Why nations fail*: the origins of power, prosperity and poverty. Londres: Profile Books, 2013, p. 85).

8 Luís Roberto Barroso menciona, a propósito, que "Os mecanismos para tanto incluem monopólios, concessões, licenças, liberação de empréstimos públicos, empresas estatais e uma profusão de cargos públicos de livre nomeação" (BARROSO, Luís Roberto. Revolução tecnológica, crise da democracia e mudança climática: limites do direito num mundo em transformação. *Revista Estudos Institucionais*, v. 5, n. 3, p. 1262-1313, set./dez. 2019, p. 1275).

9 A exemplo do Império Austro-Húngaro, Império Otomano, Rússia, China no passado, e, recentemente, de países da América Latina, África, Ásia e Leste da Europa, como assinalam Daron Acemoglu e James A. Robinson (ACEMOGLU, Daron; ROBINSON, James A. *Why nations fail*: the origins of power, prosperity and poverty. Londres: Profile Books, 2013, p. 57 e 86).

10 Nesse sentido, ensina André Ramos Tavares: "(...) a tutela e incentivo da tecnologia pelo Estado cumpre papel central para o desenvolvimento nacional e por isso mesmo o assunto 'tecnologia' não pode ser desatrelado, constitucionalmente falando, do desenvolvimento (...) o que existe, portanto, é um dever estatal de proteger e incentivar as tecnologias, ao lado de uma liberdade individual de expressão tecnológica, dimensões que se suportam e se complementam" (TAVARES, André Ramos. APP's e plataformas on-line na intermediação econômica no Brasil. *Revista de Direito Constitucional & Econômico*, p. 13-44, jan.-jun., 2019, p. 14).

11 Art. 218, *caput*, da Constituição da República de 1988.

No entanto, as promessas não passam de palavras vazias. A Constituição não passa de uma "mera folha de papel"[12] quando o assunto é "desenvolvimento científico, tecnológico e de inovação". Há um enorme abismo entre o quanto promete e o quanto, de fato, cumpre[13].

Para piorar, o próprio Estado parece atuar mais como um "inimigo" do que como um "aliado". Em um ambiente onde a "Criatividade (deveria ser) comportamento" e a "Inovação (deveria ser) processo", o que tem prevalecido é o excesso de regulação e o desestímulo, ainda que qualquer obstáculo injustificado deva ser tido como **"irreversivelmente inconstitucional"**[14].

3. ATÉ ONDE O ESTADO PODE/DEVE INTERVIR?

Uber já faz parte do nosso vocabulário e, para grande maioria, de nossas vidas. Se perguntar, todos a conhecem, ainda que não utilizem. É uma das mais famosas startups, que promove o transporte individual de passageiros e, com esse modelo de negócios disruptivo, transformou a forma como as pessoas se locomovem e, para muitos também, a forma como ganham dinheiro. Uma única plataforma que, sozinha, resolveu o problema de muita gente.

Dessa forma, não é difícil deduzir o porquê a *Uber* virou esse fenômeno global[15]. Ainda assim, por incrível que pareça, os benefícios advindos do transporte individual de passageiros não agradaram a tudo e a todos. Pelo contrário, a ascensão do compartilhamento de corridas provocou uma onda de conflitos. Seus maiores inimigos:

a) os taxistas (agentes econômicos dominantes), que, ao revés de buscar se adaptar e/ou melhorar a qualidade dos serviços, dedicaram seus esforços para refrear a entrada do App no mercado (como verdadeiros ludistas do Século XXI)[16]; e

---

12 A expressão "mera folha de papel" ao tratar de uma Constituição é uma referência ao conceito defendido por Ferdinand Lassale, para quem existiria uma Constituição real (ou efetiva, definição clássica que se refere à soma dos fatores reais de poderes) e uma Constituição escrita (que, ao final do dia, não passa de um pedaço de papel): "Colhem-se estes fatores reais de poder, registram-se em uma folha de papel, se lhes dá a expressão escrita e, a partir desse momento, incorporados a um papel, já não são simples fatores reais do poder, mas que se erigiram em direito, em instituições jurídicas, e quem atentar contra eles atentará contra a lei e será castigado" (LASSALE, Ferdinand. *O que é uma Constituição?* Tradução de Hiltomar Martins Oliveira. Belo Horizonte: Líder, 2002, p. 48). Em contraposição, defendendo que uma Constituição precisa imprimir ordem à uma realidade política, econômica e social, Konrad Hesse (HESSE, Konrad. *A força normativa da Constituição*. Tradução Gilmar Ferreira Mendes. Porto Alegre: Fabris, 1991, p. 15).

13 Tanto o é que, no último Índice Global de Inovação, ainda ocupamos a 54ª posição, atrás de outros países cuja estrutura legal, incipiente, não demonstra tantos esforços para incentivar, acomodar e proteger as novas tecnologias. Disponível em: https://www.wipo.int/edocs/pubdocs/en/wipo-pub-2000-2022-section1-en-gii-2022--at-a-glance-global-innovation-index-2022-15th-edition.pdf. Acesso em: 1º.05.2023.

14 TAVARES, André Ramos. APP's e plataformas on-line na intermediação econômica no Brasil. *Revista de Direito Constitucional & Econômico*, p. 13-44, jan.-jun., 2019, p. 31.

15 STONE, Brad. *As Upstars*. Rio de Janeiro: Intrínseca, 2017, p. 301

16 Os ludistas foram trabalhadores parte de um movimento "inimigo do progresso" que tentava refrear a Revolução Industrial na Inglaterra (SALE, Kirkpatrick. Rebels Against the Future: The Luddites and Their War on the Industrial Revolution: Lessons for the Computer Age. Redwood City, Calif.: Addison-Wesley, 1996).

b) o próprio Estado, que, por misoneísmo[17], receio de perder o protagonismo regulatório[18], pressão política ou captura do regulador[19], acabou por intervir excessivamente, criando, na prática, uma verdadeira repressão à inovação.

Porém, como visto acima, a nossa Constituição não compadece com esses inúmeros episódios de resistência ao estímulo da ciência, tecnologia e inovação. Direitos, valores e garantias constitucionais estavam em risco. Por isso, a controvérsia bateu às portas do Supremo em duas frentes diferentes: uma em sede de controle de constitucionalidade difuso (RExt 1.054.110/SP), outra em sede de controle concentrado (ADPF 449/DF).

A briga, contudo, não dizia respeito apenas à legalidade (ou não) do modelo de negócios da Uber. Era um *leading case*. A primeira chance do Supremo falar sobre o diálogo entre as novas tecnologias, o Direito, o Estado e o Judiciário. Como a administração pública deveria reagir e os limites de sua intervenção. E a solução não poderia ter sido mais acertada: por razoabilidade, sorte ou milagre, pouco importa, declarou-se **a *in*constitucionalidade da intervenção econômica.**

Afinal, em um país onde a Constituição tem um capítulo dedicado "Ciência, Tecnologia e Inovação" e eleva a "promo[ção] e incentiv[o] [d]o desenvolvimento científico, a pesquisa e a capacitação tecnológicas"[20], *inovar é mais que preciso, é precioso*. Devem prevalecer, diante de interesses egoístas, a livre iniciativa, a livre concorrência, o trabalho, entre outros valores constitucionais. O Judiciário *não só pode, **como deve***, impor limites à intervenção econômica pelo Estado e invalidar atos incompatíveis com o estímulo da ciência, tecnologia e inovação[21].

---

17 Nas palavras do Professor André Ramos Tavares: "os Poderes eleitos introduzem muitas vezes medidas de restrição à tecnologia movidos por misoneísmos, sendo isso o medo e ódio irracionais a ideias novas" (TAVARES, André Ramos. APP's e plataformas on-line na intermediação econômica no Brasil. *Revista de Direito Constitucional & Econômico*, p. 13-44, jan.-jun., 2019, p. 15).

18 Sobre esse reflexo, Floriano de Azevedo Marques Neto e Rafael Véras de Freitas advertem que "quando a inovação disruptiva tem lugar em setores regulados (serviços públicos tradicionais, por exemplo), a questão se apresenta mais complexa. A reação natural dos agentes econômicos dominantes se soma ao estranhamento do regulador estatal (que vê o risco de perder o protagonismo regulatório frente à contestação de mercado) e à baixa aderência das novas tecnologias a um framework que não as tem em consideração" (FREITAS, Rafael Véras de; MARQUES NETO, Floriano de Azevedo. Uber, WhatsApp, Netflix: os novos quadrantes da *publicatio* e da assimetria regulatória. *Revista de Direito Público da Economia - RDPE*, Belo Horizonte, ano 14, n. 55, p. 75-108, out./dez. 2016, p. 80).

19 Resumidamente, a teoria da captura tem origem na doutrina da *public choice*, que explica como, por questões políticas e econômicas, determinados grupos privados conseguem colocar seus interesses em um estandarte frente ao interesse da coletividade, muito embora esse último devesse, em tese, figurar como o alvo primário das políticas e decisões públicas.

20 Art. 218, *caput*, da Constituição da República de 1988.

21 Conclusão semelhante atinge Rafael Martinez Barthasar, para quem "A atividade econômica em sentido estrito não está livre das amarras regulatórias estatais. Ocorre que o Estado, ao decidir regular uma atividade econômica desse gênero, deve observar atentamente os princípios constitucionais da livre-iniciativa e livre-concorrência, princípios que são basilares à República e que funcionam como barreiras à intervenção predatória do Estado na economia. Ou seja, a Constituição Federal não adota o capitalismo liberal como princípio da República, mas sim protege a atividade empresária com o objetivo de proteger a inovação e a própria coletividade"

4. QUAL PAPEL CABE – OU CABERÁ – AO PODER JUDICIÁRIO?

A inovação traz consigo uma série de benefícios, que vão da essência do capitalismo (criar empregos e movimentar a economia) até a sobrevivência da nação (desenvolvimento nacional). Logo, não há o porquê cerceá-la. Ao revés, deve ser estimulada pelos particulares e, principalmente, pelo Estado. Gostem ou não, é o que está escrito na Constituição.

Porém, não se pode fechar os olhos, fazer vista grossa e desconsiderar os "contras" que acompanham o protagonismo da inovação. As transformações que a acompanham quebraram paradigmas e dão azo, diariamente, a novos modelos de relações jurídico-econômicas (e, por consequência lógica, novos desafios): (i) a Buser, App de fretamento colaborativo que ganha cada vez mais usuários interessados em viajar pelo país, não possui sequer um ônibus; (ii) o Airbnb, o provedor líder de hospedagem do mundo, não é dono de um único imóvel; e (iii) a Yuca, primeira empresa brasileira de *coliving*, não participa de uma reunião de condomínio.

Mas, no Brasil, onde o processo legislativo costuma ser lento, engessado e, boa parte das vezes, (infelizmente) enviesado, não se pode ignorar esses diálogos difíceis. Não se pode ignorar a constante situação de vácuo legal e/ou regulatório. Havendo um descompasso entre as novas tecnologias e a realidade em que os brasileiros vivem, compete ao Judiciário – e, em última palavra, ao Supremo – "definir a cor de um camaleão"[22]. Decidir para onde nosso país caminha e em que velocidade[23]. Até porque, como bem ensina o Ministro Luiz Fux – e aqui concluímos –, é "O Direito vive para o homem e não o homem para o Direito"[24].

(BARTHASAR, Rafael Martinez. Os limites constitucionais à regulamentação dos aplicativos de transporte individual privado pelos municípios brasileiros. *Revista de Direito e As Novas Tecnologias*, São Paulo, v. 5, out.-dez. 2019).

22 Harari, Yuval Noah. *Sapiens*: uma breve história da humanidade, 2016, p. 376.

23 Sobre o papel decisivo do Supremo em casos envolvendo novas tecnologias, válido transcrever a conclusão de Fernando Maluf e Marcelo Junqueira Inglez de Souza a partir da análise do caso Uber: "Nessas condições, o Supremo Tribunal Federal tem assumido cada vez mais um papel de vanguarda. Como guardião da Constituição, tem ficado nas mãos de seus Ministros não poucas vezes definir para onde e em que velocidade caminha o Brasil. Certo ou errado, no caso do transporte individual de passageiros, foram os Onze que barraram o retrocesso. Olharam para a coletividade. Olharam para o proveito de todos (e não de poucos). Olharam – ou até melhor, nos colocaram – de volta para o futuro" (MALUF, Fernando; SOUZA, Marcelo Junqueira Inglez de. Não há carros disponíveis: o julgamento do caso Uber. In: ARABI, Abhner Youssif Mota; MALUF, Fernando; CASTRO NEVES, José Roberto de (Orgs.). *Os grandes julgamentos do Supremo*. Rio de Janeiro: GZ Editora, 2020, p. 203-204).

No mesmo sentido, em matéria de coliving, Sylvio Capanema de Souza: "Só o tempo revelará como será possível conciliar esse novo estilo de vida, ainda mais diante de eventuais conflitos que essa convivência tão próxima irá provocar. Reserva-se à construção pretoriana um papel relevantíssimo para regular esses novos perfis urbanos, até que possa a legislação, com maior experiência, encontrar as melhores soluções. O fato inconteste é que a lei atual já não consegue abarcar as novas ideias e estilos de vida, exigindo de todos nós um permanente esforço para manter o mercado equilibrado" (SOUZA, Sylvio Capanema de. *Lei do Inquilinato comentada*. 13. ed. Rio de Janeiro: Forense; 2020, p. 29).

24 FONTAINHA, Fernando de Castro; MATTOS, Marco Aurélio Vannucchi Leme de; NUÑEZ, Izabel Saenger. *História oral do Supremo* (1988-2013). v. 12: Luiz Fux. Rio de Janeiro: Fundação Getulio Vargas, 2016, p. 45.

#regulatório

15 Expectativa e realidade no mercado da *cannabis* no Brasil: trancos e barrancos da regulação nacional e perspectivas

https://somos.in/IJCCIP1

Carolina Fidalgo[1]
Larissa Camargo[2]

1. BREVE INTRODUÇÃO: DA DESOBEDIÊNCIA CIVIL À REGULAÇÃO EXPERIMENTAL

A liberação do uso de derivados da cannabis para fins medicinais no Brasil foi capitaneada pela sociedade civil, com o apoio do Ministério Público e do Poder Judiciário.

Centenas de famílias brasileiras, cientes dos avanços obtidos no exterior com o tratamento de diversas doenças em virtude do uso de derivados da cannabis, começaram, por volta de 2013, a ajuizar ações em face da Agência Nacional de Vigilância Sanitária ("ANVISA") para conseguir importar medicamentos ou suplementos alimentares a base de cannabis[3], a impetrar *habeas corpus* para obter salvo-condutos para produzir extratos de cannabis e consumi-los[4] ou simplesmente a desobedecer pacificamente as normas sobre o tema,

---

1 Sócia das áreas de Regulação, Concorrência e Infraestrutura e de Life Sciences e Saúde do escritório Rennó Penteado Sampaio Advogados. Bacharel e Mestre em Direito Público pela Universidade do Estado do Rio de Janeiro – UERJ. Professora de Direito Constitucional e Administrativo.

2 Sócia das áreas de Regulação, Concorrência e Infraestrutura e de Life Sciences e Saúde do escritório Rennó Penteado Sampaio Advogados. Bacharel em Direito pela Universidade Federal do Estado do Rio de Janeiro – UNIRIO e Especialista em Direito Regulatório pela Universidade do Estado do Rio de Janeiro – UERJ.

3 Um exemplo foi a ação ordinária ajuizada por Anny de Bortoli Fischer em face da ANVISA, sob o n. 24632-22.2014.4.01.3400, no bojo da qual a agência foi condenada a se abster de apreender e de impedir o consumo de canabidiol pela autora.

4 Um dos primeiros HC acolhidos no Brasil para autorizar o cultivo da Cannabis Sativa para fins medicinais foi o HC 0394094-97.2016.8.19.0001. O salvo conduto foi concedido para impedir a prisão em flagrante dos pacientes pela produção artesanal Cannabis sativa para fins medicinais, bem como para impedir a apreensão dos vegetais. Desde então, inúmeras têm sido as decisões concessivas de HC para a mesma finalidade, inclusive no

plantando e produzindo os extratos de forma clandestina. O Ministério Público também desempenhou um papel importante ajuizando ações civis públicas para pleitear a regulamentação da matéria[5].

É curioso que, em um tema envolvendo o direito a saúde e o uso de derivados da cannabis para o tratamento de doenças, tenha sido o Direito Penal – e não o administrativo – a via mais utilizada para obter o acesso ao tratamento, além de um dos pilares mais importantes para pressionar o Estado a regular a matéria. Milhares de *habeas corpus* foram impetrados no Brasil, sendo possível, inclusive encontrar modelos dessa peça em sites de associações civis promotoras dos direitos dos pacientes.

Depois de alguns anos de discussão, ajuizamento de diversas de ações individuais, coletivas, de uma ação direta de inconstitucionalidade (ainda não julgada) – ADI 5.708[6] – e a apresentação de um Projeto de Lei sobre o assunto (o PL n. 399/2015, ainda não votado), a ANVISA publicou a RDC n. 327/2019 prevendo um regime experimental, de forma muito semelhante a um *sandbox* regulatório, com o objetivo de testar um novo modelo de "controle", segundo o qual a agência concederia uma autorização precária, e sob a condição de que a Agência não atestaria a eficácia nem a segurança do produto.

A ideia foi criar um procedimento simplificado, alternativo ao de registro de medicamentos e mais consentâneo com a prática internacional[7]. Essa modelagem seria testada nos três anos seguintes, momento em que deveria ser realizada uma reavaliação à luz dos seus efeitos concretos sobre o mercado.

âmbito do STJ, sendo algumas das mais recentes as seguintes: STJ, HC 779.289/DF, *DJe* 28/11/2022, Rel. Min Reynaldo Soares da Fonseca; STJ, REsp 1.972.092/SP, STJ, EDcl no AgRg no RHC 157190/CE, *DJe* 10/02/2023, Rel. Min. Jesuíno Rissato; STJ, REsp 1988528/RJ, *DJe* 17/10/2022, REl. Des. Convoc. Olindo Menezes.

5 Destaque a Ação Civil Pública 0090670-16.2014.4.01.3400. A ação foi julgada parcialmente procedente para dentre outras coisas, determinar às Rés que: (i) permitissem o uso medicinal registrado do THC (TETRAHIDROCANNABINOL), de forma supervisionada, permitindo-se o acesso da substância aos pacientes indicados; ii) adequassem o art. 61 da Portaria n. 344/98 da ANVISA e a inserissem um "ADENDO" ao final da lista E (plantas que podem gerar substâncias entorpecentes e/ou psicotrópicas) da mesma Portaria, para permitir a importação, exclusivamente para fins medicinais, de medicamentos e produtos que possuam como princípios ativos os componentes THC e CDB (CANNABIDIOL), mediante apresentação de prescrição médica e assinatura de termo de esclarecimento e responsabilidade pelo paciente ou seu representante legal; iii) permitissem a prescrição médica dos produtos acima referidos e também a pesquisa científica da Cannabis sativa L. e de quaisquer outras espécies ou variedades de cannabis, bem como dos produtos obtidos a partir destas plantas, desde que com prévia notificação à ANVISA e ao Ministério da Saúde, devendo haver fiscalização efetiva das rés quanto a tais pesquisas.

6 ADI ajuizada pelo Partido Popular Socialista – PPS – que tem por objeto conferir interpretação conforme a Constituição a dispositivos da Lei n. 11.343/2006 e do Código Penal, afastando entendimento de que seria crime plantar, cultivar, colher, guardar, transportar, prescrever, ministrar, e adquirir Cannabis para fins medicinais e de bem-estar terapêutico. Ainda pendente de julgamento, sob a relatoria do Min. Luiz Fux.

7 Esse modelo foi concebido como uma alternativa ao procedimento geral de registro de medicamentos, muito mais complexo e demorado, e que, conforme reconhecido pelo Ex-Diretor William Dib, da ANVISA, à época, não era adotado para a maioria dos produtos de cannabis comercializados no exterior.

Contudo, embora já tenham sido deferidas autorizações para 26 produtos[6] com base na RDC n. 327/2019, dentre eles extratos de cannabis e compostos isolados de canabidiol, o acesso pela população em geral ainda é precário, tendo em vista que:

a) O cultivo da cannabis no Brasil continua sendo proibido[8]. Para fabricar seus derivados, é necessário importar o extrato da planta, o que encarece a atividade e torna os preços proibitivos para a maioria da população[9];

b) A RDC n. 327/2019 apenas se aplica a produtos de cannabis destinados ao tratamento "em condições clínicas de ausência de alternativas terapêuticas" (arts. 5º e 48). Os produtos de cannabis com teor de THC acima de 0,2%, só podem ser "destinados a cuidados paliativos exclusivamente para pacientes sem outras alternativas terapêuticas e em situações clínicas irreversíveis ou terminais" (art. 4º, parágrafo único). Tais restrições reduzem o público-alvo desses produtos, excluindo diversas doenças que, embora graves e crônicas, possuem alternativas de tratamento, além de trazer enorme ônus para a atuação do médico. Para além dos referidos teores, os produtos deverão seguir as regras necessárias ao registro de medicamentos no Brasil, muito mais rígidas. Além disso, a cannabis não está incluída na lista de substâncias autorizadas para a fabricação de suplementos alimentares[10];

c) A limitação de produtos disponíveis no mercado, e seus altos preços, fez com que as pessoas continuassem tendo que recorrer à importação[11] e/ou buscar o custeio do tratamento pelo Estado, ou, ainda, que algumas pessoas continuassem optando pelo plantio e produção caseiros. Manteve-se portanto, a necessidade de recurso ao Poder Judiciário por uma grande parcela da população;

d) Muito embora a RDC n. 327/2019 tenha previsto que referida resolução seria revista em até 3 (três) anos contados da sua publicação (art. 77), isso ainda não ocorreu;

e) Esses medicamentos não estão inseridos na listagem do SUS e, por isso, também não são de custeio obrigatório por operadoras de planos de saúde privados[12]. O Estado de São Paulo sancionou, no dia 31/01/2023, lei que garante o fornecimento gratuito de medicamentos à base de cannabis apenas naquele Estado;

f) O Projeto de Lei n. 399/2015 encontra-se parado desde junho de 2021;

---

[8] A regulação do cultivo de plantas controladas foi objeto de minuta submetida à Consulta Pública n. 654/2019 da ANVISA. Referida minuta foi arquivada por maioria dos votos, vencido o então presidente e relator, Diretor William Dib. Em síntese, considerou-se que, no bojo do processo, não foram envolvidos os entes pertencentes do SNVS e o MAPA tampouco se previu um plano concreto e factível de fiscalização e monitoramento das atividades envolvendo o cultivo desses vegetais.

[9] Uma solução oral de canabidiol de 30 ml pode custar mais de R$ 2.000,00 (https://www.drogaraia.com.br/search?w=canabidiol).

[10] Vide IN n. 76/2020, da ANVISA.

[11] Desde 2015, quando a ANVISA passou a autorizar a importação de produtos, os pedidos aumentam ano a ano. Apenas em 2021, mais de 40 mil solicitações foram registradas.

[12] Disponível em: https://www.al.sp.gov.br/noticia/?31/01/2023/alesp-aprova-e-governo-sanciona-lei-que-garante-medicamento-a-base-de-cannabis-no-sus-de-sp-. Acesso em: 30/04/2023.
No mesmo sentido: https://g1.globo.com/sp/sao-paulo/noticia/2023/01/31/tarcisio-sanciona-lei-que-garante-o-fornecimento-de-medicamentos-a-base-da-cannabis-no-sus-em-sp.ghtml. Acesso em: 03/04/2023.

g) Não há notícias sobre a instauração de um processo administrativo, pelo Ministério da Agricultura e Pecuária, que seria o órgão competente para tratar sobre a padronização do cultivo, para regulação da matéria[13].

Há, portanto, pelo menos dois importantes gargalos regulatórios para a expansão da indústria da cannabis medicinal no Brasil: a proibição do cultivo e a restrição à prescrição dos produtos.

Para a superação do primeiro gargalo, é necessária a regulamentação do tema do cultivo. Entendemos que não é necessária uma nova lei para esse fim, visto que a Lei n. 13.343/2006 admite o plantio de vegetais dos quais possam ser extraídas drogas, desde que para fins medicinais ou científicos (art. 2º, parágrafo único). Um ato infralegal poderia tratar do que se entende por fins medicinais e científicos. Além disso, há discussão sobre se algumas espécies de plantas do gênero cannabis se enquadrariam na Lista E da Portaria nº 344/1998 da ANVISA, tendo em vista que não contêm o teor de THC necessário para a fabricação de entorpecentes.

O segundo ponto depende da revisão da regulamentação da ANVISA ou da edição de uma Lei Federal que defina as regras gerais a serem seguidas sobre o tema, e que servirão de base para a atuação da agência reguladora.

Sem a superação desses dois entraves, dificilmente haverá segurança jurídica para que sejam atraídos investimentos massivos para esse setor no Brasil e, mais importante, para que seja universalizado o acesso a tais produtos.

2. POSSÍVEL SOLUÇÃO PROVISÓRIA: O CASO DA DNA SOLUÇÕES EM BIOTECNOLOGIA E INCIDENTE DE ASSUNÇÃO DE COMPETÊNCIA INSTAURADO PELO SUPERIOR TRIBUNAL DE JUSTIÇA

A DNA Soluções em Biotecnologia ajuizou ação em face da União Federal e da ANVISA pleiteando autorização para (i) importar as sementes de *hemp* (que somente produzem espécies de cannabis com menos de 0,3% de THC), (ii) realizar o plantio dessas sementes e (iii) comercializar sua produção para fins exclusivamente industriais e farmacológicos. A DNA Soluções apontou a existência de estudos que indicam que níveis de THC inferiores a 1% tornam a planta incapaz de produzir efeitos psicotrópicos. A cultura dessas espécies não estaria, portanto, abrangida pela proibição instituída pelo art. 1º, parágrafo único, e art. 2º da Lei n. 11.343/2006.

A ação foi julgada improcedente por sentença que foi mantida pelo TRF-4ª Região[14]. Interposto o Recurso Especial 2024250/PR, a Primeira Seção do STJ consignou que a referida corte já autorizou, em algumas ocasiões, o plantio de cannabis por pessoas físicas para fins

---

[13] O MAPA possui competência para regular o cultivo de espécies vegetais à luz do disposto na Lei n. 10.775/2003 e no Decreto n. 10.586/2020.

[14] A corte entendeu que não cabe ao Poder Judiciário decidir por autorizar ou não o plantio de cannabis no Brasil uma vez que esta seria uma decisão eminentemente política (Processo n. 5023859-59.2020.4.04.7000).

medicinais "de sorte a permitir a extração de substâncias necessárias à produção de medicamentos artesanais prescritos por profissionais de saúde"[15]. Apontou que há relevante questão de direito controvertida que consiste em:

> definir a possibilidade de concessão de Autorização Sanitária para importação e cultivo de variedades de Cannabis que produzam Tetrahidrocanabinol (THC) em baixas concentrações, geram altos índices de Canabidiol (CBD) ou de outros Canabinoides e podem ser utilizadas para a produção de medicamentos e demais subprodutos para usos exclusivamente medicinais, farmacêuticos ou industriais, à luz da Lei n. 11.343/2006, da Convenção Única sobre Entorpecentes (Decreto n. 54.216/1964), da Convenção sobre Substâncias Psicotrópicas (Decreto n. 79.388/1977) e da Convenção Contra o Tráfico Ilícito de Entorpecentes e Substâncias Psicotrópicas (Decreto n. 154/1991).

Tendo isso em vista, instaurou Incidente de Assunção de Competência (cf. arts. 947, § 2º, do CPC, e 271-B do RISTJ) para suspender a tramitação dos processos que versem sobre a questão. A tese a ser definida no IAC passará a ser adotada pelo STJ em resposta a todo e qualquer recurso ou ação de sua competência. E como cabe ao STJ a última palavra sobre o direito federal, há uma tendência que o entendimento passe a ser adotado por todo o Poder Judiciário. Eventuais decisões em sentido contrário poderão ser revistas pelo próprio STJ.

Esse *case* da DNA é relevante por duas questões principais. É o primeiro que se tem notícia em que uma empresa privada busca a autorização para o cultivo. Até então, apenas pessoas físicas e associações sem fins lucrativos haviam pleiteado autorização para cultivo e produção. Mas a verdade é que não há razão para não se reconhecer o direito ao cultivo a uma pessoa jurídica. As decisões em casos individuais são relevantes, mas não permitem a produção em escala, única forma de garantir a universalização do acesso a esses produtos. Além disso, a DNA trouxe para o Judiciário um ponto que pode mudar os rumos da discussão: se as novas variações da cannabis não puderem ser usadas para a fabricação de entorpecentes, cairá por terra toda a fundamentação para a vedação do cultivo?

CONCLUSÃO

A regulação da cannabis no Brasil vem evoluindo lentamente, impulsionada pela sociedade civil, pelo Ministério Público e pelo Poder Judiciário.

O Incidente de Assunção de Competência instaurado no âmbito da ação ajuizada pela DNA Soluções pode ser um divisor de águas, porque fixará o entendimento do STJ sobre a interpretação a ser conferida ao parágrafo único do art. 2º da Lei Antidrogas, enquanto a sua

---

15 Tais decisões foram proferidas em resposta a processos criminais, em especial, recursos interpostos no bojo de *habeas corpus* preventivos, por exemplo: STJ, HC 779.289/DF, *DJe* 22/11/2022, Rel. Min. Reynaldo Soares da Fonseca; STJ, RHC 147.169/SP, *DJe* 14/06/2022, Min. Sebastião Reis Júnior; STJ, REsp 1.972.092/SP, *DJe* 14/06/2022, Min. Rogério Schietti Cruz.

regulamentação não é editada: ele se aplica a uma planta que, embora do gênero cannabis, não tem o potencial de ser utilizada para a fabricação de entorpecentes? Ainda que tivesse, em sendo o cultivo para fins medicinais autorizado por lei, a falta de regulamentação não caracterizaria violação a direitos constitucionais da saúde e da livre iniciativa?

Espera-se que, com fundamento nesse AIC, ocorra mais uma onda garantista do Judiciário em relação ao uso medicinal da cannabis, e que, em função disso, a matéria venha a ser devidamente regulada pelo Poder Executivo, mediante a instituição de um plano estratégico que vise democratizar o acesso aos derivados da cannabis e assegurar que cada vez mais pessoas possam se valer dos benefícios medicinais da planta no Brasil.

16 Aplicação do direito à privacidade para fomento do direito preventivo sucessório

https://somos.in/IJCCIP1

Tatiana Coutinho[1]

INTRODUÇÃO

Com o avanço da tecnologia, a presença digital se tornou mais recorrente na vida das pessoas por meio de serviços online como redes sociais, compras e transações bancárias. A criação de bens digitais protegidos por *logins* e senhas e a falta de legislação que discipline o tema da herança digital, levanta dúvidas sobre o destino do patrimônio digital após a morte do proprietário, incluindo a transmissão para herdeiros, acesso a perfis e senhas e conflitos entre as regras contratuais e a legislação sucessória.

Este capítulo analisa o *leading case* da "garota de Berlim" para mostrar como o direito à privacidade pode ser usado para promover o direito sucessório preventivo, permitindo que as pessoas determinem o destino de seus bens digitais sem depender exclusivamente do Poder Judiciário.

1. O *LEADING CASE* DA "GAROTA DE BERLIM"

No ano de 2012, uma adolescente identificada como L.W. perdeu a vida aos 15 anos em um trágico incidente que aparentou se tratar de um acidente de trem. Um ano antes, em 2011, aos 14 anos de idade, ela havia se registrado na rede social Facebook com a permissão de seus

---

1 Head da área de Data Privacy e Cybersecurity no escritório Lima ≡ Feigelson Advogados. Especializada em Processo Civil, Governança em Tecnologia da Informação, Privacidade e Proteção de Dados Pessoais, Regulação e Novas Tecnologias e Direito Digital. Certified Data Protection Officer, Information Privacy Management, DPO EXIN, Auditora Interna do Sistema de Gestão de Segurança da Informação - SGSI ISO 27001:2013 e 27001:2019, mentora e Palestrante.

representantes legais. No entanto, tentaram obter acesso aos dados e conversas de sua conta na rede social, mas a página foi transformada em um "memorial".

Os pais da "garota" tinham o interesse de descobrir se sua filha havia cometido suicídio ou não e a obtenção de acesso à sua conta na rede social e às conversas que ela teve na plataforma poderia fornecer esclarecimentos ou indícios para resolver essa dúvida, o que somente foi possível após longo embate jurídico, o Bundesgerichtshof (BGH), Tribunal Federal alemão, permitiu aos pais da adolescentes acessarem o conteúdo da sua conta digital, interessados em investigar o suicídio e suas causas.

Em síntese, o Tribunal Federal reconheceu os seguintes pontos: (i) que o contrato entre a usuária e a rede social não impedia a transmissão dos direitos aos pais; (ii) que mensagens enviadas na rede social não são privadas, permitindo que terceiros tenham acesso; (iii) que a herança não deve restringir o acesso aos conteúdos; (iv) que o conteúdo da conta em rede social não está abrangido pelo sigilo de telecomunicações face aos herdeiros; (v) que o Regulamento de Proteção de Dados não se aplica aos dados da pessoa falecida; e (vi) em decorrência da decisão[2] proferida pelo Tribunal Federal Alemão[3] os contratos de uso de redes sociais passaram a prever a possibilidade de nomear um contato-herdeiro[4].

2. IMPACTO E INFLUÊNCIA

A sucessão da herança digital é uma preocupação global devido à falta de legislação específica. Não à toa, já em 2003 a UNESCO publicou um manifesto sobre a "Preservação do Patrimônio Digital", incentivando a sua preservação como uma prioridade nacional[5]. No Brasil, também há Projetos de Lei ("PL"), como os de ns. 6.468/2019[6], 3.050/2020[7] e

---

2 TRIBUNAL FEDERAL. Mitteilung der Pressestelle. Verhandlungstermin am 21. Juni 2018, 10.00 Uhr, Saal N 004 (Saalwechsel vorbehalten) – III ZR 183/17 (Zugang von Erben auf das Konto eines verstorbenen Nutzers eines sozialen Netzwerks). Disponível em: https://juris.bundesgerichtshof.de/cgi-bin/rechtsprechung/document.py?Gericht=bgh&Art=en&Datum=2018-7&anz=17&pos=2&nr=80925&linked=pm&Blank=1. Acesso em: 1º mai. 2023.

3 TRIBUNAL FEDERAL. Mitteilung der Pressestelle. Verhandlungstermin am 21. Juni 2018, 10.00 Uhr, Saal N 004 (Saalwechsel vorbehalten) – III ZR 183/17 (Zugang von Erben auf das Konto eines verstorbenen Nutzers eines sozialen Netzwerks). Disponível em: https://juris.bundesgerichtshof.de/cgi-bin/rechtsprechung/document.py?Gericht=bgh&Art=en&Datum=2018-7&anz=17&pos=2&nr=80925&linked=pm&Blank=1. Acesso em: 1º mai. 2023.

4 FACEBOOK. Solicitação de memorial. Disponível em: https://www.facebook.com/help/contact/651319028315841. Acesso em: 1º mai. 2023.

5 UNESCO. Proposta submetida pela comissão nacional da UNESCO dos países baixos apresentada à conferência geral da UNESCO e aprovada para inclusão no programa para 2002-2003. Disponível em: https://purl.pt/142/1/manifesto_unesco.html. Acesso em: 1º mai. 2023.

6 BRASIL. Senado Federal. Projeto de Lei n. 6.468/2019. Disponível em: https://www25.senado.leg.br/web/atividade/materias/-/materia/140239. Acesso em: mai. 2023.

7 BRASIL. Câmara dos Deputados. Projeto de Lei n 3.050/2020. Disponível em: https://www.camara.leg.br/proposicoesWeb/fichadetramitacao?idProposicao=2254247. Acesso em: 1º mai. 2023.

1.689/2021[8], em tramitação tanto no Senado quanto na Câmara com o objetivo de regulamentar o tema.

Considerando este contexto, é importante refletir sobre o surgimento de uma nova concepção de pessoa digital detentora dos mesmos direitos e garantias do plano físico, sobretudo, em razão do uso recorrente da Internet[9].

Nesse cenário, é fundamental compreender que o patrimônio digital pode ser de difícil liquidação. Para tanto, é relevante a categorização destes bens em: (i) bens digitais de valor econômico como criptomoedas, contas de serviços de streaming, contas monetizadas em redes sociais e/ou plataformas[10]; e (ii) bens digitais de valor afetivo, como mensagens, e-mails, fotos, vídeos, conversas a partir das redes sociais. Estes, geralmente requerem autorização prévia para acesso dos herdeiros e não são considerados de interesse sucessório ou parte de uma eventual partilha.

Muito embora o art. 1.784 do Código Civil de 2002 discipline a transmissibilidade da herança aos herdeiros e testamentários com a abertura da sucessão[11], não enfrenta as problemáticas decorrentes das peculiaridades do patrimônio digital, como o conflito entre o direito à privacidade do falecido, a preservação dos direitos fundamentais de terceiros envolvidos nas conversas a partir de redes sociais e o direito à herança dos sucessores.

Com efeito, o reconhecimento da "herança digital" encontra maiores obstáculos no Brasil, cujo judiciário em maior parte das vezes, entende que as contas mantidas nas redes sociais têm caráter personalíssimo, e, portanto, o conteúdo não poderia ser transferido, chancelando encerramento a e apropriação destas contas pelas redes sociais em detrimento dos herdeiros[12].

3. DISCUSSÃO CRÍTICA

A decisão emblemática proferida no julgamento do *leading case* da "garota de Berlim", levanta uma questão fundamental. O reconhecimento da herança digital implica na relativização do direito à privacidade ou trata-se apenas do reconhecimento de uma nova realidade decorrente do avanço tecnológico? Em resposta a essa questão, propõe-se a adoção da concepção neoconstitucionalista que defende que nenhum princípio ou norma Constitucional, são absolutos e devem ser integrados e harmonizados de acordo com o caso concreto.

---

8 BRASIL. Câmara dos Deputados. Projeto de Lei n. 1.689/2021. Disponível em: https://www.camara.leg.br/proposicoesWeb/fichadetramitacao?idProposicao=2280308. Acesso em: 1º mai. 2023.

9 RODOTÀ, Stefano. Palestra. Trad. Myriam de Filippis. Rio de Janeiro, 2003, p. 11. Disponível em: http://www.rio.rj.gov.br/dlstatic/10112/151613/DLFE-4314.pdf/GlobalizacaoeoDireito.pdf. Acesso em: 1º mai. 2023.

10 Para melhor ilustrar este ponto, menciona-se a título de exemplo a conta de Instagram de Gugu Liberato ou o canal de Marília Mendonça no Youtube.

11 BRASIL. Código Civil. Disponível em: http://www.planalto.gov.br/ccivil_03/Constituicao/Constituicao.htm. Acesso em: 1º mai. 2023.

12 TJSP, 31ª Câmara de Direito Privado. Apelação 1119688-66-2019.8.26.0100, Rel. Des. Francisco Casconi. Jusbrasil. Disponível em: https://www.jusbrasil.com.br/jurisprudencia/tj-sp/1179516485. Acesso em: 1º mai. 2023.

Nesse sentido, o tratamento da transmissibilidade da herança digital deve considerar, para a divisão efetiva do patrimônio digital, que os ativos digitais com valor econômico devem ser compartilhados entre os herdeiros legais ou designados no testamento, pois são parte integrante da herança. Já os bens digitais de valor afetivo devem ser distribuídos de acordo com a vontade expressa ou implícita do falecido.

Assim, a cultura do planejamento sucessório pode ser uma medida preventiva eficaz para minimizar a carga emocional decorrente da perda de um ente querido, bem como evitar problemas familiares e conflitos judiciais. Os advogados podem auxiliar seus clientes na realização do planejamento sucessório, informando sobre seus benefícios e oferecendo orientação sobre como indicar contatos-herdeiros nas configurações de suas redes sociais. Além disso, podem oferecer serviços de consultoria para o planejamento sucessório, incluindo a gestão dos bens digitais.

CONCLUSÃO

Diante do todo exposto, conclui-se que:

- Para avançarmos em direção a uma proposta de solução deste desafio, a adoção de um novo conceito de pessoa digital com os mesmos direitos e garantias do mundo físico é crucial;
- A categorização de ativos digitais como de valor econômico ou de valor afetivo é medida relevante para a execução da partilha. Enquanto os com valor econômico devem ser partilhados entre os herdeiros legais ou testamentários, os de valor afetivo devem ser distribuídos de acordo com a vontade expressa ou implícita do falecido;
- A promoção da cultura de planejamento sucessório, que além de resguardar os herdeiros da carga emocional envolvida na perda de um ente querido, evita eventuais conflitos familiares e judiciais é altamente recomendável; e
- Os advogados devem fomentar o direito preventivo sucessório e dentre outras medidas, incentivar seus clientes a aderir aos serviços de configuração das redes sociais que já disponibilizam a indicação prévia de "contato-herdeiro", como meio de observar o direito à privacidade do *de cujus*.

#legal design

17 Animação computadorizada na área jurídica: possibilidades e desafios

Bernardo de Azevedo e Souza[1]

INTRODUÇÃO

Animação é uma técnica pela qual figuras e objetos fixos são manipulados para parecer que estão se movendo por meio de um espaço 3D. Durante o processo de animação, que envolve o uso de *softwares* específicos, objetos virtuais são rapidamente sequenciados para criar a ilusão de movimento e imitar os princípios de um mundo 3D. Na esfera jurídica, a animação é intitulada "animação forense", assim compreendida como a representação visual gerada por computador que simula, em ambiente 2D ou 3D, eventos, objetos e movimentos, para facilitar a compreensão de fatos e argumentos jurídicos. Além da finalidade descrita, o que transforma uma animação em animação forense é o processo em si, que exige rigor, precisão e comunicação com as provas dos autos, relatórios policiais, declarações de testemunhas, laudos técnicos e relatórios médicos[2].

1. ETAPAS DO PROCESSO DE ANIMAÇÃO

A animação forense é um processo que demanda tempo. O fluxo em si é desenvolvido internamente pelos membros da equipe que produzirá a representação visual, mas envolve uma etapa inicial para elaborar o **roteiro** e reunir as informações necessárias sobre o caso judicial. Normalmente são necessárias reuniões entre os modeladores, os animadores e os profissionais da área jurídica que pretendem apresentar a simulação em juízo. Em seguida é criado o **esboço sequencial (*storyboard*)**, que apresenta a pré-visualização das cenas, para, então, ser iniciado o processo de **modelagem** do ambiente, dos objetos e dos personagens, iluminação das cenas e acréscimos de texturas. O próximo passo será a **composição**, que

---

1 Doutorando em Direito pelo Programa de Pós-Graduação em Direito (PPG) da Universidade do Vale do Rio dos Sinos (UNISINOS). Bolsista PROEX/CAPES. Mestre em Ciências Criminais pela Pontifícia Universidade Católica do Rio Grande do Sul (PUCRS). Professor dos Cursos de Especialização em Direito da Universidade FEEVALE e da Universidade de Caxias do Sul (UCS). Coordenador do grupo de pesquisa MetaLaw. Advogado. Pesquisador. contato@bernardodeazevedo.com.

2 GOLD, Stuart. Forensic animation and forensic multimedia. Expert Law, Ann Arbor, jan. 2002.

envolve colocar os objetos virtuais em suas posições, para, a seguir, começar a **animação** de cada um dos elementos da cena. O processo encerra-se com a **renderização**, na qual se obtém o material final.

2. BENEFÍCIOS DA ANIMAÇÃO FORENSE

O uso de animação computadorizada na área jurídica permite que os advogados esclareçam e sintetizem as informações do caso concreto para aumentar o interesse, compreensão e retenção do juiz e dos jurados. Estudos revelam que a apresentação visual é mais eficaz do que a comunicação verbal, e que a comunicação verbal, por sua vez, é mais efetiva quando combinada com uma apresentação visual[3]. Pesquisas conduzidas nas últimas décadas demonstram que os seres humanos têm uma capacidade notável de lembrar imagens[4] e que apresentações com recursos visuais são até 43% mais persuasivas[5]. Esses levantamentos permitem concluir que os recursos visuais, quando aplicados ao ambiente jurídico, são capazes de melhorar a comunicação e a exposição dos conceitos.

2.1 Facilitando a compreensão dos jurados

No que diz respeito aos jurados, pesquisas demonstram que geralmente ficam confusos, entediados, frustrados e sobrecarregados ao receber explicações sobre questões técnicas ou fatos complexos, mas que a capacidade de retenção aumenta quando há suporte visual[6]. Os jurados retêm o dobro da quantidade de informações diante de uma apresentação visual, diferentemente de uma apresentação oral[7], e retêm até 650% mais informações quando diante de animações computadorizadas[8]. Levantamentos mais recentes concluíram que os jurados se envolvem mais nos procedimentos quando podem acompanhar visualmente as exposições dos advogados e entendem melhor os argumentos quando há apresentações em telões ou monitores, pois conseguem acompanhar as palavras dos advogados sem precisar manusear as páginas do processo[9].

---

3 BERKOFF, Adam T. Computer simulations in litigation: are television generation jurors being misled? Marquette Law Review, v. 77, Issue 4, 1994.

4 STANDING, Lionel; CONEZIO, Jerry; HABER, Ralph Norman. Perception and memory for pictures: Single--trial learning of 2500 visual stimuli. Psychonomic Science, Chicago, ago. 1970.

5 VOGEL, Douglas R.; DICKSON, Gary W.; LEHMAN, John A. Persuasion and the role of visual presentation support. University of Minnesota, Minnesota, jun. 1986.

6 KUEHN, Patricia F. Maximizing your persuasiveness: effective computer generated exhibits. DCBA Brief: Journal of the DuPage County Bar Association, out. 1999.

7 KRIEGER, Roy. Sophisticated computer graphics come of age: and evidence will never be the same. Journal of the American Bar Association, dez. 1992.

8 THOMAS, Ralph D. Computer reenactment: a new form of investigation using virtual reality technology. National Association of Investigation Specialists Newsletter, dez. 1995.

9 HOFER, Inga. The rise of courtroom technology and its effect on the federal rules of evidence and the federal rules of civil procedure. Michigan State University, Michigan, 2007.

2.2 Facilitando a compreensão dos juízes

Em relação aos juízes, as animações computadorizadas permitem: (1) explicar situações complexas com mais clareza; (2) esclarecer visualmente uma sequência cronológica de eventos[10]; (3) colocar o julgador no local dos fatos, ampliando sua compreensão em relação ao caso judicial; (4) apresentar a visão de todos os envolvidos; (5) ilustrar a dinâmica de um crime ou de sinistro de trânsito a partir de pontos de vista inéditos; (6) representar o cenário com as mesmas características do ambiente real; (7) contrapor teses jurídicas perante o juiz, levantando dúvidas[11]; (8) ilustrar o funcionamento de dispositivos eletrônicos; (9) aumentar a capacidade de atenção do magistrado[12]; e (10) aprimorar a retenção de informações espaciais complexas[13].

3. APLICAÇÃO NO DIREITO CIVIL

Os sinistros de trânsito[14], que fomentam o ajuizamento de ações de reparação de danos morais e materiais, figuram entre as principais aplicações da técnica. Explicar como ocorreu a batida entre dois veículos é um desafio para os profissionais da área jurídica, pois, por mais bem redigido que seja, o texto nem sempre dá conta de representar como a colisão exatamente aconteceu. A magnitude do desafio enfrentado por advogados é ilustrada nos trechos a seguir, extraídos de uma petição inicial:

> Alguns quilômetros após passar o radar, o condutor da BMW, que conduzia seu veículo pela pista da esquerda, avistou pelo retrovisor um veículo Volvo, cor preta, em alta velocidade, fato que o fez se deslocar para a pista da direita. Em seguida, o veículo Volvo estava "costurando" os outros veículos pela estrada, sempre em alta velocidade, freando bruscamente sempre que havia um radar próximo. O motorista da BMW conduzia o seu veículo na BR 277, sentido Curitiba, quando, então, o veículo Volvo entrou rapidamente em sua frente. Na primeira oportunidade que teve, o veículo Volvo ultrapassou a BMW pela direita e entrou em sua frente, fazendo com que o condutor da BMW freasse seu automóvel, perdendo o controle do carro.

---

10 SAHU, Anurag; MANDLA, Nitin Singh; YOGESH, Gaikwad. Advantages of computer generated evidence: forensic animation in indian judiciary system. Indian Journal of Forensic Medicine and Toxicology, Nova Delhi, jan. 2014.

11 A animação computadorizada pode ser aplicada em um tribunal para ilustrar cenários e explorar perguntas do tipo "e se?", testando hipóteses concorrentes e expondo inconsistências e discrepâncias nas evidências. In: SCHOFIELD, Damien. Animating evidence: computer game technology in the courtroom. Journal of Information Law & Technology (JILT), mai. 2009.

12 BAILENSON, Jeremy; BEAL, Andrew; BLASCOVICH, Jim; NOVEC, Beth. Courtroom applications of virtual environments, immersive virtual environments, and collaborative virtual environment. Department of communication, Stanford University, Califórnia, 2005.

13 MA, Minhua; ZHENG, Huiri; LALLIE, Harjinder. Virtual reality and 3D animation in forensic visualization. J Forensic Sci, v. 55, n. 5, set. 2010, p. 1227-1231.

14 Em 2020, a revisão da norma NBR 10697, da Associação Brasileira de Normas Técnicas (ABNT), atualizou o termo "acidentes de trânsito" para "sinistros de trânsito".

Como se observa, nem sempre o profissional será capaz de descrever, em palavras, como a colisão aconteceu. É preciso esforço enorme para relatar o sinistro de trânsito, sem garantia de que o julgador compreenda a dinâmica. Ao explicar como o sinistro de trânsito ocorreu em texto, pura e simplesmente, há o risco de não ser claro o suficiente na petição e até mesmo confundir o julgador. A animação computadorizada entra em cena, então, para ilustrar aquilo que o texto é incapaz de descrever.

Com os *softwares* disponíveis no mercado, os profissionais podem representar o cenário no qual o sinistro ocorreu, detalhando as características do cenário (estradas, vegetação, lombas etc.) e da pista (chuva, barro etc.), além das condições de visibilidade (manhã, tarde ou noite), para demonstrar se o motorista estava apto a enxergar a vítima antes da colisão. É possível representar o campo visual do motorista (ponto de vista), a velocidade empregada no momento da colisão, a progressão do movimento dos veículos envolvidos no sinistro e as características dos automóveis (marca, cor, placa, tamanho etc.), dialogando com os laudos técnicos e as provas dos autos. O parágrafo descrito anteriormente pode ser transformado em uma animação de menos de 10 segundos.

4. APLICAÇÃO NO DIREITO PENAL

Representações visuais de crimes estão também entre as aplicações mais populares da animação forense; são utilizadas para provar, refutar ou elaborar fatos em processos criminais, auxiliando a defesa ou a acusação na exposição das teses ao juiz ou, no rito especial do tribunal do júri, ao corpo de jurados. No Brasil, advogados criminalistas já empregam animações computadorizadas em plenário, durante os debates orais, em telões ou monitores, para expor as teses defensivas aos jurados[15]. Entre os promotores de Justiça o uso é menor, com destaque ao Ministério Público do Rio Grande do Sul (MPRS), que apresentou uma maquete virtual durante o julgamento do caso da Boate Kiss[16], em dezembro de 2021, e ao Ministério Público do Rio Janeiro (MPRJ), que adquiriu um *scanner* a laser para reconstruir cenas de crime, com mapeamento em 360°[17].

---

15 Ver, entre outros: REDAÇÃO. Animação em 3D é utilizada pela primeira vez em Chapecó para julgamento de crime. ClicRDC, Chapecó, 17 ago. 2022; REDAÇÃO. Assassinado em 2020: família espera julgamento de ex e amante em Assis Chateaubriand. RIC Mais Curitiba, jun. 2021; e VIDIGAL, Victor. Defesa e acusação reproduzem morte de empresária e conflitam versões para autoria do crime. G1, São Paulo, mar. 2021.

16 REDAÇÃO. Reconstituição 3D da boate Kiss: entenda como foram feitas as versões e como são utilizadas no júri. G1, São Paulo, nov. 2021. Produzida em parceria com pesquisadores da Universidade Federal de Santa Maria (UFSM), a maquete foi questionada pelos advogados dos réus, sob a alegação de que a representação visual exigia equipamentos avançados para que fosse executada. O julgamento foi anulado posteriormente, em agosto de 2022, por decisão da 1ª Câmara Criminal do Tribunal de Justiça do Rio Grande do Sul, reconhecendo em parte os pontos levantados pelas defesas. REDAÇÃO. Entenda por que júri do caso Boate Kiss foi anulado pela Justiça. Diário do Nordeste, Fortaleza, ago. 2022.

17 REDAÇÃO. Reprodução 3D do assassinato de João Pedro ajudou na denúncia contra policiais civis que viraram réus. MPRJ, Rio de Janeiro, mar. 2022.

5. APLICAÇÃO NO DIREITO MÉDICO

As animações computadorizadas também são úteis para representar imperícias, negligências e imprudências durante procedimentos cirúrgicos. Já existem modelos anatômicos completos em 3D, nos quais é possível expor os diversos órgãos, músculos e nervos do corpo humano. Esses atlas anatômicos podem ser adotados durante o processo de desenvolvimento das representações visuais, para ilustrar, nos mínimos detalhes, erros e falhas durante a condução de cirurgias e procedimentos estéticos.

6. APLICAÇÃO NO DIREITO DO TRABALHO

As animações servem igualmente para representar acidentes de trabalho, má utilização de maquinário ou características de equipamentos de proteção individual (EPIs). Cada atividade laboral tem suas rotinas, que são conhecidas em detalhes por quem as vivencia, mas muitas vezes desconhecida pelos juízes. A animação é relevante para facilitar a compreensão dos juízes em relação a detalhes da rotina laboral e a características do local de trabalho.

CONSIDERAÇÕES FINAIS

Com a animação computadorizada se pretende utilizar a tecnologia e as contribuições dos recursos visuais para qualificar a comunicação jurídica. Cada vez mais se observa a necessidade de o Direito melhorar e potencializar a sua comunicação com todas as pessoas interessadas em conhecer, interpretar e decidir o fenômeno jurídico. A animação computadorizada se apresenta como um poderoso recurso para se conhecer os detalhes de um acontecimento social e que terá reflexos jurídicos a serem definidos.

Viabilizar a comunicação, tanto da dinâmica fática quanto da aplicação da norma jurídica para a concretização do fenômeno da juridicização do fato pela norma, se apresenta como um caminho fundamental para manter a vida no Direito. A dinâmica social exige uma comunicação clara, objetiva e compreensível por qualquer pessoa, e não apenas aos juristas ou demais trabalhadores da área do Direito. O capítulo trouxe considerações preliminares sobre o uso da animação computadorizada no Direito. O tema exigirá mais aprofundamento de investigação, mas os passos iniciais já estão dados e deverão ser percebidos.

#data driven

18 Como o comportamento criativo – e rebelde – apoiou grandes inovações sociais ao longo da história e sua relação com um *case* de NFT que flopou

https://somos.in/IJCCIP1

Rafaella Nogueira de Carvalho Corti[1]

A HISTÓRIA ESTÁ CHEIA DE PESSOAS QUE REALIZARAM O IMPOSSÍVEL

Segundo os registros judaico-cristão, Moisés teria vivido no tempo do Faraó Ramsés II, no reinado entre os anos 1279 e 1212 a.C. Era um órfão gago que cresceu no palácio, mas depois ficou anos exilado e mesmo assim libertou um povo escravizado de um dos governantes mais poderosos da História, o Faraó do Antigo Egito. Ele o fez com a palavra, a coragem e a convicção de que uma transformação deveria acontecer na forma como eram as relações de trabalho do povo hebreu na sociedade egípcia da época.

Dr. Martin Luther King um pastor batista que foi líder do movimento dos direitos civis nos Estados Unidos de 1955 até seu assassinato em 1968, desejou transformar as injustiças raciais que o cercavam de maneira diferente dos demais, com ousadia, coragem e disponibilidade, ganhou o Prêmio Nobel da Paz em 1964, sobretudo combatendo o racismo por meio de uma resistência sem violência.

E, por ter conseguido inovar a estrutura social de sua época, seu discurso intitulado "Eu tenho um sonho" é lido, ouvido e assistido até hoje.

Uma das primeiras mulheres a entrar na Faculdade de Direito de Harvard, a Juíza Ruth Bader Ginsburg enfrentou dilemas e adversidades, muitas delas pelo simples fato de ser

---

1 Diretora executiva Jurídico, Compliance e Sustentabilidade na Cyrela. Formada em Direito e Relações Internacionais na UFRJ e na UniverCidade, com pós-graduação em Direito Empresarial e Direito Registral e Notarial na FGV e no IBMEC, MBA em Gestão Empresarial na FDC com módulo internacional na Northwestern University – Kellogg School of Management e LLM Executivo na CEU Law School. Atua também nas Comissões de Direito Imobiliário e de Relações Internacionais da OAB/RJ e no Comite Jurídico da ABRAINC. Além disso, atua como Coeditora da Revista da Carreira, uma revista digital com foco em temas de Gestão e Carreira.

mulher. Contudo, mesmo sem conseguir atuar na área resolveu enfrentar o sistema e as regras estabelecidas para manter o *status quo.*

Ela dedicou grande parte de sua carreira jurídica como defensora da igualdade de gênero e dos direitos das mulheres, ganhando muitos argumentos perante a Suprema Corte e em 1993, o então presidente dos Estados Unidos Bill Clinton a honrou, nomeando-a Juíza da Suprema Corte.

Essas três pessoas, usando sua força de vontade, criatividade e voz realizaram o que poderia parecer impossível.

Você consegue perceber que o que essas três pessoas realizaram foram grandes inovações? Transformações disruptivas realmente.

A vontade e entrega deles a interagir com os desafios do ambiente que viviam não se conformando, mas buscando imaginar como poderia ser diferente gerou inovação no modelo de missão, trabalho e vida, inovação na estrutura social direitos humanos e mais tarde inovação na concepção dos direitos das mulheres e seu papel na sociedade.

Mas será que isso é realmente inovação? E o que do comportamento dessas pessoas podemos considerar como comportamento criativo?

INOVAÇÃO NÃO É DESENVOLVIMENTO TECNOLÓGICO SOMENTE

O desenvolvimento tecnológico normalmente é uma consequência de uma transformação humana ou social que aponta a necessidade desse movimento.

Inovação é quando criamos algo que gera valor ao ser apropriado ou aplicado.

Não é raro que as pessoas façam a associação de inovação com tecnologia. Especialmente nos dias de hoje quando estamos tão imersos em tecnologia por todos os lados. Mas a ação de criar algo novo faz parte da evolução humana desde os primórdios da civilização e também está conectada às transformações sociais e daí surge o tema de inovação social.

A aproximação do trabalho dos operadores de Direito, mas especialmente os advogados, tem muita interação com esse movimento de inovação social. Aliás, os exemplos que analisamos aqui revelam isso de forma clara.

Não que os advogados não possam inovar atrás da adoção de novas tecnologias ou até mesmo desenvolvendo novas tecnologias, mas o objetivo deste capítulo é explorar outra possibilidade de inovação jurídica por meio da elaboração de hipóteses de soluções para problemas sociais e desenvolvimento de um trabalho criativo na busca da implementação dessas soluções.

A proposta é que os advogados compreendam que o caminho criativo deve libertá-los para buscar novas respostas e ir além da trilogia lei, a doutrina e a jurisprudência. Assim, podemos compreender e ajudar a trazer à tona as soluções que querem imergir e não somente trabalhar com as que já foram institucionalizadas.

A força de vontade e a voz de alguns rebeldes criativos normalmente é o motor dessa busca por estratégias e soluções para aliviar problemas que impactam a sociedade.

Entretanto, para que possamos chegar a esse resultado é necessário desenvolver musculatura do modelo de pensamento criativo.

Aliás, pelos exemplos que retomamos aqui, quando nosso propósito é inovar em grandes desafios da sociedade além da criatividade precisaremos de uma pitada de rebeldia também. Então, hoje meu convite é que você exercite essa musculatura. Se permita ser criativo e rebelde.

O *CASE* QUE NÃO TEVE IMPULSO, MAS MESMO ASSIM FOI PREMIADO POR SUA OUSADIA

Os tokens não fungíveis foram a tendência mais quente em 2021. Eles se tornaram reconhecidos globalmente, com adoção e aceitação geral dentro e fora do setor de criptomoedas. O aumento astronômico na popularidade de tokens não fungíveis (NFTs) levou a uma demanda massiva (e uma oferta ainda maior) de várias coleções, cada uma com suas complexidades e vantagens.

Sem dúvida, uma das coleções mais populares da NFT, que até se tornou a mais cara em termos de preço mínimo até agora é o Bored Ape Yacht Club (BAYC). As vendas líquidas do BAYC ultrapassaram recentemente a marca de US$ 1 bilhão, quase 10% do que a Apple fez em 2021.

Pensando nisso, o time jurídico da Cyrela se permitiu ser criativo e rebelde ao topar o desafio e estrutura um projeto de NTFs imobiliários. Começamos a estudar como poderíamos adotar essa tecnologia e estamos até hoje com muitas ideias sendo avaliadas.

Um contrato de token é um tipo especial de contrato inteligente que define um pacote de direitos condicionais atribuídos ao detentor do token. São instrumentos de gestão de direitos que podem representar qualquer bem digital ou físico existente, ou direitos de acesso a bens que outra pessoa possua. Os tokens podem representar desde uma reserva de valor até um conjunto de permissões no mundo físico, digital e legal.

Mas afinal o que seriam os tokens no nosso mercado imobiliário?

A grande maioria das criptos do mercado advém dos utility tokens (tokens sem lastro). No entanto, o que tem disso feito no mercado imobiliário no mundo dos ICOs são conhecidos como security ou equity tokens, pois a cripto teria lastro em um ativo real (imóvel ou participação em uma sociedade ltda). O token pode representar uma parte da escritura, uma participação acionária em uma pessoa jurídica, propriedade da dívida garantida ou qualquer outra forma de ativo relacionado ao imóvel.

E os NFTs? Qual seria a diferença?

Tokens não fungíveis ou NFTs são *tokens* emitidos em um *blockchain*, semelhante a uma criptomoeda como o Bitcoin. No entanto, ao contrário de uma criptomoeda, eles não são "fungíveis", o que significa que cada token é único, em vez de ser idêntico e intercambiável entre si. Isso significa que eles podem ser usados para identificar um único item, seja do mundo real ou digital.

Nós estudamos muito, elaboramos diversos modelos e hipóteses, trocamos com pessoas de diversas empresas diferentes para entender mais sobre o movimento da Web 3.0, *blockchain*, *tokens* e NFTs. **Chegamos a um modelo viável juridicamente de operação, mas por uma decisão de estratégia de negócios o case não foi para frente naquele momento.**

Mas então por que trazer neste capítulo um *case* que não foi para frente? E se estamos falando de inovação social como de uma hora para outra fomos parar no Mundo da Web 3.0? Porque o que nós aprendemos com esse *case* foi que a jornada de transformação é mais importante do que o destino.

E foram tantas as inovações que implementamos depois desse case tanto no jurídico como em outras áreas da empresa, que **o jurídico foi premiado no encontro anual produzido pela área de inovação e transformação digital da empresa com o prêmio ousadia!**

O prêmio é concedido ao Líder que tomou riscos, desafiando o *status quo* e entregando projetos desafiadores e ousados. A representante do time jurídico ganhou o prêmio representando todo time que apoiou o projeto de tokens, pois consideraram que esse foi o projeto mais ousado que fizemos em 2022, mesmo não tendo ido em frente.

O que o time do jurídico aprendeu foi que sempre pode existir uma forma diferente de fazer as coisas e que as relações entre empresas e indivíduos estão se transformando e que as organizações vão sofrer grandes inovações na forma como interagem interna e externamente.

Uma organização humana pode ser definida como a combinação de duas coisas: propriedades e indivíduos. A forma como essas coisas se combinam para gerar valor está atualmente em profunda transformação. Essa é a grande inovação social que esperamos ver acontecer daqui para frente e nosso aprendizado com esse case certamente nos preparou para entender melhor esse cenário. Contudo, como pode funcionar uma organização descentralizada é tema para outro capítulo.

A CRIATIVIDADE É COMPORTAMENTO

Como eu falei antes, acho que o grande benefício do case mencionado aqui foi o conhecimento adquirido pelo time e o fortalecimento do comportamento criativo. Muitas pessoas associam criatividade a um dom. Como se fosse um traço de personalidade exclusivo de poucos abençoados.

Mas, na verdade, estudos da Psicologia do comportamento já derrubaram esse conceito e demonstraram que criatividade não é dom, mas comportamento. O comportamento é como nós interagimos com os estímulos que recebemos. E o comportamento criativo, portanto é a escolha de interagir com os desafios que nós encontramos sem nos conformarmos, mas buscando imaginar e então criar uma forma nova.

Assim, quando nos propomos a pensar sobre os problemas e desafios da nossa sociedade, das organizações onde colaboramos, ou até nas nossas vidas de uma maneira diferente, estamos escolhendo nos comportar de forma criativa e, a partir desse comportamento, gerar novas ideias.

Seguindo esse passo, vale a pena lembrar que nada do que foi realizado foi alcançado sem grande dose de trabalho, suor e grandes quedas e erros ao longo do caminho. A jornada da inovação é difícil e árdua. Se você está realmente querendo transformar algo grandioso, quem sabe até algo que é considerado impossível, então pode ter certeza de que você terá muito trabalho.

Ao se propor a "resolver um problema" não partiremos da resposta de forma imediata e com certeza não teremos como caminho uma linha reta.

Muitas vezes só poderemos conectar os pontos ao olhar para trás no final da jornada.

Inovar não é emitir uma resposta imediata a um desafio, mas é escolher caminhar de forma criativa em direção a solucionar uma questão, e além disso, dar os passos necessários para explorar as perguntas antes de conseguir elaborar hipóteses para alcançar depois quem sabe uma resposta mais provável.

Sim, uma resposta mais provável porque certamente se você se entregar verdadeiramente ao processo do comportamento criativo diversas possíveis respostas surgirão. Mas, ao final da jornada você encontrará uma resposta que pareça mais provável e o sucesso da sua empreitada será medido pelo impacto gerado, via de regra, mudando o ambiente ao seu redor.

Assim, concluímos que a resolução de problemas – ou seja a inovação – ainda mais a inovação social constitui-se numa resposta provável ao resultado da exploração de uma sequência de respostas possíveis e sempre envolvida em complexidade.

Se a essa altura você está se questionando e até duvidando de que tem dentro de você essa força de vontade e até mesmo a capacidade de lidar com esse desafio, lembre-se de que dúvidas já mataram mais sonhos do que as falhas poderão matar. E se você falhou é porque você está tentando. Mas se você está com dúvidas se você é capaz, então você está paralisado.

Por isso, não duvide de sua capacidade de ser criativo e inovar, comece dando o primeiro passo e não deixe de caminhar – a jornada será incrível!

#data driven

19 *Fintechs* e a revolução do mercado financeiro brasileiro

Leandro Mello[1]

Com o advento do *Sandbox* Regulatório aprovado pela Comissão de Valores Mobiliários (CVM) em maio de 2020, por meio da Instrução CVM 626, foi regulamentada no Brasil a constituição e o funcionamento da sistemática que permitiu a criação de diversas plataformas e modelos de negócios que mudaram a forma como enxergamos e pensamos o mercado financeiro e de capitais que temos vigente atualmente.

Tal conjunto de normas se espelhou nas atividades inovadoras praticadas pela entidade reguladora britânica *Financial Conduct Authority*[2] (FCA), lançada no final de 2015 e, assim como idealizado no Brasil, a iniciativa lançada no Reino Unido teve como principal escopo impulsionar a transformação radical do mercado financeiro local, que, em vários países do mundo, ainda operava no mesmo formato e principalmente dominado pelos mesmos grandes grupos empresariais.

Aqui no Brasil o *Sandbox* Regulatório pode ser aplicado para empresas, Fintechs e Startups reguladas pela CVM, pelo Banco Central do Brasil, pela Superintendência de Seguros Privados e pela Superintendência Nacional de Previdência Complementar.

Isso quer dizer que, se determinado grupo empresarial visa a constituição de um novo modelo de negócio dentro do âmbito do mercado financeiro e/ou de capitais, cuja tese e proposta se baseiam no uso da tecnologia e desenvolvimento de novas plataformas, têm-se então um ambiente não só livre para criação e desenvolvimento de novas ideias, mas sim uma infraestrutura que é muito bem-vista e apoiada por diversos órgãos reguladores.

Não é de agora que em todo o mundo se discute o avanço da tecnologia. Pode-se afirmar sem qualquer sombra de dúvidas que ela é o principal motor propulsor de novos negócios e, no âmbito do mercado financeiro, fez com que novos *players* pudessem disputar espaço dentre os gigantes. Estes entrantes, muitas vezes conhecidos como Fintechs[3], são empresas que nascem obrigatoriamente com o propósito de trazer soluções inovadoras por meio da tecnologia e que buscam *disruptar* os modelos de negócios tradicionais em todo o mundo.

---

1 Diretor Jurídico, Crédito e Ativos da CashMe Soluções Financeiras S.A (uma Fintech do grupo Cyrela Brazil Realty).

2 Disponívem em: https://www.fca.org.uk/.

3 Disponível em: https://pt.wikipedia.org/wiki/Fintech.

As Fintechs, como dito acima, estão aqui para transformar e inovar a forma como as transações realizadas na indústria financeira sempre ocorreram, sendo que, como exemplo disso, podem-se citar inúmeras inovações trazidas no âmbito de empréstimos, pagamentos, administração e gestão de valores mobiliários e fiduciários, bem como auxiliar os *players* do mercado financeiro na administração de negócios.

Todo esse conjunto e arranjo de ideias inovadoras dependem não só de tecnologia, mas também de um profundo estudo legislativo e regulatório, que, por muitas vezes, se mostra tão complexo quanto a plataforma eletrônica que se pretende criar para o desenvolvimento de determinado negócio.

Em algumas situações não basta então apenas o desenvolvimento de uma ideia ou plataforma tecnológica. É necessário que o modelo de negócio proposto encontre respaldo e legalidade dentro do ordenamento jurídico em que seu idealizador pretende colocar em prática seu negócio.

Veremos a seguir exemplos de novos modelos de negócios que se originaram por meio de tecnologias inovadoras e respaldados por teses jurídicas e novas normativas surgidas nos últimos anos.

MERCADO DE CRÉDITO/EMPRÉSTIMOS

Quando se fala em mercado de empréstimos, há alguns anos sequer era possível cogitar que determinada empresa pudesse competir com os grandes bancos no Brasil. No entanto, existem atualmente diversas Fintechs que chegaram no Brasil com o propósito de oferecer crédito a pessoas físicas e jurídicas de maneira ágil, desburocratizada, mais humanizada e com o uso de ferramentas tecnológicas que permitem um giro mais rápido de capital.

Já não é mais necessário reunir uma porção enorme de documentos e pegar fila numa agência bancária para ser atendido por um gerente e explicar os motivos pelos quais se pretende e necessita de um empréstimo. Tal prática sempre foi desconfortável para quem estava na situação de pedir um empréstimo em um banco e, não bastasse o processo burocrático e desumanizado na solicitação, o tempo de retorno e efetiva liberação do recurso sempre era demasiadamente demorado.

Hoje, em muitas Fintechs a solicitação de crédito é realizada via app e o cliente sequer precisa enviar documentos à instituição, dado que existem diversas ferramentas tecnológicas que subsidiam o trabalho das Fintechs na busca de documentos, certidões e outras informações perante a internet e órgãos públicos. Além da comodidade para se requisitar um empréstimo, a resposta da instituição pode demorar poucas horas ou até mesmo ser instantânea.

Ou seja, não bastassem as próprias Fintechs de crédito que surgiram como excelentes opções aos tradicionais e grandes bancos, há outras Fintechs e empresas inovadoras que atuam dentro deste mesmo ecossistema oferecendo serviços não só ao consumidor, mas também àqueles que se dispõem a ofertar crédito a mercado. Alguns exemplos de Fintechs que são regulamentadas e atuam no segmento de crédito:

- Sociedades de Crédito Direto (SCD) e as Sociedades de Empréstimo entre Pessoas (SEP), regulamentadas pela Resolução n. 4.656, de 26 de abril de 2018[4];
- Correspondentes Bancários, regulamentados pela Resolução n. 3.954, de 24 de fevereiro de 2011[5].

INSTITUIÇÕES DE PAGAMENTOS

Assim como ocorre com o mercado de crédito e empréstimos, a indústria e meios e arranjos de pagamentos foram totalmente transformadas no Brasil nos últimos anos. Aqui, a evolução tecnológica e legislativa foi tão agressiva que, empresas criadas nos últimos 10 anos e que ocupavam posições de destaque no mercado, hoje sequer figuram entre as principais instituições de pagamento do país.

Isso significa dizer que a evolução tem sido tão veloz que os novos modelos de negócios que surgem hoje conseguem ocupar um papel de total destaque em curto tempo, a ponto de a indústria estar em constante e paulatina evolução e, a cada ano que passa, novas tendências surgem em todo o mundo.

As instituições de pagamento podem ser desde grupos empresariais que visam concessão de crédito por meio dos já conhecidos "Cartões de Crédito", como também "Contas Digitais", "Emissões de Moeda Eletrônica", "Credenciadores" e diversos outros.

Um exemplo da magnitude e impacto das instituições de pagamento é o fato de que pessoas jurídicas de pequeno porte, microempresas e empresários individuais, muitas vezes trabalhadores autônomos, possuem acesso a máquinas de cartão para o desenvolvimento de seus negócios.

Existem ainda arranjos e instituições de pagamento que funcionam por meio de outros equipamentos eletrônicos como no caso de aparelhos de telefone celular. Ou seja, as instituições e arranjos de pagamentos foram para além do alcance das empresas do mercado financeiro, e atualmente despertaram o interesse de diversos outros entes da indústria como das gigantes de telefonia, sites de comércio eletrônico e muitos outros.

SERVIÇOS FINANCEIROS OU *BANK AS A SERVICE* (BAAS)

Se todos os exemplos acima já não fossem suficientes para se demonstrar o avanço da tecnologia e do arcabouço regulatório no Brasil e no mundo que dinamizaram completamente a indústria de serviços financeiros, não é necessário que determinada empresa seja regulada para atuar com serviços regulados.

Apesar de não ser fácil explicar que uma empresa não regulada pode eventualmente ser concorrente de uma empresa regulada, prestando o mesmo nível de serviços e atendendo as

---

4 Disponível em: https://normativos.bcb.gov.br/Lists/Normativos/Attachments/50579/Res_4656_v1_O.pdf.

5 Disponível em: https://www.bcb.gov.br/pre/normativos/res/2011/pdf/res_3954_v7_L.pdf.

mesmas exigências, fato é que tal situação já ocorre há algum tempo. Tal prática se deve às empresas reguladas que prestam serviços na modalidade *as a Service*.

E o que isso significa?

A expressão *as a Service*, dentro desse contexto, significa dizer por exemplo que uma Instituição Financeira pode "emprestar" sua licença regulatória obtida para quem não a detém, a fim de que este terceiro exerça determina atividade empresarial que só poderia ser exercida por aquele que possui autorização específica para tanto. Um dos principais exemplos disso é o Banking as a Service (BaaS).

Trata-se de mais uma grandiosa inovação trazida ao mercado financeiro mundial nos últimos anos. A prática deste modelo de negócio permite que empresas de diferentes segmentos possam oferecer produtos e serviços dentro do mercado financeiro e outros de forma legalmente correta. Se antes apenas um Banco poderia ofertar ao mercado serviços como emissão de cartão de crédito, transferências eletrônicas, contas digitais, pagamentos, entre outros, hoje qualquer empresa pode atuar neste formato mesmo sem ser regulada.

Importante destacar que, há um limite regulatório e de governança corporativa que se exige de quem deseja atuar neste formato, pois, ainda que determinado grupo empresarial não seja regulado, eventual infração legal e/ou a regras de mercado podem ensejar sanções não só para quem praticou determinado ato ilícito, mas também para o agente regulado que atuou no modelo *as a Service* e "emprestou" sua licença para um terceiro.

Dentro desse contexto, vale ressaltar que são inúmeros os segmentos da economia que possuem empresas prestando serviços *as a Service*, e, tudo isso, inclusive, têm viabilizado diversos outros projetos por parte dos próprios órgãos reguladores como o desenvolvimento do Open Banking, Pix e outras inovações.

- **Bank *as a Service***: bancarização como serviço;
- **DTVM *as a Service***: distribuição de valores mobiliários como serviço;
- **Software *as a Service***: software e Sistemas como serviço;
- **Infrastructure *as a Service***: infraestruturas sistêmicas como serviço.

CONCLUSÃO

Embora os temas acima relatados retratem apenas alguns aspectos das inovações tecnológicas e regulatórias que surgiram nos últimos anos, não há como não reconhecer o poder transformacional das Fintechs e seu papel protagonista na evolução da indústria de serviços financeiros global.

Foram as Fintechs que possibilitaram uma maior democratização da concessão de crédito, do aumento do número de investidores nas bolsas de valores, no surgimento de novos players que estão buscando espaço dentre os grandes bancos e assim por diante.

E, como já foi dito anteriormente, tudo isso não é devido apenas ao avanço da tecnologia. O ordenamento jurídico e as regras regulatórios têm sido fundamentais para permitir um novo ambiente empresarial e de negócios, de modo a permitir que novas ideias sejam testadas (como acontece no ambiente do *Sandbox* Regulatório), bem como para contribuir com o desenvolvimento e evolução da sociedade de modo geral, beneficiando, assim, não só o empresariado, mas principalmente todos nós que de um jeito ou de outro consumimos serviços financeiros.

#inteligência artificial

20

A aplicação da inteligência artificial na recuperação de créditos

Bryan Mariath Lopes[1]
Ricardo Freitas Silveira[2]

INTRODUÇÃO: O DILEMA DA INTELIGÊNCIA ARTIFICIAL

Há muitas razões para se falar sobre inteligência artificial e conectá-la aos negócios. A tecnologia mais disruptiva deste século salva vidas, antecipa o diagnóstico de doenças, auxilia na preservação do planeta, contribui no combate ao crime, amplia a capacidade das empresas em conhecer seus clientes, reduz o desperdício de materiais, cria milhares de oportunidades de trabalhos relacionados à mobilidade urbana e muito, muito mais.

Inevitavelmente, a mesma tecnologia desperta medo, preocupações, dúvidas, inquietações sobre a veracidade de uma imagem e, principalmente, uma incerteza relacionada à possibilidade de coexistência no mercado de trabalho entre máquinas e humanos. Muitas críticas à inteligência artificial são legítimas, destacadamente quando associadas aos erros e vieses cometidos e que atingem diretamente os Direitos Humanos.

O dilema sempre esteve presente, mas a democratização da utilização da inteligência artificial generativa a partir do início de 2023 impulsionou os dois lados e se proliferaram conteúdos favoráveis e desfavoráveis ao ponto de que houve uma proposta[3] para suspender sua utilização. Nem agora, nem tão cedo e provavelmente nunca haverá unanimidade. Historicamente sempre foi assim, a tecnologia transforma a sociedade trazendo consigo oportunidades, dilemas éticos, infrações e até mesmo novos crimes.

Fato é que a comunidade jurídica, cada vez mais inserida na dinâmica social e empresarial, tem na inteligência artificial um instrumento poderoso para aumentar sua produtividade e eficiência, permitir o cruzamento de bancos de dados, contribuir para criar

---

1 Pós-graduado em Processo Civil pela OAB/RJ. Especialista em Recuperação Judicial e Falência. Curso sobre Gestão Estratégica de Pessoas na UERJ.

2 Doutorando e Mestre em Direito pelo IDP – Instituto Brasileiro de Desenvolvimento e Pesquisa. Especialista em Negócios Sustentáveis pela Cambridge University. Autor do livro Análise Preditiva e o Consumidor Litigante. Professor em cursos de pós-graduação. Sócio da Lee Brock e Camargo Advogados.

3 Disponível em: https://economia.uol.com.br/noticias/estadao-conteudo/2023/03/30/musk-harari-e-mais-de--mil-especialistas-pedem-em-carta-pausa-na-ia.htm.

perfis de litigantes[4], por exemplo, e notadamente, permitir a predição de resultados de julgamentos. Tudo isto e muito mais é possível porque o Brasil é um dos países mais litigantes do planeta e, por consequência, há disponível para consulta um gigantesco volume de dados presente em processos judiciais arquivados e em andamento que podem ser facilmente acessados por *lawtechs*[5] que divulgam seus serviços em megaeventos jurídicos, como a Fenalaw[6] ,que anualmente apresenta as maiores inovações do setor convergindo em um único espaço a oferta de conteúdos e serviços.

INTELIGÊNCIA ARTIFICIAL NO DIREITO

A inteligência artificial também está presente no Poder Judiciário e no Conselho Nacional de Justiça (CNJ). Na 2ª pesquisa realizada e publicada pela FGV[7] em 2022 foram detectados 44 tribunais brasileiros que utilizam a tecnologia principalmente para racionalizar recursos considerando a existência de 75 milhões de processos judiciais em andamento.

Importante destacar que a utilização da inteligência artificial nos tribunais brasileiros conta com o apoio e participação dos tribunais superiores, a saber o Supremo Tribunal Federal (STF) e o Superior Tribunal de Justiça (STJ), visto que utilizam a tecnologia em suas atividades desde 2019, o que legitima o estudo e desenvolvimento das instâncias inferiores.

Outra frente que conecta a inteligência artificial ao direito tem sido a regulamentação dessa tecnologia por meio de uma lei específica. Enquanto muitos especialistas reforçam que uma tecnologia ainda em desenvolvimento não deveria ser regulada, outros defendem a necessidade de segurança jurídica para que a comunidade empresarial possa investir e desenvolver novos projetos. O legislativo brasileiro tem feito sua parte e os principais projetos de lei têm sido objeto de discussões e estudos.

Uma curiosidade relacionada à percepção do judiciário brasileiro em relação a utilização da inteligência artificial refere-se ao fato de que há condenações em primeira e segunda instâncias de empresas e instituições financeiras que deveriam utilizar a tecnologia para evitar a ocorrência de uma fraude, mas não o fizeram. Ou seja, o magistrado brasileiro esperava uma postura proativa da iniciativa privada na utilização da tecnologia, mesmo diante da inexistência de um diploma legal específico. Evidente que inúmeros são os casos em que projetos inovadores com inteligência artificial foram suspensos nos tribunais brasileiros.

Em estudo publicado pela Goldman Sachs[8] sobre os impactos da utilização da inteligência artificial generativa, há previsão de que 300 milhões de postos de trabalho podem ser impactados, o que significa 18% sobre todas as posições atuais. A mesma pesquisa indica que

---

4 Disponível em: https://repositorio.idp.edu.br/handle/123456789/2976.

5 Disponível em: https://ab2l.org.br/ecossistema/radar-de-lawtechs-e-legaltechs/.

6 Disponível em: https://www.fenalaw.com.br/.

7 Disponível em: https://ciapj.fgv.br/sites/ciapj.fgv.br/files/relatorio_ia_2fase.pdf.

8 Disponível em: https://www.cnnbrasil.com.br/economia/inteligencia-artificial-pode-afetar-300-milhoes-de-empregos-no-mundo-diz-goldman-sachs/.

44% das atividades jurídicas podem ser atingidas pela nova tecnologia. E este alto percentual se justifica pelo fato de que boa parte das atividades jurídicas recai sobre documentos digitalizados e sobre dados que podem ser estruturados.

Se no Poder Judiciário a inteligência artificial é realidade, o mesmo pode ser dito nos departamentos jurídicos e escritórios de advocacia. Nas próximas linhas deste breve texto, serão apresentados os impactos e potencialidades da inteligência artificial em uma atividade jurídica de extrema relevância para as empresas, qual seja a recuperação de créditos inadimplidos.

INTELIGÊNCIA ARTIFICIAL NA RECUPERAÇÃO DE CRÉDITOS

A recuperação de créditos tem passado por grandes transformações nas últimas décadas, impulsionadas por mudanças regulatórias, evolução dos mercados financeiros e pelos avanços tecnológicos advindos da inteligência artificial aplicada na atividade jurídica, que por meio de uma rápida análise do banco de dados dos Tribunais, do mercado financeiro, das transações imobiliárias, cartorárias, dentre outros órgãos e instituições, maximiza a possibilidade de localizar bens dos devedores que, por vezes, estão ocultos, trazendo assim uma maior efetividade para as ações que almejam recuperar créditos inadimplidos.

O uso da inteligência artificial na recuperação de crédito apresenta um conjunto de desafios e oportunidades que, quando analisados em paralelo, demonstram a complexidade e o potencial de transformação deste segmento, ao convergir para buscar uma justa solução para inúmeras ações judiciais, cujo direito material e processual está consolidado, mas os credores não conseguem encontrar bens dos devedores capazes de satisfazer a dívida. A aplicação da inteligência artificial na recuperação de créditos inadimplidos visa justamente auxiliar os credores na localização de bens dos devedores passíveis de penhora e expropriação, auxiliando tanto as inúmeras demandas judiciais paralisadas por não localização de bens, mas também a economia brasileira que vem sofrendo há anos com a alta taxa de inadimplência.

Segundo a Confederação Nacional do Comércio de Bens, Serviços e Turismo (CNC), o endividamento da população quebrou o recorde histórico em 2023, alcançando o impressionante patamar de 77,9% (setenta e sete vírgula nove por cento) da população[9].

Diante dos desafios encontrados pelos credores na recuperação do crédito inadimplido, a utilização da inteligência artificial nesse segmento tem sido aplicada de diversas maneiras, sendo uma delas na modalidade preventiva ao fazer o uso da tecnologia na análise de risco e previsão de inadimplência, utilizando algoritmos e técnicas de mineração de dados, com intuito de identificar padrões e tendências que ajudam a avaliar o risco de inadimplência dos devedores.

Outra possibilidade de utilização da inteligência artificial na recuperação de créditos inadimplidos tem sido a criação de chatbots que auxiliam as empresas na negociação das

---

9 Disponível em: https://brasil61.com/n/recorde-historico-77-9-dos-brasileiros-entraram-endividados-em-2023-bras237977#:~:text=O%20endividamento%20dos%20brasileiros%20alcan%C3%A7ou,entraram%202023%20com%20nome%20restrito.

dívidas, podendo, inclusive, auxiliar na formalização de acordos, proporcionando um atendimento mais rápido, eficiente e contribuindo com a desjudicialização.

Não obstante as iniciativas elencadas acima de aplicação da inteligência artificial de forma preventiva para reduzir o inadimplemento ou para obter a recuperação dos créditos inadimplidos de forma extrajudicial, há também a possibilidade de utilizar a Inteligência artificial no contencioso para localizar bens dos devedores.

ESTUDO DE CASO

Vejamos o seguinte caso: um exemplo real da aplicação da inteligência artificial em 2023 em uma ação que tramita desde 2006 sem que o credor tenha localizado bens passíveis de penhora e o valor histórico do crédito ultrapassava a cifra de R$ 2.500.000,00.

Ao submeter os dados deste devedor ao banco de dados da inteligência artificial, foi possível constatar que o controlador da empresa devedora possuía bens ocultos e atuava no meio artístico. Com o avanço da pesquisa, foi possível localizar outras empresas do grupo econômico que atuavam no mesmo segmento de mercado, porém, tais empresas estavam em nome de parentes e de pessoas interpostas, sendo feita toda a gestão das empresas por meio de procuração outorgada pelos "sócios" dessas empresas ao devedor contumaz, tendo em vista que o principal sócio da empresa devedora não figurava nos quadros societários das demais empresas localizadas.

Além disso, foi possível identificar o trespasse irregular do fundo de comércio para as demais empresas com o objetivo de esvaziar a empresa devedora e deixar as demais empresas com todo o capital e negócios gerados, ficando a empresa devedora apenas com as dívidas sem fonte de receita.

Além do fundo de comércio, foi possível identificar também, a transferência irregular de ativos e o desvio de finalidade, permitindo, assim, a possibilidade de buscar a desconsideração da personalidade jurídica, inclusive a desconsideração inversa, para responsabilizar as demais empresas e as pessoas físicas para responderem pela dívida com seus bens pessoais.

Ao expandir a pesquisa nas pessoas físicas e jurídicas identificadas como "corresponsáveis" pela dívida contraída, foi possível localizar diversos veículos e imóveis capazes de saldar a integralidade do débito. Cabe registrar que essa pesquisa patrimonial feita por meio da inteligência artificial, que, além de identificar atos fraudulentos e bens dos responsáveis, traz consigo toda a documentação comprobatória de cada um dos atos identificados, viabilizando a utilização do resultado nas ações judiciais com intuito de compelir o devedor a saldar a dívida inadimplida.

CONCLUSÃO

Dessa forma, com o surgimento da inteligência artificial no Brasil, o uso dessa tecnologia na recuperação de créditos inadimplidos tem sido impulsionado pelos avanços na pesquisa acadêmica e pela criação de soluções de pesquisa e desenvolvimento de aplicações práticas com resultados precisos e céleres.

Ressalta-se que a tecnologia empregada na inteligência artificial tem contribuído para melhorar a eficácia dos processos de recuperação de crédito, sejam eles extrajudiciais ou judiciais, otimizando a análise de risco, automação de processos, realização de renegociações das dívidas e acordos, culminando assim na maximização da recuperação do crédito inadimplido.

Por fim, com a constante evolução da tecnologia, faz-se necessário que os operadores do direito, os escritórios de advocacia e as demais empresas envolvidas na recuperação de créditos inadimplidos, mantenham-se sempre atualizados sobre as inovações tecnológicas para que estejam aptos a enfrentar os desafios, fazendo uso das melhores tecnologias disponíveis no mercado, sempre atentos às questões éticas e legais relacionadas ao uso da inteligência artificial, pois, o potencial dessa tecnologia pode auxiliar e muito o mercado jurídico como um todo.

EIXO III

INOVAÇÃO É PROCESSO

#skills

21 *Legal design* e *design thinking* como cultura de aceleração do protagonismo jurídico

Dário Fonseca[1]

Falar que o mundo está em transformação já é um clichê, assim como o pensamento imediatista de que existe algum método ou fórmula capaz de fazer um negócio crescer exponencialmente da noite para o dia. Todos parecem saber que a cultura de inovação é o caminho do meio de consistência, perenidade e sustentabilidade como diferencial de crescimento das companhias, mas, ainda existe muita dúvida sobre as forças que direcionam essas mudanças e quais metodologias as apoiam de forma efetiva e com riscos equilibrados.

Uma coisa é certa: manter o *status quo* é insuficiente para competir de forma eficaz e prosperar nos novos tempos acelerados, complexos, ambíguos, voláteis e totalmente diferente de tudo que já vimos.

A mentalidade do *design* aplicada ao Direito permite que nossas ideias para melhores soluções dos problemas do dia a dia sejam embaladas por princípios totalmente diferentes do nosso modo cartesiano de decidir e inventar. Projetos (e não apenas "processos"), cocriação, experimentação, centralidade no usuário e transdisciplinaridade são termos recém-chegados ao nosso repertório e vocabulário e nos incentivam a reinventar nossas ações. Agora, depois de muitas experimentações, já podemos afirmar que a prática dos serviços do Direito no Brasil e no mundo está inexoravelmente comprometida com um perfil comportamental de cultura de inovação. Quem não mudar, ficará fora do jogo em breve.

A "turma do Direito" nunca foi afeta a interferência de profissionais de outras áreas palpitando em suas operações e muito menos foi aderente a padrões de pensamento que considerassem conjuntos de saberes que estivessem fora da dogmática jurídica, mas o novo contexto em que vivemos, ditado por um novo padrão comportamental de consumo de produtos e serviços, nos obrigou a mudar. Da atuação ministerial, magistratura, advocacia e departamentos jurídicos, a mentalidade de inovação está em plena ebulição.

---

1 Legal Manager na Ferrero do Brasil, e Innovation Lead e Compliance Officer para a região da América do Sul. Natural de Belém do Pará e graduado pelo Centro Universitário do Pará. Especialista em Direito Contratual pela PUC-SP e Mestre em Direito Civil pela USP. Experiência de 13 anos em jurídico corporativo de empresas nacionais e multinacionais, atuando no Brasil, assim como em países do Cone Sul (Argentina, Uruguai e Paraguai) e região andina (Colômbia, Equador, Peru, Chile). Entusiasta da Inovação Jurídica, liderando projetos de inovação local e internacionalmente.

Aliás, projetos interdisciplinares que envolvem os departamentos jurídicos são um movimento crescente no Brasil desde 2016 e tem por objetivo reduzir custos, aumentar o controle e melhorar a gestão financeira, e principalmente, alinhar a estratégia do jurídico com a estratégia do negócio. A combinação dessas demandas exige um novo posicionamento estratégico jurídico, e o que lubrifica as engrenagens de todas essas ações é o design.

Por meio de uma cultura de *design*, inovativa e significante, é que os departamentos jurídicos terão legitimidade e autonomia para gerir suas próprias "pílulas" de transformação, entendendo as necessidades de seu negócio e, sobretudo, das pessoas, empregando esforços em maneiras de atuação que se encaixam aos seus propósitos.

Com esse objetivo em mente, a Ferrero estabeleceu o *Legal Design* e o *Design Thinking* como as metodologias ideais para o pontapé inicial desta cultura e, desde o início, buscou harmonizar estas mentalidades nos departamentos jurídicos de **todas** as suas unidades de negócio, expandindo o pensamento para a maioria dos países nos quais tem atuação.

LEGAL DESIGN THINKING: O QUE É?

Antes de tudo, porém, é importante estabelecer alguns conceitos preliminares: o que é *Legal Design* e *Design Thinking*? O que eles podem trazer de valor para os departamentos jurídicos das companhias?

O *Design Thinking*, propriamente, não é algo novo, já sendo aplicado há algum tempo em outros setores da economia, como no marketing e publicidade. Num resumo bem objetivo, o *Design Thinking* é uma forma de pensar, agir e interagir que abre um novo mundo de possibilidades de resolução de problemas e ajuda a criar produtos, serviços e processos novos e inovadores. Como? Ao ajudá-lo a manter o foco nas pessoas que você está servindo, ao encorajá-lo a buscar e considerar diversas perspectivas[2].

O *Design Thinking* tornou-se uma ferramenta poderosa para empresas e organizações resolverem problemas complexos com soluções criativas.

O *Legal Design*, por sua vez, nas palavras da Professora Cynara Batista, é uma mentalidade criativa, intencional, de inovação, que possibilita a transformação do sistema jurídico, de todos os seus serviços, produtos e subjacentes, tornando-os melhores para as pessoas[3]. Nesse grande ponto de virada em que o Direito se encontra, as atividades jurídicas vêm se desenvolvendo em uma tendência que se consolida cada vez mais, na qual os operadores do direito e os departamentos jurídicos são os protagonistas no campo da inovação. E ousamos dizer mais, estes protagonistas lançam um olhar muito mais holístico e colaborativo sobre suas práticas, modelos comportamentais e processos, com o objetivo de entregar serviços, produtos com alto valor agregado potencializando o crescimento dos negócios.

---

2 Stanford, Introdução ao Design Thinking. Disponível em: https://online.stanford.edu/courses/xcdt110-introduction-design-thinking.

3 Advocacia 4.0: volume 2 – Legal Design. Curitiba: Juruá, 2022, p. 9.

É importante lembrar que compreender e aplicar o *Legal Design* requer primeiramente o entendimento de que o design é um ambiente multidisciplinar com diversas subáreas e metodologias aplicadas. Frequentemente, observamos alguma confusão conceitual que assemelha o *Legal Design* com o *Design Thinking*. Mas, ainda que o *Design Thinking* seja bastante recomendável para resolução de problemas jurídicos complexos, ele não é o próprio *Legal Design* e sim uma poderosa ferramenta para o caminho de execução, mas não representa a execução em si. Além dele, podemos contar com muitas outras ferramentas tais como *job to be done*, mapas de jornada, kanban etc.

Isto posto, na grande caixa de ferramentas que atende ao pensamento de inovação jurídica por meio do *design*, o *Design Thinking* tem se mostrado como um grande aliado balizador de ações e decisões faseadas e que se retroalimentam para gerar valor ao negócio.

Juntos, *Legal Design* e *Design Thinking*, criam uma poderosa estratégia de de *service delivery* ao Jurídico, abrindo horizontes para entregas por *Visual Law*, redesenho de sistemas, reestruturação organizacional e de experiências, criação de diferentes formas de negócio (*ways of working*), estruturas de Legal Operations, metodologias ágeis, entre várias outras soluções. O mais importante, contudo, é o **processo:** a conexão criada com o cliente, o entendimento de suas dores, os repetidos testes de protótipo e a adequação ao propósito ao qual foi idealizado.

É exatamente a exposição ao processo que abre caminho para um primeiro diálogo sobre cultura, expandindo as percepções das corporações – e dos próprios departamentos jurídicos – sobre a atuação jurídica corporativa.

A jornada de *Design Thinking* se divide em 5 etapas definidas, mas não estanques, cada uma destinada a identificar pontos cruciais para o seu resultado:

1) **Empatia:** etapa inicial, na qual se estimula a conexão com o cliente e o entendimento de suas dores;
2) **Definição:** na definição se escolhem os critérios que decidirão qual caminho o protótipo seguirá. É comum que várias dores e debates surjam durante o processo – e todas eles válidos a serem endereçados;
3) **Ideação:** com o problema definido, se inicia então a busca por soluções. Na etapa de ideação, todas as ideias são bem-vindas: nelas se mesclarão prioridades, acessórios e todos os temas tangentes ao problema, para que, postos lado a lado, fique mais fácil enxergar o caminho o qual o seu protótipo seguirá;
4) **Protótipo:** a prototipação constrói a primeira versão da solução desenhada nas etapas anteriores. Com base no processo colaborativo, uma primeira proposta de solução contém todos os aportes que visam endereçar o problema definido anteriormente pelos participantes;
5) **Testes:** a fase dos testes põe à prova a eficiência e funcionalidade do protótipo que foi construído até então.

Esse faseamento da esteira de propositura de soluções propõe um profundo repensar da forma como o Direito é concebido e transmitido, demonstrando que ao invés de muito técnico, frio hermético e austero, o Direito e o ambiente legal dos departamentos jurídicos podem ser inclusivos, acessíveis e fomentadores de negócios, retirando de seus ombros a má fama de reativo, moroso, ineficiente e que freiam os negócios. Ao colocar os usuários no centro de suas investidas, o *Legal Design* e o *Design Thinking* fazem com que os advogados não aceitem as situações como são descritas, e nem mesmo supõem que já sabem quais as melhores soluções. Pelo contrário, os operadores do Direito procuram vivenciar o problema como as pessoas reais que os experimentam. E é nesse lugar, de experimentador, iterativo e inovador que o departamento jurídico da Ferrero quer estar e perpetuar suas ações.

POR QUE A FERRERO PRECISAVA DESSA SOLUÇÃO?

Não haveria então, portanto, melhor exercício para iniciar as discussões de Inovação em uma escala global do que um *sprint* de *Legal Design*. E nesta toada, quanto mais diversos seus participantes, melhor.

Ainda que corporações como a Ferrero tenham práticas e políticas muito bem estabelecidas sobre suas formas de trabalho, a novidade do tema ainda trazia muitas dúvidas sobre sua aplicação, efetividade e investimentos necessários. Harmonizar estes conceitos traria maior sinergia entre os times e unidades de negócio, impulsionando a liderança, as entregas e as operações do Departamento Jurídico como um todo.

O ponto de partida ideal era então o Brasil, onde estes conceitos já estavam sendo aplicados no negócio local e a equipe já estava familiarizada com encontros e a metodologia do *Legal Design Thinking*, inclusive com projetos em andamento advindos dessa experiência. Seríamos, então, o fio condutor da mentalidade e dos primeiros passos da cultura de inovação da Função Jurídica para os outros países.

COMO SE DESENVOLVEU A ATIVIDADE?

Certos, então, do propósito da iniciativa e dos benefícios que uma cultura de inovação traria à companhia, seguiu-se passo à estruturação do projeto e execução da *sprint* e, para isto, contamos com a parceria de uma *lawtech* especializada neste tipo de atividade, a **Lex Design**, que já acompanhava a Ferrero suas iniciativas de inovação há alguns anos.

Com esse suporte, então, foi iniciado o desafio de organização de um *sprint* multicultural, englobando diferentes fuso-horários, culturas, níveis hierárquicos e familiaridade com o tema de Inovação Jurídica. Com uma antecipação de, aproximadamente, 5 meses, alguns membros de diferentes departamentos jurídicos da Ferrero ao redor do mundo foram escolhidos para participarem dessa iniciativa, que, ao final, contou com: (i) a participação ativa de 24 países; (ii) profissionais representando 14 nacionalidades distintas; (iii) diversidade de gênero entre os advogados; (iv) diversidade geracional entre os advogados; (v) áreas de expertise jurídica distintas; (vi) profissionais com diferentes tempos de casa na organização; e (vii) diversidade de contextos sociais, políticos e econômicos, enriquecendo as trocas e os debates acerca dos problemas endereçados – assim como atribuindo uma personalidade única às personas criadas!

O *sprint*, então, foi agendado para ocorrer em 4 sessões, uma vez por semana, com duração de 2h cada, inteiramente virtual, em horários que acomodassem confortavelmente a rotina e os demais compromissos dos participantes, sendo o inglês o idioma de condução da atividade. Ainda, para aumento da interatividade e do engajamento, foram compartilhados e-mails prévios com pequenos vídeos introdutórios explicando os principais conceitos de *Legal Design Thinking* e do projeto em si, assim otimizando o tempo em que todos estivessem conectados. Importante ressaltar que o planejamento é importantíssimo para que o exercício seja efetivo: cada momento de troca é muito precioso para o resultado, e planos de contingência devem ser estruturados para evitar qualquer intercorrência que venha a prejudicar o bom andamento dos encontros.

BENEFÍCIOS E CONCLUSÃO

Ao final de todas as sessões, muitos *insights* foram compartilhados, juntamente com um caloroso debate sobre quais os próximos passos que o Departamento Jurídico da Ferrero, como um todo, poderia seguir, e quais pontos deveria endereçar para que esta realidade pudesse se concretizar com maior eficiência.

Novos *ways of working* foram pensados, dores foram catalogadas e um protótipo final foi construído, visando atacar grande parte das oportunidades discutidas entre todos os participantes – cuja implementação se iniciou logo no mês seguinte à sua conclusão.

O maior benefício, porém, foi a reverberação positiva do exercício em todas as geografias participantes e o **protagonismo** alcançado pelo Departamento Jurídico em todas as suas unidades de negócio.

O processo de execução de um *Legal Design Thinking sprint* fez o departamento ativar seus *stakeholders* de uma nova maneira, distanciada da usual visão como *back office*. Metodologias inovadoras, por sua vez, centram-se em **experiências**, e, portanto, devem ser compartilhadas e executadas em sinergia com áreas pares, ou parceiras, ultrapassando os limites da simples consulta: a palavra-chave torna-se a **colaboração.**

Muito além de seu protótipo – que certamente será um sucesso – o *processo* foi essencial para incitar na Função Jurídica "ferreriana" o apetite da Inovação, e do ecossistema de possibilidades que a acompanha. Hoje, os profissionais estão muito mais ligados ao negócio, ao dinamismo e às necessidades dos clientes internos, sem que, com isso, abandonem o tecnicismo que a profissão pede. Trocas internacionais atribuem agora muito mais efetividade às estratégias locais e, por consequência, as relações interpessoais entre os membros dos times se tornou muito mais fluida, mesmo com a perene dificuldade de organizar agendas em fusos horários tão díspares. O próximo passo, com isso, é exercitar esta mesma metodologia com outras áreas do negócio, exercendo uma influência positiva nas entregas de cada área e otimizando sinergias. Passar de um *back office* a um *role model*.

E assim, com o suporte de uma *lawtech* especializada e o engajamento dos times internacionais, foi possível para a Ferrero tomar o que talvez seja o passo mais difícil da Inovação Jurídica: o início. Transpor as barreiras da dúvida e da eficiência dos novos modelos de entrega e se desprender de métodos tradicionais, por tanto tempo engendrados na rotina do advogado corporativo. Obviamente, a consolidação de uma cultura demandará muito mais tempo, investimento e iniciativas, porém, legitimar esta discussão abre novas portas para este caminho seja bem menos tortuoso.

Um aprendizado final a ser compartilhado, portanto, é: caso você tenha dúvidas de onde sua empresa ou escritório devam começar a trilhar algumas das várias rotas da Inovação Jurídica, comece pelo começo – literalmente. Traga seus clientes e parceiros para o início da caminhada junto com você, para que, juntos, definam o destino, tracem as rotas e aproveitem os resultados.

Por meio do *Legal Design* e o *Design Thinking*, questionamos e desafiamos as soluções e processos já existentes, em um ciclo de desconstrução e reconstrução de melhorias constantes. Assim como nós da Ferrero, qualquer operador do Direito pode e deve exercitar os dinamismos e vantagens que estas metodologias oferecem, mas sempre por meio de uma abordagem de qualidade, de ações intencionais e significativas, como parte de um trabalho sério, consistente e aprofundado nas necessidades das pessoas e do negócio.

#skills

22 Habilidades e competências do profissional jurídico

https://somos.in/IJCCIP1

Adriana Corrochano Mori[1]
Juliana Mantuano de Meneses[2]

Quando falamos em habilidades e competências do profissional jurídico, qual a primeira imagem que vem à tona? Certamente é do advogado da década passada atrás de uma mesa, cercada de papéis e livros. Hoje não podemos mais pensar nessa imagem para descrever o advogado atual.

Com a tecnologia cada vez mais presente em nosso dia a dia, a modernização do mundo jurídico veio para ficar, seja na figura do advogado com sua imagem mais descontraída ou na capacidade de se reinventar a todo momento e acompanhar a constante transformação e modernização da sociedade.

A habilidade do profissional é algo que se discute inclusive em fóruns mundiais, considerando a relevância do assunto. Exemplo disso é o "World Economic Forum's"[3], que na sua 3ª edição destacou as 15 habilidades para o profissional de 2025, sendo elas:

1) Pensamento analítico e inovador;
2) Aprendizagem ativa e estratégias de aprendizagem;

---

[1] Diretora na área de Legal, Compliance & Data Privacy da Samsung no Brasil, atuando nas áreas de contratos, proteção de dados, propriedade intelectual, direito ambiental, contencioso (consumidor, cível, trabalhista e tributário), bem como no gerenciamento de programas de compliance da empresa. Formada em Direito em 1998, com Pós-graduação em Direito do trabalho, com certificação CPIIC de investigações internas. Além disso, é criadora e líder do comitê Women at Samsung, que tem como objetivo abordar temas relacionados à presença das mulheres no mundo corporativo em prol da equidade de gêneros.

[2] Advogada, pós-graduada em Contratos e Negócios Imobiliários, Membro das Comissões de Tecnologia e Inovação e de Apoio a Departamento Jurídico na OAB, Membro convidada da AB2L, Membro do Comitê Jurídico da ABA, atualmente gerente Jurídica na Samsung com passagens pela Natura e bancas jurídicas.

[3] The future of Jobs, p. 36, disponível em: https://www3.weforum.org/docs/WEF_Future_of_Jobs_2020.pdf.

3) Resolução de problemas complexos;
4) Análise e pensamento crítico;
5) Criatividade, originalidade e iniciativa;
6) Liderança e influência social;
7) Uso de tecnologia, monitoramento e controle;
8) *Design* e programação de tecnologia;
9) Resiliência, tolerância ao estresse e flexibilidade;
10) Raciocínio, resolução de problemas e ideação;
11) Inteligência emocional;
12) Solução de problemas e experiência do usuário;
13) Orientação de serviço ou mentalidade de *customer service*;
14) Análise e avaliação de sistemas;
15) Persuasão e negociação.

Na leitura dessas 15 características pensamos "como aplicar isso no meio jurídico?" A resposta é: não existe como não aplicar e adotar no nosso dia a dia. E muitas vezes utilizamos sem sequer dar conta.

O crescente números de *lawtechs* dedicadas a fomentar a tecnologia no mundo jurídico, Fóruns/Grupos de discussão de Tecnologia aplicada ao Direito, eventos e startups de sistemas jurídicos, comprovam que esse mercado é promissor e é a nova realidade. Dessa forma, o profissional hoje que buscamos no mercado não é apenas que tenha conhecimentos técnicos da matéria de Direito e legislação, mas sim o profissional criativo com habilidades que extravasa o que é ensinado na sala de aula. E isso depende muitas vezes do perfil e dos interesses que vão além do Direito.

Alinhados com as habilidades que se espera do profissional de 2025 e unindo algumas características, trazemos alguns exemplos para o nosso dia a dia e o que se espera para cada caso.

1. PENSAMENTO CRÍTICO E INOVADOR COMO FORMA DE SOLUÇÃO DE PROBLEMAS COMPLEXOS

Como advogados, precisamos entender a "dor" de todos os lados da mesa, principalmente do negócio. O advogado de empresa é costumeiramente alocado em uma área de suporte, que deve ter a característica de apontar os riscos, mas jamais a palavra final de impedir um novo projeto.

Essa característica nos leva a pensar em saídas e meios para que o projeto possa ser lançado, seja mitigando os riscos ou com riscos claros para a liderança.

Dicas valiosas nesse quesito são:

- **Participar da reunião de *brainstorming* do projeto**, apoiar no mapeamento dos riscos, ou seja, estar 100% inserido na área de negócio. Tarefa difícil, pois muitas vezes sabemos que as áreas não incluem o jurídico nas reuniões iniciais de projetos, por isso o navegar bem na companhia ou ainda uma comunicação clara e objetiva ajuda muito nesse momento;

- **Sugerir outro modelo de negócio com o mesmo resultado.** Nesse ponto, podem pensar como o jurídico pode fazer isso? Simples, basta entender cada vez mais o modelo de negócio da empresa e com isso te torna capaz de propor alternativas interessantes e viáveis com toda bagagem jurídica que possui;
- **Solicitar um *risk assessment* (avaliação de risco)** de um escritório externo caso haja necessidade de uma segunda opinião e montar uma tabela da forma que seja exposto qual é o problema x risco x sugestão para mitigá-los, ou seja, uma opinião externa mas simplificada para os *top managers* de forma compreensível, por meio de uma leitura na tabela os riscos e opções ficam claros;
- **Estudar e ler sobre assuntos que não são do nosso dia a dia**. Este quesito te permite expandir seus conhecimentos em outras matérias que pode ser uma pergunta de um novo *business* da empresa ou mesmo trazer a aplicação de alguma experiência ao seu dia a dia;
- **Exponha sua opinião ainda que seja na matéria que não é a sua área de atuação**. Exemplo: porque não opinar no modelo de operação logística, nas formas de apuração de evidências, ou naquela área que parece burocrática e que você tem ideias para melhorar o processo?

O advogado apenas consegue criticar ou sugerir soluções inovadoras, se realmente conhecer o negócio ou projeto, e isso inclui ter conhecimento dos processos das áreas envolvidas. É primordial que o conhecimento não seja superficial. Por isso a importância de participar desde o início da criação de projetos e questionar o máximo possível para que o tema realmente fique claro.

2. HABILIDADES OU APREÇO POR TECNOLOGIA

A geração Z e parte da *Millennial* tem isso muito enraizado, já nasceu nesse contexto, mas e as demais? Aqui a máxima é quem não sabe deve buscar meios de desenvolver ou aprender. Hoje a internet tem muito material grátis e disponível e nesse sentido a principal característica aqui é ser curioso e ter iniciativa e disposição para fazer acontecer.

Se o seu departamento jurídico ou escritório não possuem pessoas com essas características a serem desenvolvidas, a sugestão é: Contrate alguém da área de TI, por exemplo, para integrar o time. Essa pessoa será capaz de auxiliar com a parte técnica e poderá despertar em alguém o desejo pela junção Direito + Tecnologia.

Como exemplo prático, já contratamos inclusive um estudante de aviação civil para integrar o departamento e com isso agregar a visão analítica de um futuro aviador para análise dos dados do departamento.

Entendemos que a comunicação com todas as áreas e *top managers* é fundamental no mundo corporativo, e muitas vezes precisamos de dados concisos, objetivos, gráficos, números, materiais que são extraídos de planilhas ou sistemas e desenvolvidos com o design que facilita e muito essa comunicação.

3. LIDERANÇA, INFLUÊNCIA SOCIAL E PERSUASÃO

Uma característica importante nesse perfil é a capacidade do profissional de ser o responsável pelo seu próprio projeto ou demanda e o quanto a influência social pode auxiliar em seus resultados. Na velocidade dos assuntos e a quantidade de projetos e trabalhos absorvidos pelo advogado não se pode esperar um perfil que espere ser demandado ou mesmo controlado.

O advogado tem que tomar o projeto como seu, e controlar do início ao fim, gerenciando seus prazos e urgências, e aqui um ponto importante, quando administramos prazos de terceiros sempre manter os envolvidos informados das expectativas de entregas e inclusive qualquer alteração de prazo, em razão de algum percalço no curso da execução.

Isso faz com que desde o advogado em início de carreira ou até o mais experiente demonstre características de liderança e responsabilidade com as suas entregas e controle de seus prazos.

No quesito influência social vamos ser até mais abrangentes nesse ponto. Já pensou o quanto é importante conhecer o seu público, fazer networking e com isso influenciar pessoas e atingir seu objetivo? Então muito além da definição de influência social, como "prova social", em que uma pessoa repete o comportamento da outra e com isso passa a ter mais credibilidade e confiança, essa habilidade te permite alcançar seu resultado. Isso reforça um pouco o que foi falado anteriormente, sobre navegar bem na companhia e se comunicar com clareza e segurança.

Se você tem, por exemplo, um projeto de implantação de sistema, essa característica te ajudará a buscar os meios e atingir o resultado esperado, conseguindo patrocinadores ou apoiadores. Nesse caso, é muito importante mapear quem pode ser beneficiado, utilizar o perfil de influência para conquistar os apoiadores e com coerência e autoridade persuadir para atingir o objetivo.

Por esse motivo acreditamos que a característica de persuasão pode estar alinhada à influência social, pois é o advogado persuasivo que tem facilidade de se comunicar e bons argumentos para defender suas teses e pontos de vista.

4. RESILIÊNCIA E FLEXIBILIDADE

Aqui vemos uma característica primordial que é a capacidade das pessoas de lidar com problemas, adaptar-se às mudanças, superar os desafios e não desistir.

Em nossa jornada o que mais enfrentamos é a habilidade de lidar com essas características. Em meio às crises que a economia enfrenta, o que impacta de alguma forma as empresas, a capacidade do profissional se reinventar e desempenhar suas atividades com eficiência é o maior desafio.

Nesse âmbito, é importante trabalhar a inteligência emocional e não se frustrar na primeira negativa. Aqui trazemos mais exemplos de como aplicar no dia a dia:

- **Não desista se um projeto na primeira negativa.** Entenda a razão da rejeição e pense se talvez não deva ser novamente apresentado em um novo momento ou com outro formato;
- **Equipe enxuta com muitos projetos e trabalho.** Mapear os processos que podem ser automatizados ou eliminados. Já pensou em reduzir números de contratos repetitivos com sistemas, implementação de manuais, treinamentos e processos que possam reduzir os números de Aditivos (exemplo: utilizar *Scope of Work* ou *opt-in* para os ajustes comerciais);
- **Ver as mudanças como oportunidades e aprendizado não se abalando com as adversidades.**

Desta forma, diante do que comentamos neste capítulo, é o papel do advogado ser estratégico e com forte influência nas tomadas de decisões, por isso a necessidade de expandir seus conhecimentos jurídicos para outras áreas como financeiro, recursos humanos, *marketing* e outros. Alinhando não apenas o conhecimento técnico do profissional jurídico, mas com novas habilidades que o mercado e o cenário atual exige. Sempre se aperfeiçoando e se adaptando ao momento atual.

#comunidades

23 A revolução na comunicação jurídica

https://somos.in/IJCCIP1

Natalia Dias[1]
Pedro Regina[2]
Rodrigo Avila[3]

Para que toda revolução comece é preciso quebrar um paradigma anterior; por este motivo, o início deste capítulo é por meio do QRCode acima contando a nossa história.

A revolução digital que estamos vivenciando migra diariamente a audiência para o *streaming*, e, neste ambiente, os podcasts ganham notoriedade, pois os usuários podem acessar os canais que se identificam, assistir os episódios que lhes interessam, e melhor, na hora que for mais conveniente.

Nesse contexto, encontra-se a possibilidade de um oceano azul[4] de novas formas de explorar a comunicação, inclusive no mercado jurídico. Desse lugar nasceu nosso primeiro *insight*: ser disruptivo na comunicação jurídica, aproveitando o novo momento da comunicação.

Fazer o que todo mundo fazia e na forma que todo mundo já faz, não nos traria novos resultados e não nos levaria ao lugar novo que pretendíamos alcançar, ainda mais em um novo ambiente. Criar um canal de comunicação jurídica que substituísse o tradicional por uma linguagem acessível era a missão do projeto.

---

1 Atuando como Corporate Legal Manager, com foco em empresas em expansão e captação de recursos, com especialização na Escola de Magistratura do Estado do Rio de Janeiro e LL.M em Direito e Negócios pela Fundação Getulio Vargas, Founding Partner e host do Manda pro Jurídico!

2 Managing Partner do Martins Regina Advocacia, eleito pela Análise Editorial como mais admirado no Setor Farmacêutico e também na classificação geral no Estado do Rio de Janeiro, especialização no Sistema Legal Chinês pela Shanghai International Studies University, LLM de Direito e Negócios pela FGV e cofundador do Manda Pro Jurídico!

3 Graduado pelo Pontifícia Universidade Católica do Rio de Janeiro, LLM em Direito e Negócios pela Fundação Getulio Vargas, sócio do escritório Martins Regina Advocacia, atuando como Head de Inovação e Novos Negócios e Cofundador, Host e Sócio do Manda Pro Jurídico Podcast.

4 A estratégia do Oceano Azul, por W. Chan Kim e Renée Mauborgne.

A comunicação jurídica precisava ser transmitida de outra maneira. Outros mercados também conservadores como o financeiro, por exemplo, já estavam simplificando seu lugar de fala para se aproximar das pessoas. Era hora do ambiente jurídico romper essa barreira, simplificando a linguagem do direito para comunicar o público geral. Assim encontramos a linguagem como um pilar na nossa disrupção.

Curiosamente essa foi a decisão mais fácil do projeto. A comunicação acessível já fazia parte da personalidade de cada integrante e se alinhava com o intuito principal de comunicar o direito de forma leve, sendo utilizado até mesmo como canal de entretenimento jurídico, já que a abordagem divertida e casual sempre foi uma tática poderosa para a aproximação entre criador de conteúdo e audiência. Entretanto em alguns meios mais conservadores a tríade comunicação acessível, entretenimento e formato digital seguem sendo tabus dentro do mercado jurídico, apesar da demanda nitidamente presente. E foi justamente pela existência do tabu e pela demanda existente, que o Manda Pro Jurídico! se posicionou nesse espaço.

Em contraste à nossa visão, o ambiente jurídico tradicional seguia usando seus jargões e expressões em latim, como ferramenta de afastamento e elitização do conteúdo. O engessamento do direito precisa se adaptar à nova realidade e atingir pessoas que antes eram afastadas por ele. Linguagens ultrapassadas e obstáculos de formalidades excessivas precisavam ser superadas para que o conhecimento legal pudesse ser disseminado para todos, e não apenas para a comunidade jurídica especializada.

Ter a missão de democratizar a linguagem como meio de acolhimento ao interlocutor foi a peça-chave para satisfazer a nossa visão, que nos trouxe ao momento de cocriar nosso processo de inovar.

Daí surge o Manda Pro Jurídico! podcast, um produto nascido de uma visão coletiva em um ambiente digital, que aposta na acessibilidade da comunicação.

Mas de nada adianta uma boa ideia se ela não for executada. Apresenta-se aqui mais um insight daquilo que se desenhava ser um modelo de negócio ainda pouco explorado na comunidade jurídica.

Para alavancar um projeto é preciso implementar processos, definir um modelo de negócio, traçar estratégias de alcançar as metas e até mesmo desenvolver uma marca.

A marca é um desses ingredientes que tem a responsabilidade de traduzir a mensagem a ser transmitida. No caso do Manda Pro Jurídico!, o nome surgiu de um *brainstorm*, visando conectar a marca à nossa proposta, ou seja, assim que a pessoa ouvir o nome já pode ter uma breve noção da essência do conteúdo.

Nesse cenário, entendíamos que a nossa proposta não se encaixava na forma de comunicar existente no mercado. A partir disso, definimos um pilar da nossa plataforma: o formato podcast, que é um modelo que potencializa a democratização do conteúdo.

Mas, para tanto, era necessário ter consistência e implementar processos para a elaboração de produção de conteúdo semanal em todas as principais plataformas de áudio e vídeo, bem como estar presente nas principais redes sociais e trazendo conteúdos novos. Não é um trabalho simples, e, por isso, é comum vermos projetos interessantes se encerrarem ou não atingirem seus objetivos.

Curadoria de conteúdo, elaboração de pauta, relações institucionais, busca por convidados, participação em eventos, e até mesmo preocupação com edição, qualidade de áudio e vídeo são habilidades essenciais para o sucesso do projeto, mas não exploradas nas nossas formações acadêmicas de profissionais do direito, e assim, tivemos que buscar soluções para tais deficiências.

Nesse momento, concluímos que o projeto demandava mais uma habilidade complementar à nossa dinâmica. Até aqui já tínhamos a ideia, o conteúdo, a linguagem e o formato, mas nos faltava a estratégia digital para propagar o projeto nas redes sociais.

Dessa reflexão surgiu mais uma necessidade a ser sanada: buscar uma profissional para desenvolver e aplicar nossa estratégia digital e melhor comunicar nossas ideias para a audiência.

O *catching* aqui, ou famoso "pulo do gato" é: encontrar as pessoas certas com a expertise necessária ao projeto e complementar à sua deficiência.

O quarto elemento do time estava definido, e, assim, o produto ia cada vez mais tomando a forma ideal, como um organismo vivo.

A visão multidisciplinar do time tornava mais completo e natural o desenvolvimento do projeto, resultando em algo fluido, já que todos os envolvidos estavam cientes de seus papéis dentro do projeto.

O momento que estamos vivendo está sendo um produto de mais um insight que temos para vocês: o negócio conversa com você! Ele te mostra as demandas e cabe aos envolvidos no projeto "responder os chamados" com as soluções necessárias. Aqui está o segredo do crescimento, nos espaços de desenvolvimento percebidos pela sensibilidade profissional e pelos dados coletados por meio dos programas específicos e estatísticas fornecidas pelas próprias redes sociais.

O segundo passo é se organizar internamente para que a equipe execute de forma dinâmica suas atribuições. A cada etapa consolidada, novos desafios eram impostos e a evolução da plataforma de comunicação era aprimorada. Nesse cenário, vimo-nos como "meio" para comunicar outras inovações jurídicas, afinal somos produto desta mesma inovação.

Assim, estabelecida a métrica, formato e linguagem, era necessário consolidar nossa comunicação estreitando laços por meio de *networking*, participando de eventos, sendo embaixador de grandes associações e convidado de feiras especializadas, sempre visando parcerias e colaborações com outros players do mercado para tornar o Manda Pro Jurídico! um HUB de comunicação e entretenimento jurídico para negócios e inovação.

Como é de se notar, todo projeto em fase embrionária vai gerar dúvidas, trazer dificuldades, pessoas vão desistir, projetos empacarão, desincentivos ocorrerão, mas o oceano azul só aparece após passar pela "zona de arrebentação", ali é onde os negócios acontecem, saiba que a estrada é longa, mas aos que persistirem o sucesso estará logo ali.

#gestão jurídica

24 O papel do gestor jurídico na criação de uma cultura voltada à inovação

Gabriela Bratkowski Pereira[1]

Trabalhar em departamento jurídico pode ser desafiador. Os advogados internos lidam com demandas de trabalho expressivas e diversas, que exigem um perfil generalista e um enorme repertório técnico e transdisciplinar. Some-se a isso a sempre presente necessidade de se fazer mais com menos e está lançado o desafio.

Inovar é uma das maneiras de se lidar com essa realidade, já que a inovação pode aumentar a eficiência e qualidade dos serviços prestados, além de permitir a exploração de cenários e a adaptação a mudanças internas e externas.

Há diversas maneiras de se aplicar inovação em departamentos jurídicos, com ou sem investimento financeiro, com ou sem uso de tecnologia. Mas há um elemento que não pode faltar: criatividade como a habilidade de pensar a partir de uma nova perspectiva para encontrar soluções inovadoras aos problemas enfrentados.

Para ser uma pessoa criativa é importante ter curiosidade, flexibilidade de pensamento, coragem para experimentar e persistência para lidar com os desafios. Pode-se desenvolver a criatividade de diferentes maneiras:

- observando atentamente o mundo ao redor, buscando enxergar detalhes que outras pessoas possam não ter percebido e que têm potencial de gerar novas ideias;
- experimentando coisas novas, que aumentem o repertório e levem a novas soluções criativas;
- colaborando ou trabalhando com pessoas que tenham habilidades e perspectivas diferentes.

Assim, a criação de um ambiente de trabalho colaborativo, aberto a ideias, que estimule a experimentação e seja tolerante ao erro é essencial ao desenvolvimento da criatividade e à inovação. Apoiar na criação desse ambiente é um dos papéis mais importantes do gestor jurídico.

---

[1] Advogada. Gerente Jurídico na Lojas Renner S.A. Cofundadora da Comunidade Legal Operations Brasil. Mentora e Coordenadora do grupo técnico "Gestão e Inovação" na Women in Law Mentoring. Formada em Direito pela PUCRS, possui MBA Executivo pela Universitat de Barcelona e pós-graduação em Direito dos Negócios e em Design de Interação e Design de Serviços pela UNISINOS.

Com esse objetivo e tendo como referência as guildas do modelo *Spotify*, foi criado, em 2018, um grupo voltado para inovação dentro do nosso Jurídico ("Grupo de Inovação" ou "GI").

O GI foi inicialmente composto por advogados representantes de cada área do Jurídico (cível, trabalhista, tributário, contratos e controladoria), de forma a garantir que todos os desafios e oportunidades existentes no departamento chegassem ao seu conhecimento. Ele tinha uma dupla função, pois além de trazer inovação para o departamento jurídico, ele seria um laboratório para experimentação.

Nesse aspecto, seriam testados modelos e ferramentas pouco explorados na estrutura corporativa e no segmento jurídico. Em razão da sua contribuição para a criação de uma cultura voltada à inovação, os primeiros modelos e ferramentas testados foram: times autogerenciáveis e dinâmicas de facilitação.

Times autogerenciáveis são grupos de profissionais que têm autonomia e responsabilidade para planejar, executar e monitorar as atividades relacionadas aos projetos ou processos em que estão envolvidos. É uma estrutura de trabalho caracterizada pela colaboração entre os membros da equipe, pela tomada de decisões de forma compartilhada e pela ausência de hierarquia rígida.

A importância dos times autogerenciáveis para o processo de inovação se dá, principalmente:

- por não existir uma hierarquia rígida que define como as coisas devem ser feitas, o que permite que a equipe seja mais ágil e se adapte mais rapidamente às mudanças;
- pela sua capacidade de fomentar a criatividade e a colaboração entre os profissionais;
- por promover o desenvolvimento de habilidades e competências dos profissionais envolvidos, ao oportunizar que cada membro da equipe assuma diferentes papéis e desafios e aprenda com essas experiências.

Já as dinâmicas de facilitação são ferramentas que: (i) auxiliam no fortalecimento do trabalho em equipe, ao envolver todos os membros em atividades colaborativas e desenvolver um senso de pertencimento; (ii) melhoram a comunicação, ao incentivar a expressão de ideias e opiniões diferentes e promover discussões estruturadas e construtivas; (iii) estimulam a criatividade e o pensamento crítico para resolver problemas e alcançar objetivos específicos; e (iv) aumentam a motivação e o engajamento por serem uma maneira divertida e envolvente de trabalhar em equipe.

Assim, já no primeiro encontro, se decidiu que o GI atuaria no modelo de time autogerenciável e utilizaria de dinâmicas para definir seu propósito, princípios, participantes, estrutura e práticas.

Definiu-se, então, que o propósito principal do GI seria criar uma cultura de inovação por meio de práticas como "aprender fazendo", compartilhar conhecimento e ideias, estimular o debate, identificar problemas e buscar soluções. Para tanto, seria necessário assumir uma postura (princípios) de incentivar a mudança, ter coragem de arriscar, aprender a comunicar novas ideias, não ter melindres nem apegos e jamais criar obstáculos à inovação.

No livro *Roube como um artista*[2], Austin Kleon diz que "todo trabalho criativo é construído sobre o que veio antes, nada é totalmente original". E complementa: "se estivermos livres do fardo de ser completamente originais, podemos parar de tentar construir algo do nada e abraçar a influência ao invés de fugirmos dela". Esse foi o mote para a Fase 1 do GI.

FASE 1 – APRENDENDO NA TEORIA

Dentro do propósito do GI de criar uma cultura de inovação, a primeira fase foi dedicada a estudar as mudanças sociais e as novas tecnologias e compreender como elas impactariam o trabalho do Jurídico. Os temas escolhidos foram *blockchain*, inteligência artificial, direito digital, *Legal Operations*, *Legal Design*, métodos ágeis e habilidades do advogado 4.0.

Cada membro do GI escolheu um tema para estudar e apresentar ao Jurídico. Essa apresentação geral ao departamento tinha dois objetivos: gerar conhecimento sobre o tema em si e promover uma cultura de inovação, ou seja, que todos entendessem a importância de se acompanhar a inovação no mercado jurídico e no segmento em que a organização está inserida.

Nessa primeira fase, também se buscou aprender com outras áreas e empresas. Colegas de áreas criativas da empresa compartilharam conhecimento com o Jurídico por meio de dois workshops, um voltado para *Visual Thinking* e outro para Times Ágeis. E empresas que tinham projetos relevantes de inovação foram ouvidas para que se pudesse aprender com quem já estava fazendo.

Com esse movimento simples de buscar referências e ampliar o olhar dos advogados, foram dados passos importantes na organização do trabalho e na criação de um ambiente mais aberto à inovação:

- a área de Controladoria expandiu para uma área de *Legal Operations*, indo além das questões financeiras e orçamentárias e assumindo atividades relacionadas à implementação de tecnologia e melhoria de processos;
- os primeiros projetos de *Legal Design*, aplicado a contratos e ao contencioso, foram implementados;
- as equipes passaram a utilizar ferramentas e práticas da metodologia ágil, como kanban, reuniões diárias curtas e reuniões de planejamento.

Já mais abertos ao novo e animados com os resultados obtidos, o GI passou, então, a sentir necessidade de uma atuação mais prática.

FASE 2 – DA TEORIA À PRÁTICA

A fase 1 do GI havia sido mais teórica do que prática. Era importante assimilar conceitos, nivelar conhecimento, buscar referências. Na fase 2, o time já estava mais maduro e engajado,

---

2 KLEON, Austin. *Roube como um artista*: 10 dicas sobre criatividade. Rio de Janeiro: Rocco, 2013.

disposto a colocar o conhecimento adquirido em prática. Assim, o foco passou a ser apoiar o Jurídico em implementar ideias e projetos.

Novamente, se utilizou de dinâmicas para identificar as principais dores do departamento e definir que projetos deveriam ser priorizados, tendo sido escolhidos os projetos *data driven*, voltado à melhoria dos nossos dados de contencioso, e "gestão do conhecimento", cujo objetivo era garantir que o conhecimento gerado por uma pessoa fosse e permanecesse acessível a todos.

Por afinidade e escolha, o time se dividiu para apoiar a implementação desses projetos com colegas das áreas técnicas.

Essa nova fase do GI demandava maior dedicação de cada um, trazendo à tona questões relevantes como disponibilidade de tempo, alinhamento de prioridades e conhecimento sobre gestão de projetos, as quais não haviam recebido a atenção necessária inicialmente. Por isso, embora tenha havido avanços nos temas "gestão do conhecimento" e "gestão de dados", a fase 2 trouxe menos resultados e mais aprendizados, que seriam aplicados na fase 3 do GI.

E, então, em 2020, sobreveio a pandemia.

FASE 3 – LIDANDO COM O IMPREVISTO

Na fase 3, todos os projetos não essenciais foram pausados para que os membros do Jurídico, e do GI, pudessem focar nas constantes mudanças legislativas e nas necessidades de negócio decorrentes da pandemia da Covid-19.

Mas essa é a vantagem de um grupo autogerenciável e criativo. O GI sabia que o tema inovação era ainda mais necessário em momentos como esses, em que era preciso pensar de forma diferente e buscar soluções para problemas nunca vistos.

Assim, passada a fase crítica da pandemia, o GI se adaptou às circunstâncias, mantendo o foco no negócio, mas trazendo escritórios parceiros especializados para fazer o papel antes assumido por ele: compartilhar conhecimento em inovação e novas tecnologias.

Além disso, se percebeu que as fases anteriores, indiretamente, haviam criado bases importantes para o novo modelo de trabalho remoto que passou a ser adotado, visto que já haviam sido implementadas: ferramentas online para gestão das tarefas e para comunicação; melhorias à rede interna, que possibilitava encontrar documentos sem necessidade de acessar outros colegas; e uma abertura ao novo e ao aprendizado contínuo.

E essa foi a grande entrega do GI, aquela que de fato ele se propôs a entregar: uma cultura de inovação.

FASE 4 – GERENCIANDO A INOVAÇÃO

A fase 4 do GI é a que consolida isso. Todas as equipes do Jurídico possuem projetos de inovação rodando de forma independente. Há projetos para implementação de tecnologia na área de contratos, para melhoria de dados e indicadores na área de contencioso e para gestão de consultas envolvendo todas as áreas do Jurídico. Em todos os projetos, os times técnicos trabalham em colaboração com a área de *Legal Operations*.

Assim, na fase 4, o GI assume uma posição menos ativa e mais gerencial, buscando acompanhar a evolução dos projetos e do tema "inovação" no departamento, para atuar pontualmente e tempestivamente quando necessário.

O caso relatado aqui demonstra como é possível trazer inovação para dentro dos departamentos jurídicos mesmo quando se acredita que não há verba ou tempo suficiente. Há muitos recursos *online* gratuitos e muitas pessoas disponíveis para compartilhar aprendizado e apoiar no processo. Muitas vezes, poucos minutos por dia ou poucas horas por mês são suficientes para preparar as pessoas para os desafios do futuro e engajá-las na implementação de melhorias importantes para o trabalho.

Gerar uma cultura voltada à inovação é um processo contínuo, que requer insistência, resiliência, engajamento de toda a equipe e uma liderança forte. Para alcançá-la em sua organização, é importante:

- **criar um ambiente de trabalho colaborativo** – incentive a comunicação aberta e a troca de ideias e de conhecimento entre os membros da equipe. Crie espaços de trabalho compartilhados e promova a colaboração entre diferentes departamentos e áreas da empresa;
- **viabilizar a experimentação** – crie um ambiente em que os membros da equipe possam experimentar novas ideias e soluções, mesmo que elas não tenham sucesso imediato. Incentive o teste de novas tecnologias, metodologias e processos e que os erros sejam vistos como aprendizado. Lembre-se de que viabilizar é garantir que as pessoas terão o tempo e o recurso necessários para fazer isso acontecer;
- **valorizar a criatividade e a inovação** – reconheça e valorize as ideias inovadoras e criativas dos membros da equipe, mesmo que elas não sejam implementadas. Isso incentiva a equipe a buscar oportunidades de inovar;
- **estar aberto a mudanças** – esteja aberto às mudanças e adaptações necessárias para incorporar as ideias criativas, e àquelas que certamente acontecerão ao longo dos projetos;
- **divertir-se no processo** – lembre-se de que, em muitos casos, as ações de inovação são esforços adicionais às atividades de trabalho, assim, busque usar do humor e de recursos divertidos para manter as pessoas engajadas.

É assim que o gestor jurídico assumirá um papel importante na criação e manutenção de uma cultura voltada à inovação que ajudará o departamento jurídico a se manter atualizado e relevante em um mercado em constante transformação.

#gestão jurídica

25 A importância de uma mentalidade ágil e focada em entregas rápidas, num processo de melhoria de gestão

Luis Gustavo Potrick Duarte[1]
Tales Calheiros Pinheiro Riomar[2]

Quando pensamos em gestão, uma das primeiras palavras que deve vir em nossa mente é **organização.**

Desde começar uma simples tarefa rotineira até definir metas crucialmente importantes, quando lidamos com gestão de equipe precisamos, necessariamente, **organizar as tarefas e atividades envolvidas,** de modo a conseguirmos definir fluxos de trabalho e seus cronogramas de implementação e execução.

Ter essa premissa em mente é fundamental para desenvolver e inovar no departamento jurídico, uma vez que inovar é um processo, em que é preciso conhecer o estado e o nível de maturidade organizacional em que se encontra, para então, com conhecimento e experiência adquiridos, trazer ideias, serviços e produtos não existentes na organização, mas que possuem a capacidade de gerar um ganho produtivo e, consequentemente, de receita (processo de inovação radical) ou melhorar as ideias, serviços e produtos já existentes, por via do aperfeiçoamento dos fluxos de trabalho, controles internos e ferramentas de gestão já internalizados (processo de inovação incremental).

No caso da INFRAERO, a parceria com uma startup do ramo de consultoria em planejamento e inovação jurídica trouxe muitos ganhos, justamente **no desenvolvimento e implementação do processo de inovação, focado na criação de uma gestão jurídica voltada para resultados.**

A mentalidade de entregas rápidas, de aceite de riscos controlados, de adaptação e melhoria dos processos, de forma contínua e de foco em metas ambiciosas, mas realizáveis, trouxe um ganho significativo no processo de redesenho da gestão jurídica da INFRAERO.

Startups trabalham em ambientes mercadológicos altamente competitivos, muitas vezes, disruptivos, com alto grau de incerteza, em relação ao sucesso do negócio e, em sua grande maioria, pelo menos em seu início, são extremamente dependentes de aportes financeiros de

---

[1] Pós-graduado em Direito Público. Pós-Graduado em Gestão de Negócios, com Foco em Competências Comportamentais. Professor parceiro, na Future Law. Gerente de Operações Legais, na INFRAERO.

[2] Engenheiro de Produção, UFRJ. Diretor de Projetos do Studio by Future Law. Responsável por implementação de eficiência e transformação de rotinas jurídicas.

investidores externos. Todos esses fatores demandam uma gestão focada em resultado e guiada por dados e informações (*data driven*), de modo que consigam acompanhar, de forma cotidiana, o desempenho de seu negócio e, ao mesmo tempo, que possibilite a geração de informação relevante acerca da saúde do negócio, a ser compartilhada com os investidores.

Esse pensamento de gestão, focada em resultado e guiada por dados e informações (*data driven*), permitiu uma mudança de mentalidade na área jurídica onde os gestores passaram a ter consciência que todas as suas definições de estratégias e processos de tomada de decisão deveriam ser sempre pautadas em dados e voltados para resultados – números são objetivos e mensuráveis.

Com essa mentalidade definida e incorporada pelos gestores jurídicos, passou-se a olhar para as principais dores do departamento jurídico, de modo a permitir a criação de processos de inovação que trouxessem ganhos na análise dos dados e nos resultados, uma vez que para qualquer organização, tempo e dinheiro são fatores críticos que precisam ser utilizados para justificar investimentos e iniciativas.

Assim, desenvolveu-se uma metodologia de execução de projeto pautada em um estudo prévio, o qual buscava identificar as oportunidades existentes dentro da operação jurídica da INFRAERO, que pudessem gerar um ganho na capacitação e um engajamento constante dos colaboradores (foco nas pessoas), um aprimoramento dos fluxos de trabalho, dos processos de análise de dados e tomada de decisões para refinamento estratégico (foco nos processos), e implementação de novas ferramentas tecnológicas, adaptadas às necessidades do jurídico e que pudessem, na medida do possível, automatizar as tarefas repetitivas não essenciais. Essas implementações e melhorias deveriam sempre considerar o maior retorno financeiro possível no menor prazo exequível, numa clara estratégia de sucesso do projeto: o investimento inicial deveria gerar resultados que financiariam fases subsequentes, ou seja, deveria ser sustentável.

Focando, inicialmente, na melhoria da gestão de pessoas, optou-se por começar qualificando os líderes da área jurídica, no conhecimento e aplicação das melhores práticas e ferramentas de gestão, voltadas para a área jurídica.

Assim, dentro do escopo do serviço contratado junto à consultoria, disponibilizou-se para os gestores da área jurídica da INFRAERO, em parceria com a *EdTech* Future Law, o curso de *Legal Operations*, estabelecendo-se o prazo de 2 (dois) meses para a conclusão do curso e avaliação de conhecimento adquirido. Com isso, os gestores foram capacitados em técnicas e conhecimentos especializados na gestão jurídica e, ao mesmo tempo, criou-se um ambiente propício para a inovação jurídica que permitiria à consultoria implementar novas e melhores ferramentas para a gestão.

Em paralelo, a consultoria realizou, junto às lideranças técnicas (lideranças por *know how*) indicadas pelos gestores, das três gerências jurídicas existentes, à época, uma pesquisa de clima organizacional, na qual buscou-se identificar o nível motivacional e de engajamento dos colaboradores entrevistados, além das principais dores e possíveis pontos de melhoria, na gestão à época.

Com o resultado da pesquisa em mãos, os gestores da área jurídica tiveram um diagnóstico geral de clima organizacional, que permitiu uma atuação e assunção de compromissos viáveis, junto aos líderes técnicos, em busca de soluções para os problemas narrados, além da implementação das melhorias sugeridas, dentro das possibilidades de sua implementação. Isso gerou a criação de um elo de confiança entre a gestão e os líderes técnicos, que permitiu a sedimentação de um terreno fértil para uma mudança mental e comportamental da equipe, uma vez que essas lideranças técnicas, por possuírem um relevante grau de influência sobre os demais colaboradores da área jurídica, acabariam por avalizar a implementação das novas metodologias e ferramentas de gestão, idealizadas pelos consultores e gestores jurídicos, e tornando-se verdadeiros porta-vozes junto às suas equipes.

No âmbito da melhoria dos processos, optou-se por um mapeamento dos fluxos de trabalho, processos de tomada de decisões e definições de estratégias já existentes na área jurídica, por via de reuniões breves, com duração entre 30 e 40 minutos, entre os líderes e executores internos do projeto e os consultores da startup. O resultado dessas reuniões iniciais foi a identificação de oportunidades de melhoria no gerenciamento da carteira de processos judiciais da empresa, nas rotinas e nos fluxos de trabalho das equipes, além da necessidade de criação de critérios objetivos, de análise de desempenho e mensuração de resultados.

Tratando especificamente da criação e implantação de processos de análise de desempenho e mensuração de resultados, de forma objetiva, o desafio era imenso.

Foi preciso mudar a mentalidade da equipe, de modo a demonstrar que a atuação jurídica não poderia ser mais isolacionista e nem um fim em si mesmo: uma boa atuação jurídica deveria ser aquela que, além de pautada numa elaboração de petições e manifestações jurídicas qualificadas e técnicas, também deveria trazer resultados que estivessem alinhados com os objetivos estratégicos da empresa. Para isso foi necessário entender, dentre os objetivos estratégicos da organização, quais eram aqueles que a atividade jurídica poderia, de alguma forma, contribuir para a sua realização.

Analisando-se o Mapa Estratégico da INFRAERO, para o período de 2021 até 2025, chegou-se à conclusão que a área jurídica deveria alinhar-se, diretamente, ao Objetivo Estratégico Primário 07 – "Garantir a sustentabilidade econômico-financeira dos negócios", ao Objetivo Estratégico Secundário 05 – "Racionalizar custos e despesas" e ao Objetivo Estratégico Secundário 06 – "Otimizar receitas"[3].

Com esses objetivos estratégicos em mente definiu-se a metodologia de avaliação por resultados focada nos OKRs (*Objectives and Key Results* – Objetivos e Resultados Chaves)[4], como a melhor ferramenta de gestão, para conseguir uma avaliação por resultados que estivessem alinhados com os referidos objetivos estratégicos. O próximo passo foi a definição

---

[3] Sem prejuízo da área jurídica também se esforçar, dentro das suas competências, no atendimento dos demais objetivos estratégicos.

[4] Para maiores informações conceituais sobre OKRs recomenda-se a leitura do livro *Avalie o que importa*: como o Google, Bono Vox e a Fundação Gates sacudiram o mundo com os OKRs, de John Doerr.

dos objetivos estratégicos do Jurídico e como avaliá-los de forma objetiva, mensurável e validável, evidenciando o alinhamento com os objetivos maiores da empresa.

Assim, em trabalho conjunto com a consultoria, desenvolveu-se um projeto piloto de avaliação por OKRs, apenas para as atividades de contencioso judicial, em uma gerência existente, à época, no qual delimitou-se, para cada advogado(a), os seguintes objetivos: "Orgulhar a Superintendência com o alívio no caixa" e "Ser reconhecido como um(a) advogado(a) de ótimos resultados". Tais objetivos possuíam alinhamento com a ideia central de garantir a sustentabilidade econômico-financeira da empresa, na medida em que buscavam melhorar a relação receitas/despesas, ao mesmo tempo em que buscaram uma melhoria na atuação judicial rotineira dos(as) advogados(as), de forma a incentivar um maior conhecimento da sua carga processual e, como consequência, permitir uma atuação mais qualificada e constante, o que, indiretamente, acabou por gerar resultados financeiros positivos[5].

Após a implantação dessa metodologia, a partir do dia 16 de maio de 2022, os resultados logo começaram a aparecer. Com o fim da 3ª semana de implantação dos OKR's, apenas no âmbito da gerência escolhida para o projeto piloto, a diminuição do tal provisionado foi de R$ 1.710.030,43; 52 processos foram encerrados, internamente; 40 decisões favoráveis à INFRAERO, obtidas no período; 12 processos que estavam conclusos com os magistrados, por mais de 180 dias, receberam novo andamento e providências.

Com essa nova mentalidade de gestão por resultados, associada às melhorias nas práticas envolvendo os processos e procedimentos internos da área jurídica, a visão geral da empresa sobre o departamento deixou de ser "apenas uma área que representa um centro de custo" para uma área parceira e fundamental, na realização dos objetivos estratégicos da empresa.

Por fim, avaliou-se o nível automação e capacidade de geração de dados, das ferramentas tecnológicas utilizadas pela INFRAERO, chegando-se à conclusão de que o *ERP* jurídico utilizado, à época, encontrava-se obsoleto. Era necessário a contratação de um *software*, na modalidade SAAS (*software as a service*), que fosse mais automatizado e gerasse dados e informações mais confiáveis.

Com esse foco em mente, lançou-se um processo licitatório, que culminou com a contratação de uma solução tecnológica moderna, automatizada e com um nível de confiabilidade, dos dados e informações gerados, muito superior à solução anterior.

O rápido diagnóstico, mudança de mentalidade, melhoria e implantação de ferramentas e metodologias, bem como o consequente surgimento de resultados expressivos, na gestão das pessoas, dos processos e das ferramentas da área jurídica da INFRAERO só foi possível, em tão pouco tempo, com a mentalidade de entregas rápidas, metodologias ágeis e obtenção de resultados mensuráveis e objetivos, típicas de uma startup, trazidas pela consultoria.

---

5 À medida que o(a) advogado(a) despacha um processo que está concluso com o magistrado gera a possibilidade de uma decisão judicial, a qual poderá refletir um resultado financeiro e uma possível reavaliação do risco processual, trazendo como consequência a possibilidade de mudança no provisionamento; quando o(a) advogado(a) finaliza, internamente, um processo judicial já apto ao encerramento, há exclusão do provisionamento, caso esse processo possuísse uma classificação de risco, que gerasse o contingenciamento de valores.

Trabalho sólido realizado internamente pela superintendente à época, Emanuelle Weiler, garantiu alinhamento pleno de expectativas entre a Diretoria e todas as gerências durante esse processo de transformação. Na atuação da consultoria, orientações estratégicas foram desenvolvidas pelo Christiano Xavier (CEO, advogado) e Fernando Xavier (Diretor de projetos à época, advogado), com uma execução contínua de uma equipe enxuta, multidisciplinar, com formações em engenharia e direito. Não seria possível cumprir e superar as metas acordadas sem a dedicação do Daniel Flórido (engenheiro), Eduardo Menezes (engenheiro), Arthur Magnus (advogado), Matheus Martins (engenheiro) e Gabriela Kruschewsky (advogada).

Com toda essa equipe e resultados apresentados demonstrou-se, em números, o sucesso do projeto e, como todos sabem, números não mentem.

#gestão jurídica

26 A era digital e o consultivo trabalhista: um olhar para o cliente final e para o controle dos dados da instituição

Eduardo Fiorucci[1]
Guilherme Leonel[2]

Em um mundo em constante transformação, novas tecnologias tornam-se cada vez mais acessíveis a todo perfil de usuário e de indústria. Grandes revoluções vêm acontecendo em diversos campos dos negócios como as Fintechs, ChatGPT e Metaverso, para citar alguns. E, nesse sentido, o universo jurídico também se encontra em evolução nos seus processos internos, nas suas ferramentas e na forma de buscar maior eficiência operacional.

Trabalhar com consultivo trabalhista é olhar todos os dias para as dores dos nossos clientes internos, além de lidar com informações extremamente relevantes e, na maioria das vezes, de cunho confidencial.

Partindo de tais premissas, parece óbvio que o e-mail não é a ferramenta adequada para trabalhar com um tema que é de extrema importância, pois além das informações ficarem restritas à caixa do colaborador que respondeu a consulta, que pode um dia deixar a instituição, trata-se de meio frágil que, por algum *bug*, pode comprometer o histórico de anos de trabalho.

De acordo com uma pesquisa da Productiv[3], grandes organizações usam em média 254 aplicações SaaS dentro do seu negócio, ou seja, dentro da empresa rodam mais de duas centenas de sistemas e *softwares*, fazendo com que os dados da empresa e dos negócios fiquem totalmente fragmentados em silos e caixinhas diversas. Cabe ressaltar que grande parte deste número se refere a sistemas de back-end e que dão suporte às estruturas de tecnologia das empresas, mas ainda assim, a realidade é que os colaboradores usam em média 3 a 5 sistemas

---

1 Advogado formado pela FADISP (Faculdade Autônoma de Direito), possui MBA executivo pelo Insper e conta com mais de 18 anos de atuação na área jurídica. Ao longo de sua carreira, Eduardo trabalhou em escritórios de advocacia de renome, como Arruda Alvim e Tozzini Freire e há 12 anos atua no segmento bancário, passando por instituições como Banco Cetelem, Banco Fibra e desde 2015, Banco Bmg, onde atua no cargo de Superintendente Jurídico, sendo responsável pelas áreas de eficiência jurídica, contencioso cível e contencioso trabalhista.

2 Advogado e empreendedor, Fundador da Asklisa e da Lex Design. Atuou em escritórios, empresas e startups e dedica seu tempo livre para cuidar de seus 2 filhos. Possui Mestrado em Finanças pela Universidade de Londres, estudou LLM – Mercado de Capitais pelo Insper e graduou-se na Facamp. Coordenador do Legal Hackers, é professor convidado da PUC-Campinas e Escola Paulista de Direito.

3 Productiv's State of SaaS Sprawl Report, 2021.

diferentes para poderem realizar suas tarefas. E isso faz com que seja muito difícil, no final do dia, encontrar alguma informação pois ela geralmente está quebrada ou espalhada em diferentes sistemas da empresa.

Conforme constatou a McKinsey[4], uma das maiores consultorias empresariais do mundo, colaboradores gastam 20% do tempo de trabalho durante a semana somente para procurar informações internas ou pedindo ajuda para colegas sobre as informações não encontradas. Boa parte dessa falta de informação se dá pela razão acima em que a empresa possui inúmeros sistemas e a cadeia de informação está espalhada em diversos desses sistemas.

Em adição aos problemas acima, a Asana[5] publicou também um relatório informando que cada colaborador gasta, em média, 6 semanas por ano refazendo tarefas, e-mails, pareceres, relatórios, apresentações ou qualquer outra demanda que já tenha sido realizada em algum momento anterior por algum outro funcionário. Como a informação não está organizada e seu acesso não é fácil e/ou rápido, o próprio colaborador acaba por refazer o trabalho. Desse modo, quase 13% do trabalho de cada colaborador é gasto refazendo trabalhos que já foram feitos.

Dessa maneira, para além da dificuldade em não acessar as informações nas caixas postais de antigos colaboradores e em diversos outros sistemas da companhia, cada colaborador gasta 20% do seu tempo procurando a informação que precisa e, como não a encontra, desperdiça mais 13% para refazer o que não encontrou. Em resumo, o colaborador desperdiça quase 1/3 do seu tempo com falta de produtividade e desorganização de dados somente na busca de informações.

Então a pergunta que fica é: qual seria a melhor ferramenta para fazer a gestão de consultas trabalhistas?

Antes de responder tal pergunta, é preciso se lembrar que o jurídico deve atuar como parceiro do negócio, o que implica dizer que, na implementação de qualquer ferramenta ou fluxo de trabalho, deve ser analisado se aquela solução trará mais facilidade ou um novo ônus aos clientes internos.

O jurídico deve ser visto pelas áreas parceiras e clientes internos como o departamento que trará solução aos problemas que serão apresentados, sempre com celeridade e não como uma área burocrática, que apresenta mais empecilhos do que resoluções.

De acordo com a pesquisa da Genesys[6] – The State of Customer Experience, 71% dos líderes de negócios priorizam plataformas com experiência do cliente integrados. De acordo com a pesquisa, implementar uma plataforma que integre sistemas é uma prioridade de 2023 para melhor visibilidade da organização como um todo, melhorando a experiência de omnicanalidade (omnichannel) e a interação de dados de todos os usuários.

---

4 McKinsey Report, The Social Economy: Unlocking value and productivity through social technologies, 2021.

5 Asana Anatony of Work Index, 2022.

6 Genesys – The State of Customer Experience Report, 2021.

Dessa maneira, construir uma solução que pense na experiência e na integralidade do cliente é fundamental para conseguir realizar o devido engajamento da plataforma dentro da organização.

Assim, a resposta ao questionamento acima é: A melhor ferramenta para fazer gestão de consultas trabalhistas é aquela que não demanda uma adaptação do cliente interno ao novo sistema!

Com essa metodologia de trabalho, foi implementado no Bmg a plataforma da askLisa que, por meio de API (Application Programming Interface), instalou um *bot* no Microsoft Teams da instituição, *software* que é de uso comum no Banco Bmg, para centralização das demandas de consultas trabalhistas.

Ao interagir com o *Bot* (denominado Lisa) via Microsoft Teams, o cliente consegue acompanhar consultas em aberto, consultas concluídas (a fim de não questionar sobre um tema que já foi objeto de análise pelo jurídico), como também pode abrir uma nova consulta, tudo de forma fácil e intuitiva. Vejamos:

Imagem 1: Parte ilustrativa do sistema de propriedade askLisa

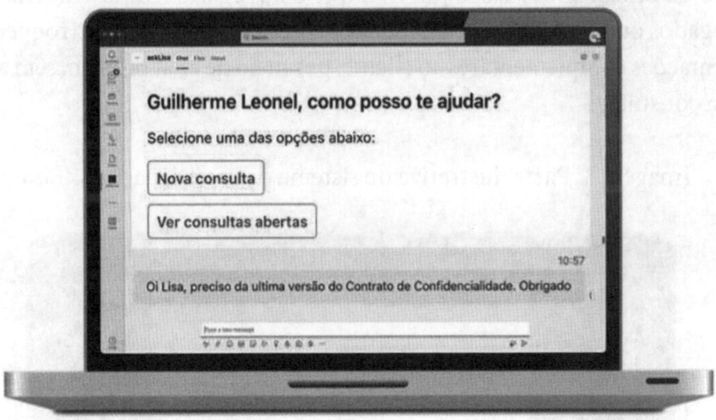

Fonte: Elaborada pelo autor Guilherme Leonel.

Ao formalizar a consulta, esta é direcionada para a plataforma externa da askLisa que, por meio de robôs inteligentes, distribui a demanda para um dos integrantes do time de advogados, conforme o número de demandas que cada um possui/possuiu em sua esteira de atuação:

Imagem 2: Parte ilustrativa do sistema de propriedade askLisa

Fonte: Elaborada pelo autor Guilherme Leonel.

Quando da atuação no caso, é possível que o advogado troque informações com os demais advogados ou gestor, sem a visibilidade do demandante, ou que troque mensagens e solicite informações complementares ao cliente, por meio de chat próprio, sem a necessidade de finalizar a consulta:

Imagem 3: Parte ilustrativa do sistema de propriedade askLisa

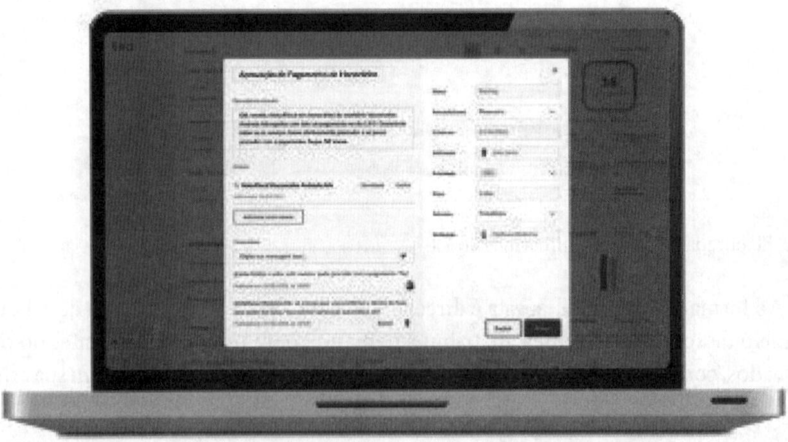

Fonte: Elaborada pelo autor Guilherme Leonel.

Tendo todos os elementos necessários para atuação no caso, a consulta é respondida pelo Advogado na plataforma externa da askLisa, ao passo que a resposta é enviada ao cliente final no próprio chat do Microsoft Teams:

Imagem 4: Parte ilustrativa do sistema de propriedade askLisa

Fonte: Elaborada pelo autor Guilherme Leonel.

Além disso, é disponibilizado ao gestor do jurídico o *dashboard* para acompanhamento dos indicadores da área, possibilitando mensurar o número de consultas abertas, número de consultas respondidas, a distribuição das demandas entre os advogados, as áreas que mais demandaram etc.:

Imagem 5: Parte ilustrativa do sistema de propriedade askLisa

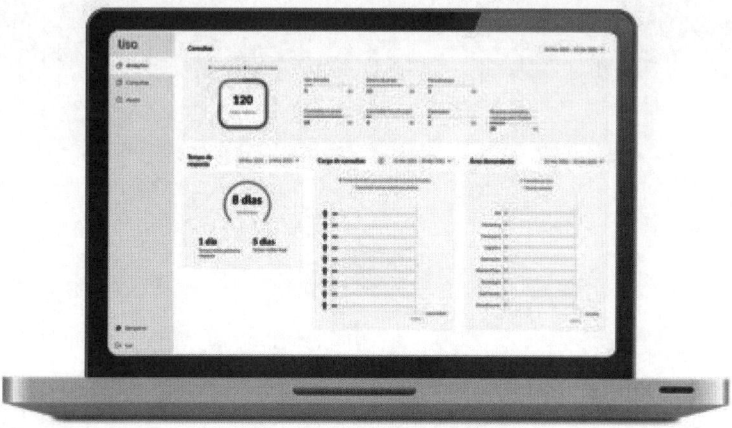

Fonte: Elaborada pelo autor Guilherme Leonel.

Em pesquisa de satisfação realizada pelo jurídico junto aos clientes, em que estes tiveram a oportunidade de avaliar a área consultiva trabalhista nos pilares de *parceiro de negócio, objetividade e celeridade*, o consultivo trabalhista foi agraciado com a nota "supera as expectativas".

Diante do exposto, a implementação do portal da askLisa foi um case de grande sucesso para o jurídico trabalhista, pois além de automatizar o fluxo de distribuição das consultas, trouxe segurança à preservação dos dados e conforto aos clientes internos, atendendo aos anseios e expectativas destes.

#gestão jurídica

27 De desafios a conquistas: a jornada de construção do departamento jurídico

Otavio Simões Brissant[1]

Em 2016, eu decidi sair do escritório de advocacia onde trabalhava como sócio da área de contencioso estratégico e arbitragem para assumir o desafio de desenvolver o departamento jurídico do Hurb como Diretor do setor e sócio da empresa.

Ao começar a trabalhar no Hurb, percebi que todas as demandas jurídicas eram terceirizadas para escritórios prestadores de serviços e que a participação do referido setor nas demais áreas da empresa era mínima. Não me agradou o que vi e, por isso, busquei mudar radicalmente aquela realidade. Em minha mente, um departamento jurídico não pode atuar de forma estanque, principalmente em uma empresa focada no desenvolvimento de tecnologias, e, portanto, precisava ser proativo, acompanhar o dinamismo do negócio e ter pleno conhecimento do funcionamento de todas as áreas da empresa.

Foram aproximadamente 6 meses sozinho no jurídico do Hurb para entender a sua real demanda, bem como para estruturar um plano de ação eficiente para "construir", de forma faseada, o departamento jurídico da empresa. A minha ideia era a de internalizar praticamente todas as demandas jurídicas, terceirizando apenas algumas matérias específicas e mais complexas. Tinha em mente que o melhor para o Hurb era a criação de um "escritório de advocacia" interno, onde praticamente todas as demandas da empresa pudessem ter uma solução rápida e eficiente. E foi com esse pensamento que o departamento jurídico da empresa começou a ser desenvolvido.

Contratei um gerente jurídico, alguns advogados e estagiários, começando, dessa forma, a dar o primeiro passo para a estruturação do setor na forma como idealizei. Nesse momento, somente havia a área estratégica e a de relação com o consumidor.

Em pouco tempo, o departamento jurídico do Hurb estava absorvendo praticamente todas as demandas da empresa. Nesse cenário, o jurídico começou a economizar bastante dinheiro com escritórios terceirizados, bem como começou a obter um melhor

---

1 Graduado em Direito pela Pontifícia Universidade Católica do Rio de Janeiro (PUC-Rio), pós-graduado em Direito Público e Privado pela Escola da Magistratura do Estado do Rio de Janeiro (EMERJ), certificado pela Exin em Data Protector Officer. Trabalhou de 2007 a 2016 no escritório Campos Mello Advogados em Cooperação com o DLA Piper, atuando como sócio na área de contencioso estratégico e arbitragem. Trabalhou como Diretor Jurídico e de RH do Hurb, atualmente ocupando o cargo de CEO da referida Companhia.

resultado nas demandas judiciais, uma vez que os advogados envolvidos nas ações tinham domínio do funcionamento da empresa, quando comparados com os terceiros que até então eram contratados.

A primeira etapa havia sido cumprida.

Com o passar do tempo, e objetivando ser um setor jurídico ativo e presente em todas as áreas da empresa, comecei a colocar em prática a segunda fase do meu planejamento, qual seja, a elaboração e explanação de materiais jurídicos que envolvem a operação do Hurb em um vocabulário comum, ou seja, sem usar o "juridiquês", assim como realizar reuniões periódicas com todos os setores para escutar a suas queixas e estabelecer melhorias, criando, de forma integrada, soluções juridicamente adequadas para aquelas situações que me eram expostas.

Os materiais elaborados pelo jurídico são distribuídos semanalmente para toda a empresa e as reuniões com os diversos setores do Hurb variam de encontros semanais a quinzenais. A interação de todos os setores com os materiais que distribuímos é fantástica. Muitas perguntas, ideias e projetos nascem dessa troca de ideias.

Por sua vez, ao analisar os resultados das citadas reuniões que temos periodicamente com os setores da empresa, percebi que conseguimos organizar a operação da empresa, bem como tenho a certeza de que todos se sentem mais tranquilos e seguros naquilo que estão trabalhando.

Entretanto, por mais que o jurídico já tivesse ingressado em todas as áreas da empresa da forma como descrevi acima, ainda não estava satisfeito. Precisava fazer o departamento jurídico estar mais presente e ser cada vez mais proativo.

Foi nessa toada que comecei a desenvolver a terceira etapa de implementação do meu plano de estruturação do departamento jurídico do Hurb, qual seja, colocar membros do setor em todas as demais áreas da empresa, de modo que a troca com o jurídico fosse constante e ininterrupta.

Assim, atualmente, temos advogados responsáveis por se fazerem presentes em todas as áreas da empresa, mantendo a comunicação com todos os setores de forma fluida e célere.

Ao implementar essa etapa, verifiquei que todos os projetos da empresa já nasciam com o olhar jurídico e legalmente sem qualquer empecilho. Ganhamos tempo, agilidade e segurança.

Com o passar do tempo, com a implementação da quarta etapa do meu plano de estruturação do setor, a empresa cresceu bastante, sendo necessário criar um grupo de colaboradores (*Legal Operations*) para dar assistência aos advogados que trabalham no Hurb, bem como para ser responsável por fazer a gestão de todas as questões administrativas, assim como para consolidar o fluxo de trabalho.

Ao criarmos o grupo de *Legal Ops*, o setor ficou mais organizado e harmônico, bem como teve como consequência a melhora de foco dos advogados e um enorme ganho em eficiência.

Nesse giro, sempre pensando no aprimoramento das nossas atividades, desde as mais simples as mais complexas e, seguindo uma tendência do mercado, criamos uma área dentro do departamento jurídico denominada *Legal Design*.

Os profissionais que trabalham na referida área são responsáveis por criar infográficos e ilustrações que ajudam a transmitir a mensagem que queremos passar para terceiros, principalmente aos consumidores. Nessa toada, nossa comunicação ficou mais moderna, simples de ser compreendida e transparente.

Os resultados da criação da área Legal Design são impressionantes, de modo que essa área se tornou essencial para as conquistas do departamento jurídico do Hurb.

Por fim, até o momento, é claro, embalado pela tecnologia e inteligência artificial, automatizamos praticamente todo o setor, de modo a acabar com planilhas e preenchimento de informações feitos a mão. Além de contratarmos algumas Legal Techs para transformar o setor em 100% automatizado, também criamos uma área, dentro do departamento jurídico, denominada **Legal Innovation.**

Essa área, constituída há pouco mais de um ano, tem criado ferramentas com capacidade preditivas que nos auxiliam as melhores estratégias de atuação com base em dados. Posso dizer que esse foi um enorme salto para o departamento jurídico do Hurb. Hoje, sabemos exatamente o que fazer e quando fazer, graças à tecnologia desenvolvida dentro da própria empresa.

Não querendo me alongar por demais na história do departamento jurídico do Hurb, tentei sintetizar no texto acima seus marcos de evolução e suas conquistas com o passar dos anos, **buscando ter demonstrado como a criatividade fez parte desde o início de nossa operação – e, pelos exemplos apresentados, que a inovação foi uma consequência natural.**

#gestão jurídica

28 Conversa de botas batidas

https://somos.in/IJCCIP1

Helder Galvão[1]

ESSE É SÓ O COMEÇO DO FIM DA NOSSA VIDA

Em dezembro de 2013, em um teatro em Palo Alto, Califórnia, Chris Anderson, então editor da Revista Wired, fez uma apresentação que mudou o rumo da carreira deste escriba. Anderson havia publicado a *cauda longa*, uma polêmica tese sobre propriedade intelectual e que caiu como uma bomba nos debates de direitos autorais. E o motivo de assisti-lo era unicamente este.

No entanto, a apresentação de Anderson era sobre outro tema, o que chamou de *freemium*. Um modelo de negócio, segundo ele, do século vinte e um e que passava a reger o mercado. Basicamente, um modelo em que o consumo de produtos e serviços seria inteiramente grátis e, ao fidelizar o cliente, passaria a cobrá-lo. Um dos exemplos de Anderson era o embate do momento, o que chamou *guerra dos frees*, envolvendo o serviço de e-mail do Google, o *Gmail*, contra o então dominante *Yahoo*. O que estava em jogo era qual serviço oferecia mais capacidade de armazenamento grátis na caixa de e-mails para os usuários. Um autêntico *freemium*, na medida em que, em breve, essas caixas atingiriam a sua capacidade máxima, obrigando os seus adeptos a adquirir, por um determinado valor, um *upgrade*.

O que estava em jogo era uma fidelização de mais e mais clientes, fisgados pela ótica, irresistível ao cérebro humano, do grátis, porém criando uma recorrência de pagamento a médio prazo e exponencialmente. Hoje, claro, pode soar banal. De cafeteria a aplicativos de encontros amorosos, o *freemium* se tornou padrão. Naquela época, inclusive, as *techs* ainda buscavam um modelo ideal de negócio, o tal repetível e escalável que pouco tempo depois Steve Blank popularizaria como a principal definição de *startups*.

---

1 Advogado, professor e cofundador do N8.

Como diz o biógrafo de Jobs, Walter Isaacson, o sucesso daquela região se dá por uma série de fatores. Tal como uma semente plantada em solo fértil, a reunião de rebeldia e ousadia, capital de risco abundante e universidades de ponta, formam um tripé avassalador, em que a inquietude é padrão. Não à toa, as cafeterias da cidade estão sempre cheias e conectadas, com pessoas querendo mudar o mundo.

A *Plug and Play*, por exemplo, e onde o Google deu os primeiros passos, é de uma efervescência ininterrupta, um ponto de encontro global, de *geeks*, lunáticos, milionários e perdidões. Dizem que é por lá onde as ideias fazem sexo. É bom frisar também que a economia do compartilhamento estava no seu auge. Tudo era motivo para compartilhar: de carros (Lift e o Uber), aos espaços ociosos (AirBnb), bicicletas, máquinas de cortar grama e até mesmo de *babysitters*. E por falar em Google, uma influência fortíssima: o seu modelo de 20%. Todo colaborador pode dedicar esse percentual do seu tempo para a criação de novos produtos e serviços. Literalmente um espaço a ser dedicado ao ostracismo, ao devaneio e para a criatividade. Não à toa, foi desse programa que surgiram alguns *gadgets* de sucesso.

DEIXA CHEGAR O SONHO, PREPARA UMA AVENIDA, QUE A GENTE VAI PASSAR

Naquele tempo, este escriba conciliava o mestrado em inovação pelo Instituto de Economia da UFRJ, com a advocacia privada, e como professor de direitos autorais para o curso de artes e design da Puc-Rio. Não havia Zoom ou WhatsApp. O Skype, que ainda não tinha sido adquirido pela Microsoft, era a novidade do momento. E foi na PUC-Rio uma outra experiência maravilhosa: dar aulas para designers. Cabeças adubadas, desprovidas das formalidades e liturgia do curso de direito. Jovens cheios de ímpetos, criativos e inquietos.

Em todas as aulas eram feitas perguntas sobre empreendedorismo, artes, moda, mídias digitais ou dúvidas jurídicas para que ideias mirabolantes saíssem do papel. Havia, de fato, uma falha de mercado a ser suprida, ou seja, uma plataforma brasileira, jurídica, que pudesse reunir exatamente o que acontecia no olho do furação no Vale do Silício: economia do compartilhamento, neste caso de conhecimento legal, baseado em um modelo *freemium*. E mais: que gerasse impacto social, ajudando empreendedores iniciantes menos abonados.

Ainda sobre a falha de mercado, de fato naquela altura o mercado juridico, como um todo, não enxergava esses *founders*, ou seja, empreendedores iniciantes que lançavam produtos e serviços, de base tecnológica e de crescimento rápido, com poucos recursos. Do outro lado, dificilmente estes *founders* procurariam os advogados, encastelados em seus escritórios na Faria Lima, com sedes luxuosas, ostensivas e, certamente, sem condições de custeá-los. Havia, então, um literal *gap* entre *startups* e o mercado jurídico no Brasil. Fato este, no entanto, que já se encontrava em crescimento nos Estados Unidos, como foi o poderoso exemplo do escritório *Wilson, Sonsini*, que naqueles idos anos dois e tal começaram a advogar, no modelo de risco, para nada mais, nada menos, que Larry Page e Sergey Brin.

E, finalmente, resgatar (e copiar) o modelo Google dos 20%. Afinal, não é dado apostar todas as fichas em *startups* em *early stage* e o *freemium*. Todo e qualquer negócio, por mais *non-profit* que seja, precisa de uma fonte de recursos. E, porque não, reservar uma parte do tempo para apostar nelas?

VEJA VOCÊ, ONDE É QUE O BARCO FOI DESAGUAR

Nasce o *Nós 8*. Um coletivo de advogados, de oito amigos, dispostos a ajudar *startups*, em *early stage*, no modelo *freemium*. Uma aposta! A plataforma, de fácil visualização e linguagem simpática (uma novidade para a seriedade jurídica) fuzilava também àquela última barreira entre *founders* e advogados. Com apenas o preenchimento de pontuais perguntas e dúvidas, as mais variadas dúvidas legais eram respondidas em tempo recorde. Dezenas e dezenas de empreendedores, que não tinham a quem procurar, desde uma banal dúvida de depósito de marca, constituição de um memorando de entendimentos ou de contrato social até mesmo o recebimento de um aporte de capital de investidor-anjo e *seed capital*, passaram a ter um parceiro, um grupo de advogados dispostos a doar tempo e conhecimento para quem estivesse disposto a fazer a raça humana andar para frente, como diria o *beatnik* Jack Kerouac.

A marca, inclusive, não nasceu em vão. Havia três (justos) motivos para lançá-la. Antes, diga-se, o nosso propósito foi de extinguir qualquer tipo de formalismo, com os tais sobrenomes que abrem as salas de espera dos escritórios. Nada melhor, portanto, de se criar um nome que pudesse se tornar um *top of mind* para os *founders* e o mercado das *startups*. Daí, o oito, era porque as demandas de uma *startup* se fundavam em oito trilhas distintas, desde propriedade intelectual, fiscal, regulatório até societário. Oito também era o formato do *infinite loop*, a sede da Apple naquela época visitada por este escriba na experiência comentada logo acima. E, ainda, o seu número da sorte, afinal para se criar algo também é preciso um pouco de *nonsense*.

ABRE AS CORTINAS PRA MIM

Fernando Pessoa, o célebre poeta português, na verdade, era publicitário. Na década de trinta, uma marca de refrigerante de cola, hoje uma potência, intencionava lançar seu exótico produto localmente, quando Pessoa criou o slogan, *primeiro estranha-se, depois entranha-se*. E foi exatamente isso que aconteceu com o Nós 8 (ou em qualquer inovação). Em um primeiro momento, o mercado jurídico estranhou e, até mesmo, viu com certo desdém, afinal o que seria um *coletivo* cujo modelo de negócio era baseado em um tal de *freemium*? E qual seria o sentido de apostar em *startups* em *early stage*? Por vezes, éramos confundidos como *pro bono*. Para outros, um atentado ao estatuto da advocacia, um acinte para os mais formais e caretas. Porém, tal como o caminho da água, inexorável, o Nós 8 foi crescendo, crescendo, angariando adeptos e simpatizantes. O movimento do *entranha-se* ganhou força. É verdade que o contexto, em 2016, nos favorecia. Tal como um *first mover*, não havia nada semelhante no mercado. Em todos os sentidos.

A novidade, portanto, veio dar na praia. O mercado das *startups* (na gíria, o *ecossistema*) passou a procurar o Nós 8 em um volume brutal que nos vimos obrigados a contratar mais pessoas e estagiários. O famoso mantra do Vale do Silício passou a valer. Primeiro gerar valor para depois gerar riqueza ou o *give first, give back*, nunca valeu tanto a pena. Criou-se um movimento do bem, do boca a boca, de um *founder* indicando para outro, e outro, e outro, chegando aos ouvidos de pessoas interessadas em contar essa jornada.

Foram, de fato, dezenas de matérias em jornais e nas mais diversas plataformas e mídias do *ecossistema*. Podemos cometer algum ato falho ou injusto ao deixar de citar ou lembrar aqui, mas é de se destacar algumas que foram literais *game changers*. O jornalista Mauro Ventura, na Revista de Domingo d´O Globo. A matéria no Mundo S.A, da GloboNews, com a jornalista Ana Prata. A matéria na Revista de bordo da empresa de aviação Azul e, outra, uma publicação de capa na Folha de São Paulo. Estes quatro exemplos (de muitos outros maravilhosos) são paradigmáticos. O primeiro, que vem a ser um dos encartes mais populares entre os cariocas e, como é lançado no domingo, tradicionalmente lido nas praias. O segundo, o programa mais assistido na televisão a cabo no Brasil. Ou seja, a audiência de ambos foi imensurável. No caso da Azul, estava em um voo, ainda por decolar, quando avistei um dos seus aviões. Dali, imaginei que o céu, para o Nós 8, já não era mais o limite. Sobre a matéria na Folha, voltava de São Paulo para o Rio de Janeiro, de um show do Paul McCartney, quando comprei o jornal ainda no aeroporto e surpreendi meus familiares que embarcavam comigo.

Vejam vocês. Se no mundo das *startups* existe a figura do investidor-anjo, aquele que aposta recursos financeiros no empreendedor ainda iniciante, para o Nós 8, inauguramos uma outra espécie, o *jornalista-anjo*, afinal essas publicações nos catapultaram para uma outra dimensão. As portas se abriram e estão abertas até hoje, pois não é raro ouvir de *founders* que nos conheceram por meio delas.

ABRE A JANELA AGORA, DEIXA QUE O SOL TE VEJA

Embora clichê, ser resiliente e destemido são características essenciais de quem está disposto a empreender. O Nós 8 surgiu do zero. Bebeu de fontes, foi lançado a custo praticamente zero. Em um tempo em que não se falava tanto em *startups*, literalmente dropando uma onda ainda no seu começo. E, dentro do seu propósito, de ajudar empreendedores iniciantes, que certamente não estavam dispostos a investir em uma assessoria jurídica em pleno vale da morte. Contudo, não se pode esquecer da principal virtude das *startups*, que é o seu crescimento rápido, acelerado, em que, num curto espaço de tempo, passam a receber recursos de investidores, tracionando-se o seu negócio e escalando para um faturamento exponencial.

É, pois, dentro desse conceito a razão de ser do Nós 8. Assim como na jornada ou ciclo de vida de uma *startup*, passamos a um faturamento (o tal do *breakeven point*) em um período de tempo. O que começou como uma aposta, se tornou um negócio, divertido e lucrativo. Passaram por nós dezenas de milhares de startups. Naturalmente que muitas delas naufragaram no meio do caminho. Faz parte do jogo. Porém, muitas outras não. Estão aí no mercado, empregando pessoas, gerando renda e recolhendo impostos. Distribuindo dividendos, desafiando os seus profissionais e impactando e melhorando a vida da sociedade. Vejam o exemplo do Banco Maré, uma criptomoeda que circula no Complexo da Maré, no Rio de Janeiro. O Laboratório de Assessoria Jurídica da Escola de Direito da FGV Rio de Janeiro, coordenada pelo Nós 8, que nos últimos sete anos já atendeu diversos cases, entre eles a Accountfy, anunciada nos principais veículos como o próximo unicórnio.

O espaço aqui é curto, mas daria para enfileirar muitas e muitas estórias. Mas o prêmio de Babson College, em Boston, é para celebrar. O Nós 8 foi eleito como prática inovadora no

Direito em 2016. O prêmio foi concedido pelo programa *Innovating Justice Challenge*, promovido pelo *Global Agenda Council on Justice*, um braço do Fórum Econômico Mundial, em conjunto com a Universidade de Haia, Holanda. Babson é bem próximo de Harvard e do MIT e tida como uma das principais universidades de empreendorismo do mundo. Foi, certamente, a ida a Boston que nos deu o ímpeto para seguir em frente. Um rolo comprensor, imparável, e que nos deu incontáveis artigos, prêmios, convites, palestras, projetos em inovação em empresas e, o mais importante: conhecer pessoas novas e interessantes a cada dia.

VEM, VAMOS ALÉM

Muitos nos perguntam sobre a proliferação de *copycats*. Plataformas, advogados e iniciativas que tentam nos imitar ou que nos usam como inspiração. Isso faz parte do processo de inovação. A velha máxima de que nada se cria, tudo se copia, não será diferente no ambiente jurídico. Notem que a partir de então os escritórios, para flertar com o ambiente das *startups*, lançaram nome *cool* e buscando ser *hype*. Mas é de se lembrar que a essência está no DNA. O tal do *savoir-faire* ou de estado de espírito.

O próprio Nós 8, hoje N8, *pivotou* por diversas vezes. Junir Borneli, da Startse, defende que as organizações devem ser infinitas, ou seja, em um processo contínuo de reinvenção. Já em organizações exponenciais, de Salim Ismail, o segredo está na predisposição para a desmonetização, justamente o que traz Richard Susskind em *Tomorrow's Lawyers* ao abordar os arranjos alternativos de cobrança.

Vejam, portanto, que o processo de inovação está na essência e não na porta para fora. Estruturas rígidas, com engrenagens pesadas, lançando mão de clichês ficarão a margem de um movimento que já é padrão, por exemplo, em iniciativas como a do Cooley Go, do Fuse (Alley & Overy) ou do Vario (Pinsent & Mason). O experimentalismo é essencial e somente em um ambiente sem a presença intensiva de *gatekeepers* ou da rigidez do *compliance* é que se terá um solo fértil para o surgimento de iniciativas que, ao menos, possam virar verbete no *wikipedia*, ser lido na revista de domingo nas praias cariocas, visto na tv ou no avião.

Todo o aficionado por inovação deve ter assistido (ou deverá assistir) o famoso discurso de Steve Jobs na ocasião da formatura dos alunos de Stanford. Lá, ele cita o *conectando os pontos* (também usado por Richard Branson). O N8 é exatamente isso, a conexão de pontos olhando para trás. Jamais deixamos de confiar que os pontos se ligarão algum dia no futuro. Foi assim quando conhecemos, na universidade, uma banda iniciante, semelhante a uma *startup*, que despontou e ganhou o mundo.

Este capítulo foi escrito no embalo de uma de suas músicas e está repleto de seus trechos. É a tal coisa do estado de espírito.

#legal ops

29 O que eu aprendi no caminho de construção de uma área de *legal operations*

Vanessa Fortunato Zaccaria[1]

A pergunta do milhão!

A pergunta mais frequente que eu recebo:

– Quero criar uma área de *Legal Operations* na minha empresa, por onde eu começo?

Para responder essa pergunta eu gosto de propor a seguinte reflexão: o que hoje é um problema na sua empresa, no seu Departamento Jurídico, na sua área? Você tem força e apoio necessário para enfrentá-lo? Se a sua resposta for negativa, você tem alternativas, mas lembre-se de que desistir não é uma opção. Você precisará avaliar outros caminhos, e eu proponho fazer isso a partir de alguns modelos já discutidos e validados pelo mercado (ou indústria jurídica, termo muito utilizado no mercado norte-americano).

Quais são as oportunidades de atuar com o modelo de gestão proposto para *Legal Operations?* Há uma centena de oportunidades de atuação para o profissional que atua nesse modelo, em todo e qualquer departamento jurídico, no Brasil e no mundo. Se é um grande problema para o seu departamento jurídico o controle dos depósitos judiciais, a elaboração dos relatórios de provisão e contingência, o cadastro de processos judiciais, administrativos e notificações, a elaboração de procurações, a elaboração de contratos padronizados, a gestão do orçamento e a gestão de projetos. Você já tem por onde começar.

Não se esqueça e não subestime a oportunidade de começar por onde se menos espera e por onde simples ajustes no processo já trazem grandes resultados. A minha história começou por aí e é ela que eu vou dividir com você, a partir deste capítulo.

Em meados de 2017 para 2018, eu, com total apoio da minha liderança direta, comecei a pensar qual seria o modelo de gestão de departamento jurídico que traria o melhor resultado para empresa, e que possibilitasse acompanhar o ritmo de crescimento exponencial que a companhia vinha (e vem) imprimindo.

---

1 Advogada e pós-graduada em MBA Gestão de Negócios, Inovação e Empreendedorismo pela FIA (SP), Leading in Global Business Environment pela Bentley University (MA, EUA), cocriadora da CLOB (Comunidade Legal Operations Brasil), professora e palestrante. Atua há mais de 10 anos com o propósito de gerar transformação com foco em resultado, em diferentes empresas e escritórios de advocacia no Brasil. Atualmente na Suzano S.A. como Gerente de Legal Operations.

Dei início a pesquisa com o que tinha disponível e gratuito em minhas mãos: a internet. A partir de então comecei a estudar o modelo proposto por duas instituições americanas: a ACC (Association of Corporate Counsel) e o CLOC (Corporate Legal Operations Consortium).

Embora a ACC se proponha a discutir de forma mais ampla as temáticas e especialidades do Direito, para os advogados internos (in-house), ela reservou espaço para discussão de um grupo de profissionais cada vez mais crescente nas estruturas organizacionais dos departamentos jurídicos: os profissionais de *Legal Operations*, ou Operações Legais em tradução livre. Ela, inclusive, oferece um Modelo de Maturidade Operacional Jurídica 2.0 como ferramenta de referência e considera 14 funções para atuação de profissionais de Departamentos Jurídicos, no mercado. A saber:

- Gestão de mudanças e comunicações;
- Gestão de contratos;
- eDiscovery;
- Gestão de recursos externos;
- Gestão financeira;
- Governança da informação (retenção de registros);
- Gestão da inovação;
- Gestão de propriedade intelectual;
- Gestão de recursos internos;
- Gestão do conhecimento;
- Métricas e análises;
- Gestão de projetos e processos;
- Planejamento estratégico e liderança de operações jurídicas;
- Gerenciamento de tecnologia.

Outro modelo encontrado à época nas minhas pesquisas foi o modelo proposto pelo CLOC e hoje amplamente divulgado e conhecido no Brasil, por mim e por vários outros colegas, cofundadores da CLOB (Comunidade de Legal Operations Brasil).

O CLOC propõe em sua mandala 12 principais funções para Legal Operations, sendo elas:

- Business Intelligence;
- Gestão financeira;
- Gestão de fornecedores e escritórios;
- Governança da Informação;
- Gestão de conhecimento;
- Otimização e integridade da organização;
- Operações práticas;
- Gestão de projetos;
- Modelos de prestação de serviços;

- Planejamento estratégico;
- Tecnologia;
- Treinamento e desenvolvimento.

A partir da análise e comparação do modelo das duas instituições, optamos por seguir com o modelo do CLOC, como norteador das iniciativas que passamos a propor dentro do departamento jurídico, e endereçadas como *Legal Operations*. O modelo do CLOC nos pareceu à época mais simples e adequado ao cenário que enfrentaríamos na empresa, e que por questões mais culturais faria mais sentido.

Aqui tem um ponto importante e de reflexão individual e que lhe ajudará a responder a pergunta de milhões: o que faz sentido na sua organização, na sua empresa, e no seu departamento, quando você pensa em adotar um modelo para sua área ou iniciativa de *Legal Operations*? É preciso também pensar, refletir e ponderar qual cultura você está inserido. A empresa ou departamento jurídico já vem de uma cultura de inovação e adoção de tecnologia? Ou é mais tradicional e conservadora em relação às suas estruturas organizacionais e suas iniciativas? A partir das suas respostas você pode pensar em adotar o modelo x ou y e, até mesmo, criar uma mescla dos modelos, propondo o seu modelo.

A minha experiência e as respostas às perguntas em questão me fizeram optar e propor à liderança o apoio para o desenvolvimento da área a partir do modelo proposto pela CLOC.

Neste capítulo, não tenho a pretensão de explorar em detalhes todas as funções que são propostas no modelo, mas oferecer ao leitor informação a partir de fontes confiáveis. Toda informação trazida aqui pode ser consultada em: https://www.acc.com/maturity e https://cloc.org/what-is-legal-operations/.

Assumir protagonismo e responsabilidade é um caminho sem volta, e de resultado positivo. Faça você a sua escolha e seja responsável por ela.

Com um modelo escolhido e com diversas oportunidades de atuação, passamos à próxima fase! E por que "passamos" e não "passei". Simples, ninguém faz nada sozinho! Apoio, parceria e colaboração dos seus líderes, pares e colegas fazem parte do processo. Não despreze essa etapa no processo e cuide das alianças para fazer acontecer.

E agora, como partir para execução? Aqui outro ponto importante e uma dica que me foi dada à época: comece pequeno, teste, pivote soluções e entenda a priorização das iniciativas.

Quais são as iniciativas que trarão retorno certo, com pouco esforço ou recursos? Em especial se você vivencia uma realidade de poucos recursos: financeiros ou de pessoas, a mentalidade de buscar resultados mais rápidos é uma boa saída.

Posso trazer pelo menos um exemplo que se conecta com a realidade de vários departamentos jurídicos. Você já pensou em organizar o fluxo de pagamentos de escritórios prestadores de serviço jurídico? Em termos de recursos você precisará tomar a rédea da discussão sobre o processo, entendendo o *as is* e cocriando o *to be*. Não se esqueça de ouvir as pessoas envolvidas no processo com uma boa sessão de *design thinking*, que vai lhe ajudar a entender as oportunidades e os pontos de melhoria.

Todos alinhados em relação ao processo ideal é hora de comunicar, envolver as pessoas e cuidar de perto da gestão de mudança. Ajustar a rota quando necessário, faz parte do processo e, por fim, medir os resultados.

Um bom fluxo de pagamentos traz resultado financeiro, uma boa percepção de gestão adequada do orçamento e até, em alguns casos, oportunidade de otimizar recursos e renegociar os contratos.

Para os prestadores de serviço jurídico envolvidos em sua operação, há garantia de um processo mais claro de pagamento e maior previsibilidade em relação à entrada do dinheiro no caixa do escritório.

Certamente, seu time Financeiro também ficará mais tranquilo em relação à execução adequada do orçamento no ano corrente e você não será surpreendido com pagamentos de anos anteriores que não foram realizados.

Veja que nesse exemplo não estou propondo uso de nenhuma tecnologia, *software* ou sistema inovador com custo adicional. Você consegue utilizar todas as ferramentas que certamente já faz uso na sua rotina.

Outro *case* que gosto muito de dividir, sempre que eu posso, é sobre o fluxo de procurações da sua companhia. Tarefa por vezes reservada ao Societário da companhia e que compete tempo e recurso (pessoas) com outros temas de maior relevância. A delegação de poderes e alçadas por meio de procurações têm papel importante para fazer a operação e o dia a dia das empresas acontecerem, lembre-se de que empresas são as pessoas no dia a dia, nas suas operações movimentando a conta bancária, assinando contratos e resolvendo burocracias em órgãos públicos.

Organizar o fluxo de procurações a partir de uma estrutura de procurações padronizadas é uma boa saída para dar vazão e velocidade às rotinas do time Societário. A partir da estrutura de modelos padrão de procurações homologadas pelo time jurídico, o time de *Legal Operations* passa a tocar essa operação no dia a dia, na linha de frente com os clientes internos.

Quando algo for específico e requerer o conhecimento técnico necessário, o time de prática jurídica, neste caso, é acionado para tal atuação técnica-jurídica. E o que é padrão e rotineiro, pode tranquilamente ser otimizado ou automatizado, a partir do uso de ferramentas de automação de documentos ou de RPA (R*obotic Process Automation*).

Passados alguns anos da criação da área de *Legal Operations*, como atualmente a área está estruturada? A partir de 3 pilares: serviços, financeiro e tecnologia. O foco do pilar de serviços é na prestação de serviços, controles e rotinas para as áreas cross do Jurídico. O pilar de financeiro tem foco nos relatórios contábeis, no fluxo de pagamentos e na consolidação e gestão do orçamento da diretoria. Já o pilar de tecnologia tem como principal papel ser elo de conexão com o ecossistema de inovação e viabilizador na adoção de novas tecnologias.

Já em relação às pessoas, eu posso afirmar que de fato um time multidisciplinar e diverso é o que nos traz a oportunidade de explorar muitos caminhos frente aos desafios do dia a dia. Esse é um ponto tão importante quanto os demais trazidos até aqui.

Para finalizar, deixo mais algumas dicas que eu gostaria de ter recebido quando comecei a minha jornada como protagonista de uma das primeiras áreas de *Legal Operations* no Brasil:

- É comum você ser sozinho no primeiro momento;
- Se importe menos com o cargo do que com a função;
- À medida que os resultados forem surgindo, seu grau de relevância tende a aumentar;
- Conecte-se com outras pessoas que têm o mesmo interesse que você.

Aproveite a jornada!

"Cedo ou tarde, você vai aprender, assim como eu aprendi,
que existe uma diferença entre conhecer o caminho
e trilhar o caminho."
Morpheus, Matrix

#legal ops

30 Implantação da área de operações legais: lições aprendidas

Walquiria Nakano Eloy Favero[1]

Ao longo da minha vida profissional, sempre busquei o conhecimento técnico da ciência da administração para trazer conceitos e lições de gestão para aplicar na área jurídica. Temos carência de literatura própria da nossa área e esta é a maior riqueza e contribuição desta obra para o mercado. Ao trazer os casos de mercado, são tantas lições aprendidas, atalhos que podem ser obtidos, que o ganho é a chance de não errar e acelerar a inovação. Agradeço à Coordenação da obra e à Editora.

Voltando ao tema inovação, por que inovar?

A literatura clássica de administração lhe trará razões de negócio, que não são necessariamente as razões pelas quais motivam a área jurídica de empresas a inovar, como **adaptabilidade** a processos de mudança, **diferenciação** aos concorrentes e **promoção do crescimento.** No entanto, essas razões são altamente aplicáveis aos escritórios de advocacia.

Para quem é *in house*, a meu ver, as principais razões que levam a inovar são:

- **Melhoria da eficiência e controles:** a automação de processos repetitivos e burocráticos, redução do tempo gasto em tarefas rotineiras ou a geração do serviço jurídico com melhor qualidade, em menor tempo e com controles e geração informacional melhores;
- **Redução de custos:** ao reduzir os trabalhos que não geram valor e melhorar processos elimina-se o desperdício e consequentemente há a redução de custos e despesas;
- **Acesso e geração informacional:** melhoria no acesso às informações da performance dos serviços jurídicos internos e geração de comunicação interna na organização;
- **Melhoria da experiência do cliente:** tempo de resposta adequado, experiência na interação eletrônica com o Jurídico, comunicação rápida e linguagem não jurídica são alguns dos objetivos almejados na inovação.

---

1 Consultora, pesquisadora e professora. Ex-Diretora Jurídica, Regulatório e Compliance na Dasa. Atuou como executiva nas empresas Danone e Grupo Votorantim. Mestranda em Direito e Tecnologia pela FGV/SP, mestre em administração internacional pela Université Pierre Mendés de France, MBA em Gestão de Negócios, Comércio e Operações Internacionais pela FIA, especialista em Contratos pela PUC/SP. Professora convidada em inteligência artificial na Fordham University e na graduação da FGV/SP; em Ética no desenvolvimento de sistemas no MBA para CIOs da FGV/SP, em Inovação no curso de Gestão Estratégica Jurídica no Insper, Future Law e FDJur.

E inicio aqui a introdução deste capítulo falando nisso para contar uma experiência que vivi na implantação de processos de inovação.

Eu atuava em uma grande organização, B2C, aproximadamente 1000 unidades e 55.000 funcionários. Além do Jurídico, era responsável por várias outras áreas não jurídicas e o nosso time tinha aproximadamente 90 pessoas.

Percebi que, apesar de falarmos e incentivarmos em inovação e melhorias, esses temas não eram priorizados em relação a entrega do trabalho técnico. Também percebi que se não houver uma visão, treinamento e ações de inovação conjunta, não conseguiríamos implantar uma cultura de inovação. Assim, sugeri a criação de uma área de Operações Legais, que buscava deixar uma pessoa destacada para pensar na implantação da cultura e educação em inovação do time, revisão e melhoria dos processos, implantação de sistemas e automatização de processos, melhoria dos controles, indicadores, geração informacional e redução de custo.

Peguei uma posição de advogado aberta, fiz algumas alterações no time e transformei a vaga em analista de operações legais. Para a minha grata surpresa, um recém advogado do time, Pedro, muito engajado e talentoso, que havia acabado o processo de estágio com louvor, se candidatou para a posição. Há um fato curioso aqui em relação ao perfil do profissional da posição. No meu caso, este profissional já era da empresa há época que se candidatou para o processo de estágio, atuou por anos na área financeira. Este ponto é importante, pois este profissional precisa ter um conhecimento interdisciplinar como *hard skills* (ter uma ótima visão de negócios, conhecimento em finanças, gestão orçamentária e de metodologias de gestão de projetos), além de ser relacional e gostar de pessoas, ser empático e influente, criativo e antenado com tecnologias, como *soft skills*. Esse profissional foi vital para o projeto!

Primeira lição: não é necessário ter um profissional extremamente sênior para liderar mudanças! Você pode ter talentos escondidos no time! Busque habilidades e invista no desenvolvimento.

Mas não quer dizer que nessa decisão não haja um ônus. Como todo processo de mudança, o time tende a resistir a criação da área, pois entendem que perdem uma autonomia em relação ao tema nas suas respectivas áreas, além do ciúme, e, como resultado, podem tentar obstaculizar a implantação das ações propostas.

Assim, Pedro sugeriu criar uma série de treinamentos em cultura de inovação. Pegamos alguns eixos e vários profissionais renomados toparam fazer um bate-papo com o time sobre a sua própria jornada de inovação e lições aprendidas, metodologia ágil e futuro do direito. Além disso, firmamos parceria com a Associação Brasileira de Legaltechs ("AB2L") e passamos a aproveitar de toda plataforma de educação que a associação disponibiliza, além dos grupos temáticos de discussão. Passamos a ter ferramentas de educação. Foi um processo muito rico e educativo para todos! Claro, esta jornada não termina com o fim dos workshops, precisa ser contínuo e precisa fazer parte do processo de desenvolvimento de cada profissional.

Segunda lição aprendida: não subestime o poder da educação e da cultura! Todos precisam estar no mesmo barco e isto leva tempo!

A primeira iniciativa foi a realização de um *workshop* com o time, em que falamos sobre os objetivos da área, sobre como poderia apoiá-los a ter mais **foco** nos serviços jurídicos ao ter uma área especializada apoiando o time nos processos de melhoria.

Nesse workshop fizemos uma primeira sessão de *Design Thinking*, em que selecionamos três processos de áreas internas que precisavam de melhorias, sinalizamos como o processo era realizado, as dores e o time construiu uma agenda do que poderia ser feito para melhorá-lo. Além disso, cada processo escolhido tinha como líder da célula o líder do processo, que pode falar sobre as suas dificuldades sem julgamento pelo grupo de trabalho ou busca de culpados. Criar um ambiente seguro é necessário para este tipo de trabalho.

Como fruto deste workshop tínhamos já uma agenda de trabalho construída pelo time. A construção da agenda com o time facilita o engajamento e a aceita da gestão da mudança. E saíram tantas ideias boas!

Terceira lição aprendida: construa com o time! Além de se ganhar com a pluralidade de opiniões, visões e soluções, você engaja as pessoas e incentiva o processo criativo.

Uma dor que tínhamos na área societária era a disponibilização de documentos societários para os solicitantes internos. Quando se tem uma estrutura empresarial muito grande, com muitas empresas e filiais, realmente este processo é desafiador. Perdia-se muito tempo recebendo e respondendo solicitações por e-mail ou pelo sistema societário. Veja que mesmo com sistema, o atendimento era operacional e fragmentado, pois um analista ou advogado recebia a solicitação, analisava e atendia uma a uma.

Surgiu a ideia da criação de um sharepoint, uma espécie de página do jurídico na web, em que passamos a disponibilizar o último kit societário das empresas aos solicitantes e descentralizamos o processo. Enviamos um comunicado a todos na Cia e passamos a orientar os solicitantes onde deveriam buscar os documentos. Ou seja, ao invés do solicitante pedir as informações e documentos, estes já estavam disponíveis para eles em um ambiente seguro e atualizado.

Quarta lição aprendida: ferramentas simples podem ser poderosas e descentralizar o processo.

Uma outra dor de diversas áreas era a automatização de processos, como solução de consultas trabalhistas, cíveis, tributárias e compliance. Esses tipos de solicitações, quando não há uma ferramenta de **automatização** de processos, geram milhares de e-mails de solicitação, cobrança, acompanhamento, repetição, enfim, muito tempo perdido, pessoas envolvidas e ineficiência. Claro que o sonho de consumo seria ter um chatbot com API com o Microsoft Teams, e-mail e Whatsapp, que respondesse automaticamente as solicitações, mas na ocasião isso não cabia no nosso orçamento, e, em uma tentativa anterior de uso de chatbot e treinamento para que a liderança da ponta tivesse autonomia para solução de demandas, não foi muito frutífera, os clientes internos não queriam falar com máquinas (no caso do chatbot) e no caso do treinamento, a rotatividade das pessoas inviabilizava o processo e o e-learning era pouco eficaz. Além disso, o time precisa ter conhecimento para alimentar o chatbot e engajamento para retreinar e visão crítica para acompanhar se as orientações do algoritmo estão corretas no processo de aprendizagem.

Já havíamos implantado uma automatização do fluxo de pagamento com o uso de uma ferramenta de automatização de processos, que trouxe muita eficiência e controle e passamos a utilizar a mesma ferramenta para esta finalidade em um projeto piloto. Baixa dificuldade e investimento para implantação, redução de e-mails e controle dos processos. Facilidade na identificação e reúso das solicitações repetitivas e geração de relatórios e indicadores.

Quinta lição aprendida: entenda a cultura da organização. Quem não nasceu digital não tem aptidão para falar com as máquinas, não adianta querer forçar o uso de ferramentas na empresa, será infrutífero! Treinar a ponta ajuda, mas não basta. Busque soluções intermediárias e explore ferramentas de baixo custo de automatização de processos!

No prazo de um pouco mais de um ano, a maior parte dos **pilares** da área de Operações Legais da CLOC[2] estavam sólidos e presentes na área e foram muitas as melhorias trazidas que certamente não se esgotaram aqui. Disso resultou um reconhecimento de mercado com a certificação da empresa pela AB2L[3], como um Departamento Jurídico Inovador, certamente fator de muito, muito orgulho!

Busquei trazer neste capótulo exemplos e lições aprendidas na implantação e execução de uma área de Operações Legais, para facilitar o entendimento do processo, o que deu certo e o que não deu. Fortalecer a cultura de inovação é uma jornada, não é da noite para o dia! É necessário persistir e ter resiliência para parar o que não dá certo e corrigir a rota. Ter pessoas criativas e engajadas é fundamental.

---

2 CLOC é a sigla da Corporate Legal Operations Consortium e é uma organização de diversos especialistas do mundo, que tem como foco a definição de negócios jurídicos. Formada por diversos especialistas do mundo em Operações Legais, desenvolveu um "framework" muito utilizado na estruturação de áreas de Operações Legais, disponível em: https://cloc.org/legal-ops-technology-roadmap/. Além disso, desenvolve treinamentos e geração de informações.

3 Disponível em: https://ab2l.org.br/noticias/ab2l-cria-certificado-para-os-departamentos-juridicos-mais-inovadores-do-brasil/.

#esg

31 Práticas de governança: a energia empregada na gestão transforma pessoas e processos

https://somos.in/IJCCIP1

Alessandro Maurício Januário Ribeiro[1]
Taísa Oliveira Maciel[2]

O título desta obra resume bem o desafio atual dos departamentos jurídicos, pois é preciso unir a criatividade que está umbilicalmente ligada à busca incansável de soluções fora da caixa, com uma base metodológica e os mais modernos instrumentos de gestão de processos, fundamentais para os saltos de inovação que os desafios atuais exigem em todos os ramos de negócios.

---

1 Administrador de empresas pela PUC-MG e contador pela Universidade Veiga de Almeida, com experiência nas áreas tributária, jurídica e de marketing. Atualmente é gerente de avaliação de riscos e de controles de contencioso na Petrobras. Gerenciou equipes de riscos tributários, apuração de tributos e orientação tributária para as áreas de negócio. Mestrando em Gestão Empresarial pela Fundação Getulio Vargas, pós-graduado em Gestão de Negócios pela FIA/USP, em Gestão Tributária pelo IBMEC/RJ e em Gestão Estratégica de Marketing pela PUC-MG. Pesquisador em aprendizagem organizacional e capacidades inovadoras, em práticas inovadoras de gestão jurídicas e em gestão de riscos.

2 Foi Advogada-Geral da Petrobras, tendo atuado na Companhia há mais de 21 anos e exercido diversas funções durante esse período. Em 2004, assumiu a gerência setorial de tributação internacional, responsável pela análise jurídico-tributária de todas as questões fiscais nos vários países em que a Petrobras atuava diretamente ou atráves de subsidiárias (destaque para Argentina, EUA, Holanda, Colômbia, Nigéria, Angola, Espanha, México, China, Cingapura e Venezuela). Em 2009, tornou-se a gerente do Jurídico Financeiro e Tributário, responsável por todas as questões tributárias (consultivas e contenciosas) e societárias do grupo, com destaque para a operação de capitalização da Petrobras. Em fevereiro de 2015, assumiu a função atual, tendo ficado responsável pela negociação, em conjunto com escritório norte-americano, que encerrou a class action e demais ações individuais de investidores nos EUA, decorrentes dos fatos revelados pela operação Lava Jato. Teve também participação ativa na negociação do acordo com a Securities Exchange Comission (SEC) e com o Department of Justice (DoJ), que resultou no acordo para encerrar as investigações que tinham contra a Petrobras. Graduada em direito pela Universidade Federal de Minas Gerais (UFMG), tem mestrado em direito e economia pela Universidade Gama Filho e MBA em direito do petróleo, do gás e da energia elétrica pela Universidade Candido Mendes. É membro da General Counsel Community, comunidade do World Economic Forum criada em novembro de 2020 e dos Comitês de Governança e Conformidade e Privacidade e Transparência da Petrobras.

De fato, os departamentos jurídicos têm sido desafiados a agregar valor ao negócio das empresas, na perspectiva de aproximação dos clientes internos, atuando como parceiros na busca de soluções para os desafios corporativos.

A indústria jurídica permanece conservadora e, em muitos casos, inflexível e vinculada à tradição e à manutenção do *status quo*, embora a governança e a gestão possam ser fatores críticos para seu desenvolvimento e crescimento a longo prazo.

O nosso papel não pode mais se limitar a assessorar os clientes com base em leis e regulamentos, mas sim fazer parte das soluções dos negócios empresariais e melhoria do desempenho organizacional.

A governança representa a base para a implementação de práticas de gestão nos departamentos jurídicos, contribuindo para o desenvolvimento das empresas, seja na perspectiva operacional ou financeira. Na nossa experiência, identificamos que a governança deve focar nos pilares de gestão de **pessoas, processos e tecnologia**, de forma criativa e inovadora.

DIRETRIZES ESTRATÉGICAS

Dentro da visão de governança estratégica de departamentos jurídicos, consideramos importante a elaboração de diretrizes ou norteadores estratégicos que guiem as atividades do dia a dia dos advogados e equipes de gestão. Tais diretrizes devem se balizar nos valores da organização, vinculando-se ao plano estratégico. Não importa o nome que se dê a estas diretrizes, como planejamento estratégico, plano estratégico, políticas e diretrizes de gestão, "combinados", dentre outros. A sua construção deve ser realizada de forma colaborativa, com a participação dos líderes e das equipes. Há valores intrínsecos que utilizamos nos nossos planejamentos estratégicos, como senso de urgência, compartilhamento de conhecimento, empatia com os clientes internos e colegas do departamento e busca por uma comunicação eficaz.

Outro fator relevante é a revisão periódica destas diretrizes e valores, porque o mundo muda rapidamente, os valores se aperfeiçoam e a sociedade vai moldando o comportamento das pessoas e das organizações. Por isso, um plano estratégico estático, que não se moderniza, que se estagna no tempo, pode se tornar um obstáculo à inovação e ao aperfeiçoamento da governança e das práticas de gestão.

GESTÃO DE PESSOAS – AÇÕES DECORRENTES DA PANDEMIA DA COVID-19

Enfrentamos recentemente o desafio da pandemia da Covid-19, que levou as organizações e os departamentos jurídicos a repensarem sua forma de trabalhar e a focar suas ações no bem-estar das pessoas. O contexto da pandemia mudou radicalmente o planejamento das organizações.

Nesse cenário, o nosso primeiro desafio foi lidar com as pessoas. Temos como um dos focos de atuação estarmos sempre próximos aos nossos clientes, vivenciando a realidade do negócio. O contexto de pandemia acelerou o processo de transformação digital, do real para o virtual, sem impactar a segurança jurídica das nossas operações. Durante esse período foram estabelecidas frentes de trabalho com a nossa participação em diversos níveis, como, por exemplo, na Estrutura Operacional de Resposta (EOR), grupo responsável na organização pelas decisões e encaminhamento de propostas para todas as questões envolvendo a pandemia da Covid-19. Por meio desse grupo, conseguimos manter a operação em 100% dos nossos ativos e acelerar a transição para o teletrabalho em 100% do efetivo administrativo, sem deixar de mantermos a proximidade do negócio e o foco nas pessoas.

Além disso, promovemos vários encontros virtuais entre gestores, advogados e parceiros de negócio para discutirmos temas técnicos e de gestão. Também assessoramos os pedidos de informação enviados por órgãos públicos e entidades de saúde brasileiras, o que permitiu a manutenção da capacidade de produção da empresa.

GESTÃO DE PESSOAS – CRIAÇÃO DO COMITÊ DE DIVERSIDADE, INCLUSÃO E BEM-ESTAR

Preocupados com os reflexos da pandemia na saúde mental dos nossos colaboradores, criamos um Comitê de Diversidade, Inclusão e Bem-Estar no departamento jurídico para discutirmos temas relevantes que afetam nossos times e a sociedade, como diversidade, inclusão de grupos minorizados e fomento de atividades para melhorar o bem-estar das equipes. Dessa forma, focamos nos cuidados com as pessoas, sem deixar de olhar para os negócios da empresa.

Trata-se de um comitê formado por profissionais de diversas equipes da área jurídica, com encontros periódicos para debate de iniciativas que contribuam para aumentar o bem-estar das pessoas e proporcionar maior diversidade e equidade nas nossas práticas. O Comitê tem realizado palestras, *workshops* e eventos para fomentar canais de comunicação com a força de trabalho na discussão destes temas para a empresa e para a sociedade.

A partir da realização de uma pesquisa para definição dos temas prioritários, o Comitê criou um Programa *Coaching* de Carreira, para todos os profissionais da área jurídica, com adesão voluntária. Também inaugurou um espaço de despressurização na sede jurídica e tem promovido diversas palestras e *lives* no âmbito do Programa Cultural da Diversidade e do Fórum de Diversidade. Além disso, tem realizado confraternizações periódicas das equipes jurídicas em datas comemorativas, o que contribui para melhoria da ambiência e das relações de trabalho.

GESTÃO DE PESSOAS – ADVOCACIA *PRO BONO*

Recentemente, como parte da nossa pauta ESG, assumimos o papel de protagonista de iniciativas corporativas voltadas à promoção do bem-estar, diversidade e inclusão de seus empregados, com participação efetiva em comitês internos e externos de Direitos Humanos. Temos um acordo com o Instituto *Pro Bono*, que é uma organização sem fins lucrativos que busca promover maior acesso à justiça por meio da advocacia *pro bono*.

Essa parceria incentivou e estruturou o projeto *pro bono* dentro do departamento jurídico, em que advogados prestam assessoria jurídica gratuita e voluntária a instituições sem fins lucrativos e populações vulneráveis. Ampliamos a atuação do projeto, contribuindo para o fortalecimento do relacionamento da organização com as comunidades dos locais onde desenvolve suas operações.

Por meio dessa iniciativa, 25 organizações sociais sem fins lucrativos já começaram a receber, de forma gratuita, suporte jurídico de 58 voluntários para se tornarem formalmente registradas e assim poderem ampliar seu funcionamento e atuação. Firmamos parcerias para a realização de dois mutirões de atendimento *pro bono* e estamos ampliando nossa atuação para atender causas prioritárias que tenham relação com as atividades desenvolvidas pela organização.

GESTÃO DE PESSOAS, PROCESSOS E TECNOLOGIA – EQUIPES MULTIDISCIPLINARES E SISTEMA DE GESTÃO

Quando implementamos nosso novo sistema de gestão de contencioso e de consultivo, a visão e o conhecimento de profissionais multidisciplinares foi importante para superar os desafios relativos às novas tecnologias e o redesenho de processos. Nossa equipe de gestão possui administradores, contadores, cientistas de dados, engenheiros, analistas de sistemas, além de advogados. Desde o planejamento do projeto, passando pela implantação e posteriormente pela fase de estabilização, tivemos *squads* com equipes multidisciplinares, além de profissionais de outros departamentos da empresa e do fornecedor do sistema. A interação dos advogados com outros profissionais permitiu alavancarmos a criatividade dos nossos times, obtendo resultados que não conseguiríamos sem diversidade de ideias e de comportamentos. Além disso, conseguimos a melhoria de processos, redução de tempo em atividades repetitivas e troca de conhecimentos complementares em um processo de inovação aberta.

Na jornada de implementação do novo sistema de gestão, realizamos parcerias com *legaltechs* e *lawtechs* para reduzir o risco de perda de prazos processuais e diminuir o número de tarefas repetitivas, como a captura e o tratamento automáticos de distribuições e de publicações e o levantamento de alvarás à disposição da empresa. Essa interação com fornecedores, em especial *startups*, tem oxigenado a nossa gestão, pois aprendemos comportamentos e inovações criativas que o mercado tem desenvolvido rapidamente com o surgimento de novas tecnologias.

Nesse contexto de governança focada em processos, também revisamos os fluxos dos processos de contencioso e de consultivo para torná-los mais simples e gerar menos trabalho para os advogados. Foi um processo árduo, mas de inúmeros aprendizados que valeram a pena. Esta iniciativa gerou desdobramentos na gestão jurídica, pois criou-se a cultura de revisão periódica dos fluxos de processos para melhoria dos controles e da gestão de riscos de contencioso, reduzindo o risco de inconformidades junto às auditorias interna e externa. Adicionalmente, a partir do momento que entendemos que os erros fazem parte do processo de inovação aberta, nossa cultura se tornou mais flexível quando as falhas ocorrem.

GESTÃO DE PESSOAS, PROCESSOS E TECNOLOGIA – *BENCHMARKING*

Mais recentemente, realizamos um *benchmarking* com 11 departamentos e escritórios jurídicos, com foco no debate e identificação de práticas inovadoras em tecnologia, inovação, consultivo e contencioso. Foram mais de 70 horas de entrevistas e 16 encontros de *benchmarking* para produzir um relatório com as boas práticas identificadas pelos participantes. Alguns "achados" desse *bench*:

- 71% dos entrevistados entendem a inovação "como um processo";
- 90% possuem customizações em sistemas de contencioso;
- 64% possuem um time de profissionais multidisciplinares (advogados, analistas de sistemas, administradores, contadores etc.) dedicado à estratégia de inovação e tecnologia;
- 80% ainda não conectaram as atividades do consultivo às do contencioso;
- A cultura orientada a dados parece estar se consolidando nos gestores jurídicos, mas ainda em processo de evolução nos times.

Essa iniciativa evidenciou a importância da colaboração e da união dos departamentos jurídicos de empresas e de escritórios. O cenário jurídico brasileiro é desafiador, mas com união e colaboração podemos crescer juntos, de forma sustentável.

NOSSOS APRENDIZADOS

Evoluímos muito na gestão jurídica, mas o *business* das organizações nos exige cada vez mais a busca pelo comportamento criativo de nossos times, tornando-se a base para o processo contínuo de inovação que as empresas devem encarar para superar os desafios de mercados competitivos.

Entendemos que os departamentos jurídicos devem buscar incessantemente a construção de uma governança sólida que sustente a implementação de práticas de gestão que gerem resultados financeiros e operacionais para as organizações.

Além disso, é fundamental que a área jurídica conheça profundamente o negócio da empresa. Os desafios que se apresentam no pós-pandemia exigem uma multidisciplinaridade nunca vista. O advogado corporativo deve ser, acima de tudo, um profundo conhecedor do negócio com conhecimento jurídico. A velocidade das mudanças das atividades corporativas precisa ser acompanhada de perto pelo departamento jurídico, pois, não raro, a regulação também muda e, se a equipe jurídica estiver atenta, tiver uma boa dose de criatividade e se antecipar a essas mudanças, certamente agregará valor à empresa com soluções inovadoras.

Por fim, relacionamos alguns de nossos aprendizados que reforçam nossa convicção de que **"Criatividade é comportamento, inovação é processo":**

- A governança e a inovação na área jurídica devem ser analisadas sob os pilares de pessoas, processos e tecnologia;
- As pessoas é que "fazem acontecer", devemos ter atenção especial ao bem-estar dos nossos times;
- O compartilhamento de conhecimento entre departamentos jurídicos e escritórios gera crescimento sustentável para todos;
- O erro faz parte do processo de aprendizagem, não existe evolução sem alguns insucessos que se tornam *cases* de sucesso mais à frente;
- Desenvolver um ambiente de parceria e colaboração interna entre advogados e equipes de gestão colabora para o aumento da empatia e gera resultados financeiros e operacionais;
- Equipes multidisciplinares com competências diversas e complementares têm potencial para gerar os melhores resultados para a organização;
- O departamento jurídico precisa ter a curiosidade de conhecer os negócios da empresa, visitar o chão de fábrica, conversar com pessoas das mais diversas áreas e formações, pois isso é fundamental para que possa desenvolver a criatividade e se antecipar aos desafios e tendências do mercado.

REFERÊNCIAS

FIGUEIREDO, Paulo N. *Capacidade tecnológica e inovação:* desafios para a transição industrial e econômica do Brasil. Rio de Janeiro: FGV, 2023.

MICHALAKOPOULOU, Kalliopi et al. Innovation in the legal service industry: Examining the roles of human and social capital, and knowledge and technology transfer. United Kingdom, The International Journal of Entrepreneurship and Innovation, 2022.

PETROBRAS. Relatório de Sustentabilidade 2021. Disponível em: https://api.mziq.com/mzfilemanager/v2/d/25fdf098-34f5-4608-b7fa-17d60b2de47d/7b6ca46f-9e3f-74c6-f67b-7c8975243532?origin=1. Acesso em: 21 abr. 2023.

#esg

32 A potência dos fornecedores diversos e seus benefícios

https://somos.in/IJCCIP1

José Gilson Alencar Júnior[1]

A gestão da diversidade surgiu como resposta dos administradores norte-americanos às políticas de ação afirmativa das décadas de 1960 e 1970 (ALVES; GALEÃO-SILVA, 2004) e, com o decorrer dos anos, esse cenário passou a se intensificar (WENTLING; PALMA-RIVAS, 1998). Com isso, evidências demonstram que o perfil da força de trabalho vem se diversificando cada vez mais nas últimas décadas nos Estados Unidos e na União Europeia, nas mais variadas perspectivas– por exemplo, de gênero, etnia, idade, religião ou orientação sexual.

A diversidade tem se consolidado na pauta empresarial em todo o mundo, principalmente em razão das diferenças na força de trabalho. Essas minorias estão cada vez mais inseridas em políticas de inclusão, que vem para desfazer as cristalizadas barreiras que se formaram, ao longo dos tempos, em torno dos sujeitos pertencentes a grupos minoritários.

Por minorias, entende-se o conjunto de indivíduos tradicionalmente estigmatizados, segregados, discriminados e excluídos do convívio social, tais como: pessoas com deficiência (PCDs), mulheres, negros, imigrantes, idosos, homoafetivos, entre outros. Neste sentido, não se pensa numericamente em termos populacionais, mas em termos de participação ativa nos processos sociais, bem como no pleno gozo dos direitos de cidadania (PINSK; ELUF, 2000).

Sendo assim, a política de fornecedores diversos surge para incluir tais grupos e tem como conceito uma empresa cujo controle e propriedade é, ao menos, 51% de um indivíduo ou de um grupo minoritário. Diante do quadro histórico de exclusão que esses grupos sempre viveram, a política de inclusão de fornecedores diversos vem para tentar diminuir essas diferenças. Entretanto, pouquíssimas empresas de fato possuem programas efetivos. E quais benefícios as empresas teriam, afinal, com a inclusão de fornecedores diversos?

---

1 Gerente de Procurement e Líder do Programa de Diversidade e Inclusão de Fornecedores na Mondelez Brasil. Antes da Mondelez, trabalhou mais de 8 anos na Unilever, em Manufatura, planejamento e fazendo carreira internacional na área de Procurement.

É sabido que não somente no Brasil, como no mundo inteiro, as desigualdades sociais são enormes e grupos minoritários são os que mais sofrem. Durante os anos 1990, a globalização, o multiculturalismo, e o movimento pela responsabilidade social empresarial provocaram mudanças sobre como pensamos e agimos diante uma sociedade e um mercado cada vez mais diversos (MYERS, 2003).

Da mesma forma (FLEURY, 2000), relata que em uma sociedade com graves problemas de justiça, como a brasileira, há quem defenda que a valorização da gestão da diversidade teria um aspecto altamente positivo por representar iniciativas promissoras de inclusão social. Observa-se, desta forma, que as poucas políticas públicas de ação afirmativa são menos eficazes, como mostra a história recente.

Nesse contexto, seriam bem-vindas, portanto, práticas empresariais inovadoras, como a gestão da diversidade por empresas - brasileiras ou não - que atuam no contexto nacional. Uma dessas inovações é a política de fornecedores diversos, mas, voltando à pergunta inicial, **quais seriam vantagens as empresas terão em promover inclusão e mais precisamente em fornecedores diversos?**

Para responder essa pergunta, é importante entender como iniciou e quais ferramentas disponíveis para a escolha dos fornecedores diversos. Assim sendo, foi criado um programa nos EUA chamado HUBZone, o qual visa o crescimento de pequenas e médias empresas em zonas de negócios historicamente subutilizadas, visando conceder pelo menos 3% dos contratos federais a empresas certificadas, como, por exemplo, em comunidades rurais com alto desemprego, organização havaiana, indígena, cooperativa agrícola.

No Brasil, embora ainda não exista um critério definido legalmente para HUBZone, o critério análogo utilizado é o Índice de Desenvolvimento Humano (IDH) do município ou região afetada, além de áreas específicas de baixo desenvolvimento, como favelas, por exemplo. Além de necessariamente avaliar se é uma empresa de pequeno ou médio porte.

No país, os critérios para identificação de Micro e Pequenas Empresas (MPEs) são determinados pelo BNDES - Banco de Desenvolvimento Econômico e Social, sendo por faturamento até R$ 360.000,00 ao ano, conforme Lei Complementar n. 123/2006 e por quantidade de funcionários menor que 99 pessoas pelo IBGE – Instituto Brasileiro de Geografia e Estatística e pelo SEBRAE, o Serviço Brasileiro de Apoio às Micro e Pequenas Empresas. Esse conceito exposto acima é definido como economia inclusiva.

Para definição de fornecedores diversos, acerca dos grupos minoritários, existem diversas entidades e organizações que, além de facilitar o acesso de empresas compradoras a fornecedores diversos, também oferecem certificações que dão mais credibilidade aos critérios e definições de empresas diversas, por meio de metodologias próprias de coleta e análise de informações. Podemos elencar algumas entidades:

- A Câmara de Comércio e Turismo LGBT do Brasil, que é uma associação sem fins lucrativos e tem como principal objetivo desenvolver relações de negócios entre pessoas e empresas da Comunidade LGBT;

- A Integrare – Centro de Integração de Negócios, a qual dedica esforços na promoção de inclusão e desenvolvimento empresarial de fornecedores provenientes de grupos sub-representados, provendo acesso e capacitação em negócios;
- A RME – Rede Mulher Empreendedora sendo a primeira e maior plataforma de apoio às mulheres empreendedoras ou que querem empreender no Brasil e hoje conta com 1 milhão de participantes conectadas e já impactou a vida de mais de 9 milhões de mulheres. Eles lançaram, em 2019, o Programa RME Conecta, que capacita, certifica e conecta negócios liderados por mulheres e grandes empresas compradoras;
- Entidades globais como a We Connect International, que opera desde 2015 no Brasil e capacita e prepara empresárias para serem mais competitivas e possam aumentar suas perspectivas de negócios com grandes multinacionais, por meio de eventos, rodadas de negócios e uma rede global de empresas de mulheres em mais de 100 países.

Dessa forma, são muitos os benefícios que entidades de fomento e certificações oferecem. Fornecedores ganham visibilidade e credibilidade para se destacar em concorrências, e corporações têm maiores garantias e legitimidade para que tais fornecedores sejam aceitos em suas metas de gastos com diversidade e inclusão. Além das certificações, empresas também utilizam critérios como a autodeclaração da empresa, atendendo os requisitos de diversidade.

Um caso de sucesso no Brasil que trabalha com fornecedores diversos é a Mondelēz International, uma empresa global de bens de consumo, que atua no Brasil e deixa claro nas suas publicações públicas a sua preocupação e planos para estabelecer negócios com fornecedores que fazem a diferença na comunidade, promovendo a diversidade e inclusão.

O "Investir com propósito", programa de fomento à diversidade para a cadeia de fornecedores da empresa, visa gastar em compras e serviços aproximadamente R$ 1 bilhão de dólares anualmente até 2024 com empresas diversas e empresas de economia inclusiva.

Dentre os planos para atrair a contratação desses fornecedores e impactar positivamente a relação com essas empresas, definiu as seguintes iniciativas:

- Nomeou um diretor de compras global com foco em Diversidade e Inclusão, estabelecendo sua conexão com os C-Levels globais e presença no conselho de administração;
- Revisou todas as políticas e contratos para incluir e garantir cláusulas de diversidade que assegurem suas relações com fornecedores, assim como a simplificação de minutas padrão para fácil compreensão na leitura;
- Criou um grupo de compradores para mapear a rede de fornecedores e medir o incremento de fornecedores diversos;
- Promoveu a Certificação e relação com organizações de fomentos para aumentar a contratação de fornecedores diversos;
- Estabeleceu uma comunicação interna e externa para promoção e engajamento dos times sobre os avanços;

- Incluiu eventos externos na agenda dos compradores para relacionamento com empresas diversas e pautas de diversidade;
- Proveu treinamento para todos os fornecedores sobre Diversidade e Inclusão e seus impactos e potência na cadeia de suprimentos;
- Criou uma política de pagamentos inclusiva, em que permite pagamento em 30 dias para fornecedores diversos, enquanto para os demais fornecedores estabelece um prazo maior (120 dias). Facilitar esse pagamento foi a forma que a empresa encontrou de fazer esses negócios girarem;
- Cocriou um *software* que mapeia e pré-certifica fornecedores diversos, em parceria com a startup Linkana;
- Lançou um livro eletrônico voltado às empresas que desejam aplicar a inclusão de fornecedores diversos em suas instituições;
- Conectou diretamente com uma de suas marcas para a criação de valor na cadeia do início ao fim a linha de biscoitos salgados Club Social. Nessa parceria, foi desenvolvido desde Kits de mídias para influenciadores digitais até criação de campanha publicitária externa 100% praticada por fornecedores diversos e vinculada em todo âmbito nacional.

Todas essas práticas fizeram com que a Mondelēz incluísse em sua cadeia, até o final de 2022, cerca de 277 fornecedores diversos com investimentos acima de R$ 500 milhões de reais. Passou, portanto, a ser reconhecida no Brasil com premiações importantes no âmbito da inovação e Diversidade e Inclusão como referência em suas ações afirmativas.

Dentre as várias vantagens de trabalhar com fornecedores diversos, pode ser mencionado um retorno de 33% sobre o custo das operações, geram 20% mais receita de inovação e 30% menos exposição a riscos. Além disso, a multiculturalidade das pessoas com formações e experiências de vida diferentes, e que enxergam o mesmo problema com diferentes soluções, aumentam a efetividade na resolução da problemática.

Em ambientes de negócios cada vez mais voláteis, contar com uma cadeia de fornecedores diversa traz um poder de adaptabilidade que posiciona as empresas em até momentos de crise.

Estendendo a conexão da cadeia de fornecedores diretamente com o consumidor final, as novas gerações se mostram preocupadas a políticas de diversidades, desde a escolha do seu local de trabalho ao seu estilo de consumo.

Outro ponto e algo muito relevante atualmente é que vivemos num mundo de hipertransparência e velocidade das redes sociais, em que a reação de consumidores a questões sociais é uma das maiores alavancas para mudança de maus comportamentos de empresas. Organizações que não se preocupam com isso estão fadadas a sofrer as mesmas represálias e prejuízos que várias empresas sofreram nos últimos anos. Em um mundo de cancelamentos, o êxodo de clientes é inevitável para empresas que não praticam a inclusão.

De todo exposto, não há dúvidas das vantagens para todas as empresas trabalharem com fornecedores diversos. Contra dados não há espaços para argumentar. Uma consultoria americana revela que mais de um terço dos investimentos globais estão alocados em ativos de empresas que priorizam temas como diversidade, equidade e inclusão, totalizando mais de 30 trilhões. Outro levantamento realizado pela consultoria The Hackett Group também reforça que 99% dos fornecedores diversos contratados por grandes empresas atingem ou excedem suas expectativas. O que você está esperando para focar em iniciativas dessa natureza?

REFERÊNCIAS

ALVES, Mario Aquino; GALEÃO-SILVA, Luis Guilherme. A crítica da gestão da diversidade nas organizações. 2004. Disponível em: https://www.scielo.br/j/rae/a/pxZ7ftJN4cHCWhQKH5ZV7nn/?format=pdf&lang=pt. Acesso em: 24 maio 2023.

FLEURY, M. T. L. Gerenciando a diversidade cultural: experiências de empresas brasileiras. *Revista de Administração de Empresas.* 2000. Disponível em: https://www.scielo.br/j/rae/a/YqBJ94QnWgPFBRcD7FJHnQj/?format=pdf&lang=pt. Acesso em: 24 maio 2023.

MYERS, Aaron. O valor da diversidade racial nas empresas. *Estudos Afro-Asiáticos.* 2003. Disponível em: <https://www.scielo.br/j/eaa/a/vjBSjLMzqqk6gL5Vd8JKb8K/#>. Acesso em: 24 maio 2023.

PINSKY, J; ELUF, L. N. *Brasileiro (a) é assim mesmo:* cidadania e preconceito. 6. ed. São Paulo: Contexto, 2000.

WENTLING, R. M.; PALMA-RIVAS, N. Current status and future trends of diversity initiatives in the workplace: diversity experts' perspective. *Human Resource Development Quarterly.* 1998. Disponível em: https://onlinelibrary.wiley.com/doi/10.1002/hrdq.3920090304. Acesso em: 24 maio 2023.

TOP Supplier Diversity Programs Broaden Value Proposition To Drive Increased Market Share, Other Revenue Opportunities. [S. l.]. Disponível em: https://www.thehackettgroup.com/top-supplier-diversity-programs-broaden-value-proposition/. Acesso em: 24 maio 2023.

#esg

33 O ESG como diferencial na conquista do cliente

Ana Carolina Furlan[1]
Luís Henrique Ramos Anastácio[2]
Marcos Rodrigues[3]

A área jurídica tem enorme representatividade na estratégia de uma companhia, uma vez que possui todas as áreas da empresa como seus clientes. Com amplo acesso a uma grande quantidade de dados importantes, o Jurídico pode atuar como protagonista não somente na análise de risco, mas também no direcionamento de projetos e estabelecimento de melhores práticas.

O conhecimento do negócio, alinhado com a **mentalidade de inovação e o exercício da criatividade**, faz total diferença na condução dos dilemas e no atingimento de melhores resultados.

A sigla ASG, que corresponde a três áreas de atuação Ambiental, Social e Governança, traz a importante discussão sobre a adoção das melhores condutas ambientais, sociais e administrativas, bem como a sua implementação. É necessário construir práticas e agregar comportamentos que tenham em seu cerne a preocupação genuína com as seguintes questões:

- **Cuidado com o meio ambiente:** responsabilidade no impacto climático, eficiência no uso de energia, gestão de resíduos, redução de desperdício de recursos, economia circular, entre outros;
- **Impacto social:** respeito aos Direitos Humanos, relacionamento com a comunidade, funcionários, investidores, cadeia produtiva, responsabilidade com o consumidor,

---

[1] Gerente Jurídica na C&A Modas S.A. Conselheira no Instituto C&A. Coordenadora na Comissão de Direito da Moda da OAB/SP.

[2] Advogado. Gerente Jurídico Sênior na C&A Modas S.A. Vice-presidente da Comissão de Direito da Moda da OAB/SP, coordenador do Comitê Jurídico da ABVTEX e professor convidado dos cursos de pós-graduação em Fashion Law da Faculdade Santa Marcelina e do Instituto Europeo di Design (IED). Coautor de livros jurídicos.

[3] Advogado. Gerente Jurídico, Riscos, Compliance e DPO na Leo Madeiras S/A. Bacharel em Direito. Pós-graduado com MBA em Direito Executivo Empresarial pela FGV. Atua há mais de 10 anos como líder de Departamento Jurídico. Membro do Comitê de Ética, Membro do Comitê de Auditoria e Riscos e Membro do Grupo de Trabalho ESG na mesma Companhia.

preocupação com a segurança e saúde, implementação de capacitações, projetos sociais, voluntariado;

- **Governança no negócio:** transparência e ética na condução dos negócios, atendimentos dos interesses das partes, implementação de políticas, práticas de anticorrupção, compliance e auditoria.

A medição dessas práticas e comportamentos demonstra se a empresa possui vulnerabilidade em questões ambientais, sociais e econômicas, ou se ela está percorrendo o caminho que respeita e integra o meio ambiente, pessoas e economia.

A atuação do Jurídico de uma empresa de moda, por exemplo, começa desde a implementação de projetos estratégicos, permeia diversas etapas como a contratação da cadeia de fornecimento, formalização da contratação de serviços, locação de lojas, proteção dos direitos autorais e das marcas, revisão de campanhas, eventos, sorteios, e continua no contencioso, bem como no pós-atendimento do cliente, quando este teve algum atrito em sua experiência e recorre ao âmbito judiciário para sua reparação.

Nesse contexto, vale a partilha de alguns *cases* de sucesso para aguçar a criatividade e mentalidade de inovação do leitor.

1) Moda circular com o movimento ReCiclo e o Daz Roupaz

Contamos com o **movimento ReCiclo** desde 2017 nas lojas C&A, que é um programa de logística reversa de vestuário, no qual as peças recolhidas, independente da marca, são reaproveitadas. As peças podem ser doadas para instituições parceiras, para transformação em novos materiais, reciclagem e *upcycling.*

Ampliando as iniciativas de Moda Circular, implementamos uma parceria com o brechó **Daz Roupaz,** na qual peças usadas podem ser trocadas por crédito em compras de produtos C&A. Esse projeto permite o aumento da vida útil das peças e torna a moda mais acessível. O Departamento Jurídico foi um forte atuante neste projeto, participando da negociação, elaboração de contratos, regulamentos e campanhas.

2) Acordo com vale-compra – Resgatando nosso cliente

Nós acreditamos que a moda é um meio de comunicação e cuidamos para que nossos clientes, além de se expressarem por meio dos nossos produtos, saibam que estão adquirindo itens de moda com impacto positivo. E, caso o cliente tenha tido algum problema na experiência, seja com o produto em si ou o atendimento, nosso objetivo, como time jurídico com consciência social, é resgatar esse cliente e conquistá-lo novamente.

Portanto, construímos o modelo de acordo com vale-compra, com o qual pretendemos ressignificar a experiência do cliente, resgatá-lo para sua permanência como consumidor e admirador da marca. Ao subtrair a burocracia e a frieza que o processo administrativo e judicial traz para as partes envolvidas, certamente alcançamos esse objetivo. A adesão tem sido muito satisfatória, o processo se tornou muito mais ágil e o projeto incentivou, inclusive, novas compras pelos clientes. Nesse *case*, o Jurídico foi protagonista agregando valor no atendimento do cliente.

Vale ressaltar que a sociedade está, de forma assertiva, cada vez mais exigente, priorizando escolhas conscientes e sustentáveis. A decisão de compra não está vinculada apenas à preço, tendência, qualidade e gosto pessoal, mas também à sustentabilidade, modo de fabricação, confiança na marca, fiscalização da cadeia produtiva, condições de trabalho e correta destinação final de resíduos.

O Jurídico tem a responsabilidade de conhecer o negócio, as iniciativas da empresa, os desafios e o perfil dos seus clientes. E esses cases trazem, como aprendizado, que o diferencial não está no conhecimento técnico em si, mas na capacidade de viabilizar soluções – mesmo que elas não sejam jurídicas – para cuidar do nosso meio ambiente, que é o nosso maior patrimônio, bem como atender nossos colaboradores e nossos clientes, que são o nosso maior bem!

Considerando ainda que o Jurídico é uma área estratégica na implantação do ESG – agora utilizando a sigla inglesa, reforçamos que a implementação de boas práticas nas empresas demanda uma atuação enquanto área facilitadora entre as ações internas propostas pela companhia e o conjunto de normas aplicáveis ao seu negócio. Para que as práticas sejam adotadas de forma mais assertiva, é de grande importância o envolvimento do Jurídico no início de qualquer projeto que certamente será visto como um parceiro de negócio das demais áreas internas.

O ESG garante a longevidade do negócio e, para garantir essa longevidade, como já mencionado, cabe ao Jurídico compreender de fato como opera o negócio para recomendar boas práticas no processo de implantação dessa agenda.

A realização de práticas ESG desafia o Jurídico a compreender as oportunidades de melhoria de processos e controles internos da empresa, associada também à mitigação de riscos com envolvimento da alta administração. Demanda também conhecer o envolvimento social da empresa em prol de seus colaboradores, fornecedores e da comunidade em geral e, não menos importante, conhecer a responsabilidade ambiental da companhia para indicar boas práticas sustentáveis, pois o capital natural é essencial para o equilíbrio ecológico do planeta.

Para uma boa gestão ESG, sugere-se um diagnóstico inicial de suas ações e, o envolvimento do Jurídico nesta fase é de grande relevância, pois será possível identificar ações ou conquistas que já estejam na rotina do negócio que se tornam imprescindíveis para uma boa gestão ambiental, social e governança, e a partir desse diagnóstico será possível implementar melhorias, se cabíveis.

Uma boa opção é iniciar esse diagnóstico por meio da formação de um Grupo de Trabalho interno, com inclusão de profissionais de diversas áreas que estejam focados na identificação de pontos relevantes ao ESG e, nesse grupo, a participação do jurídico é indispensável, pois poderá identificar oportunidades e atuar como protagonista na implantação ou melhoria de algum processo relevante à prática ESG.

Uma boa iniciativa para atuar nesse protagonismo pode ser a divulgação ao próprio grupo de trabalho das regras de governança iniciais dispostas no estatuto ou contrato social da companhia, o que não demandará muitos esforços, uma vez que a gestão societária está no jurídico na maioria das empresas. Como exemplo, seria possível divulgar e mediar debates sobre os seguintes temas societários alinhados à governança:

- Qual a regra estatutária de representação da empresa?
- Quem tem poderes para assinar pela empresa?
- Existe alguma cláusula estatutária que demonstre o comprometimento dos administradores com meio ambiente e sociedade?

A partir dessa divulgação, o Jurídico poderá ser o agente de transformação nas regras de governança da empresa com a elaboração de uma proposta de inclusão ou alteração de regras estatutárias à alta administração alinhadas ao propósito ESG.

Esse protagonismo pode também se disseminar em outras frentes ESG, tais como social e ambiental, como é o caso de empresa de venda de insumos para marcenaria em que há um alto comprometimento com o meio ambiente, pois a principal matéria-prima de seus produtos (madeira) é de origem florestal, o que faz com que algumas exigências e controles estejam associados ao processo de aquisição de madeira.

A criação de um Grupo de Trabalho Central para gestão ESG com a participação ativa do jurídico foi a estratégia por nós adotada mais que acertada. Neste tópico importante compartilhar alguns outros exemplos relativos à ESG que envolvem a participação do Jurídico, que possam inspirar o leitor:

- **Ambiental:** implantação do Programa de Gestão de Resíduos Sólidos (PGRS), manutenção da Certificação Anual FSC – *Forest Stewardship Council* (Conselho de Manejo Florestal), participação ativa no grupo de economia de recursos hídricos etc.
- **Social:** atuação no Grupo de Diversidade, mentoria a clientes marceneiros, como no caso da empresa de marcenaria mencionada acima, atuação no Grupo de Mulheres, treinamentos aos colaboradores, mentoria de Liderança a colaboradores internos etc.
- **Governança:** implantação Lei Geral de Proteção de Dados (LGPD); treinamentos colaboradores LGPD; canal de Ética e conformidade, atuação no comitê de Ética.

Certamente a atuação do Jurídico como protagonista, mediador, gestor de mudança e participante de grupos de trabalho resultará em uma área estratégica na estruturação e gestão ESG das empresas, mas para que alcance essa posição é recomendável ao jurídico tomar iniciativas sobre o tema, o que engajará a alta administração em envolvê-lo em decisões estratégicas, tais como:

- Atuar como mediador de debates relacionados a questões ESG;
- Sugerir ou participar de um Grupo de Trabalho para um diagnóstico inicial das ações ESG;
- Propor mudanças com otimização e simplificação de processos;
- Prospectar parceiros de negócios que possam apoiá-lo nessa transformação;

- Na posição de gestor jurídico, envolver todos da equipe com a indicação de projetos relevantes a todos;
- Buscar soluções simples aos clientes internos e propor alternativas à alta administração etc.

Iniciativas como essas por parte do Jurídico são algumas que poderão contribuir para que venha a ser convidado a atuar como área estratégica na gestão ESG, garantindo assim a perenidade do negócio e, é claro, o atingimento de excelentes resultados.

#data privacy

34 Cultura de privacidade e proteção de dados: maneiras de tornar a LGPD acessível para todos

Giovanna Bruno Ventre[1]

Em agosto de 2018, após anos de debates[2], o Brasil entrou para o seleto grupo de países que promulgaram uma legislação nacional relacionada à privacidade e proteção de dados pessoais. Cinco anos depois de sua promulgação, a Lei Geral de Proteção de Dados (Lei n. 13.709/2018 – LGPD) se tornou um marco no arcabouço regulatório brasileiro, pois traz regras claras e objetivas sobre como o tratamento (isto é, a coleta, classificação, armazenamento, transferência, compartilhamento, eliminação e entre outras atividades relacionadas) de dados pessoais deve ser realizado por empresas, poder público e todos os demais atores da cadeia de tratamento.

Mas, ainda há muito a ser feito, especialmente em relação ao aculturamento e disseminação dos direitos que a lei confere às pessoas e como exercê-los, além, é claro, de como as pessoas podem proteger suas informações pessoais. Segundo estudo recente publicado pelo Centro Regional de Estudos para o Desenvolvimento da Sociedade da Informação (Cetic.br)[3], apenas 20% dos usuários da Internet buscaram por canais de atendimento para solicitações, reclamações ou denúncias sobre seus dados pessoais. O mesmo estudo aponta para outro indicador bastante relevante: 77% dos usuários optaram por desinstalar algum aplicativo do celular por causa de preocupações com seus dados pessoais.

A partir dessas premissas, nos deparamos com uma pergunta importante: como criar e disseminar estratégias que sejam verdadeiramente eficientes e possibilitem o tratamento de dados pessoais de maneira segura e estimulem a efetivação de direitos por parte dos titulares de dados?

Nesse sentido, as iniciativas mais promissoras combinam pressupostos dos campos cultural com técnicas de minimização de dados, salvaguardas confiáveis a partir do

---

1 Advogada do Google no Brasil. LL.M. (Law & Technology) pela University of California, Berkeley (Berkeley Law). Fellow of Information Privacy (FIP) e Certificada (CDPO-BR, CIPP/E e CIPM) pela International Association of Privacy Professionals (IAPP). Bacharel em Direito na Universidade de São Paulo (USP).

2 Disponível em: https://www.dataprivacybr.org/a-lgpd-no-congresso-apos-4-anos-de-promulgacao-e-2-anos-de-vigencia/.

3 Disponível em: https://cetic.br/pt/publicacao/privacidade-e-protecao-de-dados-2021/.

investimento em tecnologia, participação do titular de dados como agente ativo no ciclo de vida dos dados pessoais e nas decisões a respeito de seu processamento[4].

Além disso, alguns princípios tidos como universais foram debatidos com mais intensidade ao longo dos últimos anos, com destaque para a transparência e a eficácia dos controles e direitos garantidos aos titulares de dados[5]. Nesse sentido, a transparência ativa pressupõe que o titular de dados participe integralmente dos debates sobre o tratamento de seus dados e contribua para a evolução dos produtos, serviços e controles conexos a este tratamento. Para que o titular de dados possa ser efetivo contribuinte com tal processo, necessariamente deve haver conhecimento da regulamentação e dos seus dispositivos principais, o que perpassa pelas iniciativas de aculturamento e inovação no processo de trazer mais informações sobre como os direitos podem ser exercidos.

Nos últimos anos, diversas iniciativas têm demonstrado satisfatoriamente que controles efetivos contribuem para o autogerenciamento da privacidade pelos titulares, como ocorre com as iniciativas de balcão único (ou, no termo em inglês: *one-stop shop*): ferramentas que permitem que o titular de dados tenha todos os controles sobre seus dados em um único local. Ferramentas de balcão único ilustram um conceito bastante importante do dilema do consentimento abordado por Solove[6]: as funcionalidades que permitem que o usuário revogue o consentimento ou altere suas preferências de privacidade devem ser tão fáceis e intuitivas quanto as funcionalidades de coleta de autorização do titular na criação de uma conta ou contratação de um serviço. Há, inclusive, avanços na transparência ativa de tais iniciativas quando os usuários de determinado produto ou serviço são relembrados, de tempos em tempos, sobre a importância de exercer os controles de privacidade, com sugestões de visita ao balcão único organizado pelo agente de tratamento de dados[7].

Entretanto, controles efetivos não são o único elemento da transparência ativa – embora evidentemente sejam centrais para que os titulares de dados sejam protagonistas de suas escolhas. As chamadas tecnologias pró-privacidade (ou *privacy enhancing technologies*[8], as chamadas PETs, no acrônimo em inglês) são elementos centrais, pois contribuem para que o titular de dados tenha mecanismos que possibilitem um controle expressivo sobre sua experiência com produtos e serviços, ou que seja beneficiado por formas robustas de tangibilizar os princípios da minimização e da finalidade, com balizas tecnológicas para que o

---

4 SOLOVE, Daniel J. The Digital Person: Technology and Privacy in the Information Age. New York University Press, p. 23.

5 MENDES, Laura Schertel. Privacidade, proteção de dados e defesa do consumidor: linhas gerais de um novo direito fundamental. São Paulo: Saraiva, 2014, p. 22.

6 SOLOVE, Daniel J. Privacy Self-Management and the Consent Dilemma. Harvard Law Review, v. 126, p. 1880-1903, 2013.

7 Como ocorre com o Check-Up de Privacidade do Google. Todos os dias, 20 milhões de pessoas em todo o mundo visitam a Conta do Google para checar suas configurações de privacidade, segurança e anúncios; baixar uma cópia de suas informações pessoais; ver ou excluir suas atividades no Google; ou desativar os anúncios personalizados. Todos os anos, mais de 100 milhões de usuários realizam o Check-Up de Privacidade.

8 Handbook of Privacy Enhancing Technologies. Disponível em: https://www.andrewpatrick.ca/pisa/handbook/Handbook_Privacy_and_PET_final.pdf.

tratamento de dados seja bem delimitado e se volte a propósitos legítimos, específicos, explícitos e informados ao titular[9]. Uma ilustração adicional de PETs são os produtos e serviços que oferecem, à escolha do titular de dados, uma experiência personalizada, com tratamento de dados pessoais, ou a opção por uma experiência mais simples, que não faça uso deles, tais como os aplicativos que têm uma opção de navegação anônima.

O autogerenciamento da privacidade pelos titulares e as tecnologias pró-privacidade são essenciais para que as pessoas possam exercer as mais diversas atividades no meio online, porém a efetivação real de direitos perpassa por iniciativas que divulguem e amplifiquem o conhecimento sobre a lei e tudo aquilo que a nova regulação garante a sociedade.

Com o intuito de endereçar o fenômeno da sobrecarga informacional[10], diversas instituições vêm adotando medidas que privilegiam a transparência efetiva (isto é, informações de fácil compreensão e apresentadas de modo direto e atrativo ao indivíduo) para endereçar os mandamentos legais e princípios positivados em lei, mas também para possibilitar que a experiência do cliente não seja mitigada em razão da fadiga de cliques e aceites inócuos[11]. Assim, em novembro de 2022, a Maurício de Sousa Produções em parceria com o Google lançou um gibi especial intitulado *Turma da Mônica em Proteção de Dados Pessoais*[12] que busca contribuir para que crianças, bem como seus pais ou responsáveis, se tornem exploradoras seguras e confiantes do mundo online com atenção à proteção de seus dados pessoais.

O conceito e desenvolvimento do material está atrelado ao preceito positivado no art. 14, § 6º, da LGPD, ou seja, os agentes de tratamento devem se atentar às características físico-motoras, perceptivas, sensoriais, intelectuais e mentais do usuário, com uso de recursos audiovisuais quando adequado, de forma a proporcionar a informação necessária aos pais ou ao responsável legal e adequada ao entendimento da criança.

Privacidade é apenas um dos muitos temas abordados pelas célebres revistas da Turma da Mônica[13] e reforça que a linguagem e a abordagem do conteúdo são de suma importância para que haja pleno entendimento do que se quer comunicar. Ao transmitir os direitos do titular e os deveres de controladores e operadores de dados em linguagem coloquial com os personagens dos famosos quadrinhos, o leitor se aproxima da temática em um ambiente

---

9 Ferramentas como a eliminação automática de dados permitem que o titular de dados não precise rever a todo instante as configurações de privacidade para assegurar que somente dados necessários e atualizados estejam disponíveis para tratamento pelo controlador. A eliminação por definição (ou auto-delete by default, no termo em inglês) garante que apenas dados estritamente necessários sejam mantidos, assim como permite que o controle que o titular de dados detém em relação a suas informações seja mais granular e efetivo. BURSZTEIN, Elie. Understanding how people use private browsing. 2017. Disponível em: https://elie.net/blog/privacy/understanding-how-people-use-private-browsing. Acesso em: 15/09/2021.

10 NISSENBAUM, Helen. A contextual approach to privacy online. Daedalus, v. 140, n. 4, p. 32-48, 2011.

11 Disponível em: https://www.jota.info/opiniao-e-analise/artigos/dilema-consentimento-sobrecarga-informacional-lgpd-28072021.

12 Disponível em: https://turmadamonica.uol.com.br/revistasespeciais/?ed=seja-incrivel-na-internet.

13 A Maurício de Sousa de Produções apresenta conteúdo bastante robusto no tocante a letramento sobre direitos, como é o caso do rol de lei referentes a acessibilidade, culminando no desenvolvimento de gibi especial: https://turmadamonica.uol.com.br/revistasespeciais/acessibilidade/.

propício e favorável a sua compreensão. Outro exemplo que busca inovar e facilitar o entendimento da lei é a iniciativa coordenada pela PROTESTE: *LGPD para PME*[14]. O uso de mecânicas e características de jogos para engajar, motivar comportamentos e facilitar o aprendizado de pessoas em situações reais (tornando conteúdos densos em materiais mais acessíveis, normalmente não associados a jogos) é amplamente explorado pela PROTESTE no desenvolvimento do Jogo LGPD[15] para que empreendedores possam testar sua conformidade com a LGPD.

Controles robustos e efetivos, de um lado, e formas inovadoras e motivantes para conseguir engajamento sobre assuntos complexos, de outro, possibilitam que o titular de dados seja parte integrante do debate, além de corroborar para o desenvolvimento de produtos e serviços que acompanhem suas preferências de privacidade. Tecnologias desde a concepção sintonizadas com uma cultura de proteção de dados inovadora podem reforçar os alicerces da privacidade e sua efetivação em uma cidadania cada vez mais digital.

---

14 Disponível em: https://conectaja.proteste.org.br/lgpdparapme/.

15 Disponível em: https://conectaja.proteste.org.br/lgpdparapme/.

#data privacy

35

Com dados não se joga: durante um vazamento, o que acontece em Vegas, não fica em Vegas

Kauan Wiese[1]

Houve um tempo, não tão distante, em que os cuidados com dados pessoais ficavam restritos ao controle de dados bancários. Não que outros dados não inspirassem algum tipo de zelo por parte dos titulares, mas o muro não era alto e mais parecia um meio-fio. No fundo, o único aspecto legal no controle de dados que urgia entre as grandes massas e gerava algum reflexo prático, até então, era o de natureza protetiva patrimonial.

A preocupação se resumia, em grande parte, aos possíveis prejuízos financeiros que aqueles dados poderiam causar se caíssem nas mãos erradas. Em certa medida, era como viver sob a atmosfera de um cassino. Tudo cabendo na velha máxima de que "o que acontece em Vegas, fica em Vegas". Ainda que as câmeras do local analisassem visitantes, padrões de aposta, tempo de jogo e taxa de retorno, em uma espécie de *data analytics* jurássico, o que importava ali, para a maioria, era o tamanho do prêmio e quantas fichas restavam no bolso.

Nos ecossistemas digitais atuais, essa premissa se inverte drasticamente. Em outras palavras: hábitos, contatos, costumes de tráfego, preferências e padrões de consumo valem mais que o saldo que boa parte dos titulares de dados possuem em uma conta bancária.

Na esteira dessa mudança significativa, a privacidade e a proteção dos dados pessoais representam a tutela e a defesa de valores individuais por vezes sequer conhecidos ou incorporados por seus titulares. Aqui entra um aspecto importante deste cenário. Ante o valor imensurável que bases de dados possuem atualmente, os planos de mitigação e gestão de incidentes se tornam indispensáveis para todos os sujeitos que, na posição de controlador ou operador, tratam dados pessoais de terceiros.

No Brasil, o conceito de incidente envolvendo dado pessoal está previsto na Lei Geral de Proteção de Dados (LGPD). Contudo, não basta apenas analisar o impacto dos vazamentos de dados e discutir a importância que a conformidade de determinadas condutas precisa guardar com a LGPD. É necessário mais. O ambiente digital cresce de maneira exponencial – assim como seus problemas e riscos. Logo, a proteção dos dados pessoais precisa crescer em

---

1 Advogado. Gerente Jurídico, Compliance & Privacidade de Dados na Mondelēz International. Bacharel em Direito pela Universidade Federal do Paraná (UFPR), pós-graduado em Direito Processual pelo Instituto Romeu Felipe Bacellar. Professor da Future Law e autor de artigos jurídicos.

igual escala, tendo a adoção de práticas adequadas de governança como item primordial para garantir mais segurança, prevenir incidentes e, quando necessário, gerenciar vazamentos.

A teia global é uma realidade e o mundo está amplamente conectado. Isso se reflete diretamente na forma cada vez mais plural que a coleta e o armazenamento de dados pessoais acontecem. Plataformas, aplicativos, soluções e uma infinidade de ferramentas aumentam a integração entre diferentes dados ampliando possibilidades e, por consequência, também os riscos associados ao vazamento dessas informações.

Os incidentes de dados que geram vazamentos trazem consigo sérias consequências tanto para as empresas que tratam os dados quanto para os indivíduos afetados. Para as empresas, além dos danos à reputação e confiança (parceiros, consumidores, investidores etc.), existe ainda a possibilidade de aplicação de multas e sanções legais por conta do não cumprimento das obrigações estabelecidas pela LGPD. Os titulares dos dados, por sua vez, estão sujeitos a riscos como roubo de identidade, invasão de privacidade, acesso a informações confidenciais e fraude financeira.

Para se estar em conformidade, as empresas devem desenvolver programas de adequação à legislação, implementando políticas e práticas que garantam a proteção adequada dos dados pessoais, além de promover a transparência e a responsabilidade no tratamento dessas informações. A LGPD estabelece diretrizes claras para a coleta, armazenamento, processamento e compartilhamento de dados pessoais. Da mesma forma, prevendo possibilidades de falha no tratamento que exponham os dados a risco, a norma define também as diretrizes para o momento anterior (prevenção) e posterior (gestão e comunicação) ao incidente de segurança.

Quanto à prevenção, há uma série de medidas mitigadoras eficazes que podem ser desenvolvidas. Algumas delas são: (i) treinamento dos colaboradores, capacitando-os para reconhecer e evitar possíveis vulnerabilidades; (ii) realização de auditorias regulares nos sistemas e infraestrutura de tecnologia para identificar e corrigir falhas de segurança; (iii) adoção de práticas de criptografia, anonimização e pseudonimização de dados, minimizando os riscos de acesso não autorizado; (iv) implementação de mecanismos de gestão do consentimento e de canais para o exercício dos direitos dos titulares dos dados.

Contudo, nem sempre as medidas de prevenção surtirão os efeitos desejados. Nestas oportunidades, os incidentes que expuserem dados pessoais configurarão um vazamento de dados (*data breach*). Portanto, é essencial que as organizações estejam preparadas não apenas para prevenir, mas para agir rápido e de maneira eficaz a um *data breach*. Mas como criar um plano de mitigação e comunicação eficiente para gerir uma crise envolvendo dados?

Longe de esgotar o tema ou as propostas existentes no mercado, compartilha-se o case "Playbook de resposta a incidentes" desenvolvido pela equipe de Compliance & Privacidade de Dados da Mondelez Brasil em parceria com o time da Daniel Advogados. Elaborado com técnicas de visual law, o guia compila, em um único material, mapa de ações necessárias, papéis e responsabilidades, *workflow* considerando as escalas de risco, modelos e minutas de comunicação, e outros materiais úteis para a gestão de incidentes de privacidade.

O guia de resposta a incidentes é dividido em três fases: (i) identificação e apuração; (ii) convocação do comitê de crise (SSMT) para adoção das medidas necessárias; e (iii) monitoramento. Embora estejam encadeadas, as fases e as respectivas etapas podem, por vezes, ocorrer simultaneamente. Em razão disso, para não gerar dúvidas sobre importância ou prevalência, lista-se a seguir os principais conceitos, passos e ações que foram utilizadas na elaboração do *playbook* e podem ser replicados em programas de outras organizações:

1) **Forme uma equipe de resposta a incidentes:** crie e engaje uma equipe multidisciplinar composta por profissionais de Privacidade, TI, Segurança da Informação, Jurídico, Comunicação e Gestão Executiva. Essa equipe será responsável por coordenar todas as atividades relacionadas ao incidente e deve dispor de total autonomia para a tomada de todas as decisões necessárias.
2) **Defina os responsáveis por isolar o incidente:** assim que um incidente for identificado, é importante isolar imediatamente a origem do incidente e evitar a continuidade da violação. Isso pode envolver desligar sistemas comprometidos, desconectar servidores da rede ou bloquear contas de usuário afetadas. Sem que um time interno ou parceiro contratado esteja previamente treinado para realizar estas ações, fatalmente os danos serão potencializados.
3) **Estabeleça com clareza responsáveis, prazos e passos para a apuração do incidente e sua extensão:** além da rápida identificação, a apuração detalhada do *data breach* é crucial para a avalição da extensão do incidente. Identifique quais informações foram comprometidas, quais tipos de sujeitos foram impactados, quantos registros foram afetados, como ocorreu a violação e se há evidências de atividades maliciosas adicionais (desdobramento no acesso ou uso dos dados para outros fins).
4) **Avalie os riscos e, em sendo necessário, notifique autoridades competentes, titulares e parceiros:** nos casos em que o vazamento acarrete risco ou dano aos sujeitos, comunique o ocorrido à Autoridade Nacional de Proteção de Dados (ANPD) e aos titulares dos dados. A comunicação deve ser realizada de forma clara e imediata, permitindo que os indivíduos adotem medidas para mitigar possíveis impactos. Quanto aos parceiros comerciais que controlem ou operem os dados objeto do incidente, a notificação é essencial para que ações de mitigação sejam empregadas de maneira síncrona, potencializando sua eficácia.
5) **Elabore plano de comunicação robusto:** desenvolva um plano de comunicação para informar indivíduos afetados. Forneça informações claras e transparentes sobre o incidente, incluindo o tipo de dados comprometidos, ações que estão sendo tomadas para mitigar o problema e medidas que os indivíduos afetados devem adotar para se proteger de eventuais reflexos. Dispor de modelos de resposta pré-aprovados pelas áreas de Comunicação, Jurídica e TI auxiliará no momento de crise. Dessa forma, os *templates* funcionam como ponto de partida para inclusão de informações específicas, gerando mais foco e tempo para outras ações do *playbook*.

6) **Indique o momento e os responsáveis pelo registro dos incidentes:** mantenha registros detalhados de todos os incidentes de segurança que envolvam dados pessoais. Esses registros devem conter informações sobre a natureza do incidente, as medidas adotadas para solucioná-lo e os possíveis impactos. Garanta que as informações estejam arquivadas em local seguro e que apenas pessoas chave possuam acesso aos relatórios.
7) **Prepare o plano de monitoramento e resposta a outros entes:** além da ANPD, outros órgãos e autoridades possuem o condão de inquerir a empresa com o objetivo de obter esclarecimentos sobre o incidente ou pugnar pela adoção de determinadas ações. Como o exemplo citado no tópico 5 (plano de comunicação), possuir algumas linhas gerais ou modelos de resposta será útil como ponto de partida para a elaboração das peças definitivas. O monitoramento dos reflexos (titulares, parceiros, autoridades) deve ser diário e cuidadoso, especialmente nos primeiros meses que sucederem o incidente.
8) **Use a última fase como gatilho para aprimorar as medidas de segurança e treinamento:** com base na análise do incidente, revise e aprimore as medidas de segurança existentes. Isso pode envolver a implementação de controles de segurança adicionais, atualização de políticas e procedimentos, fornecimento de treinamento de conscientização em segurança para os funcionários e adoção de melhores práticas recomendadas pelo setor da atuação da empresa.

Planos bem estruturados de governança não impedem a ocorrência de incidentes de segurança, mas seguramente minimizam a abrangência e os desdobramentos do vazamento. Ao contrário do que acontece com dados em uma mesa de cassino em Vegas, com dados pessoais não se pode contar com a sorte.

#data privacy

36 Uma solução de *BOT* DPO que incorpora IA e proteção de dados pessoais

https://somos.in/IJCCIP1

Camila Nascimento[1]
José Castellian Paulino[2]
Patricia Peck Pinheiro[3]

Com a evolução das tecnologias e a crescente utilização de dados no mundo dos negócios, a proteção de dados pessoais tem se tornado uma preocupação cada vez mais frequente. Empresas de diversos setores precisam garantir a proteção dos dados de seus clientes e colaboradores, não só por questões legais, mas também por uma questão de ética e responsabilidade. E um dos grandes desafios enfrentados é a mudança de cultura.

Há mais de 20 anos temos acompanhado o regulatório de inovação e seus impactos nas Instituições públicas e privadas. E toda vez que há uma nova lei, uma nova regra, um novo

---

1 Advogada especialista em Direito Digital. Graduada pelo Centro de Estudos Superiores Aprendiz, Barbacena/MG. Pós-graduada em Direito Constitucional Aplicado, Faculdade Damásio de Jesus. Pós-graduada em Direito Empresarial, Faculdade Legale. Pós-graduada em Processo Civil Empresarial e na Lei Geral de Proteção de Dados Pessoais, Faculdade Legale. Especialista em Direito Civil e Comunicação, Academia Brasileira de Direito Civil em parceria com a Faculdade de Direito da Universidade de Coimbra/Portugal. Especialista em Direito Digital, novas tecnologias e novos temas de proteção de dados, Instituto Brasileiro de Ensino. Desenvolvimento e Pesquisa (IDP). Certificada Data Protection Officer, EXIN, Holanda. Certificada Data Protection Officer, Itcerts Canadá.

2 CEO e fundador da Awtra – Ética e Integridade. Empreendedor desde os 10 anos de idade, apaixonado por Direito e Tecnologia. Responsável pelo desenvolvimento e criação da tecnologia Privy+.

3 Advogada especialista em Direito Digital, Propriedade Intelectual, Proteção de Dados e Cibersegurança. Graduada e Doutorada pela Universidade de São Paulo. PhD em Direito Internacional. CEO e Sócia Fundadora do Peck Advogados. Conselheira titular nomeada para o Conselho Nacional de Proteção de Dados (CNPD) da Autoridade de Proteção de Dados Pessoais (ANPD). Membro do Comitê Consultivo do Movimento Transparência 100% – Pacto Global da ONU. Professora convidada da Universidade de Coimbra em Portugal e da Universidade Central do Chile. Professora convidada de Cibersegurança da Escola de Inteligência do Exército Brasileiro. Professora de Direito Digital da ESPM. Membro do Conselho consultivo da iniciativa Smart IP Latin America do Max Planck Munique para o Brasil. Árbitra do Conselho Arbitral do Estado de São Paulo – CAESP. Presidente do Instituto iStart de Ética Digital. Certificada em Privacy e Data Protection EXIN.

código de conduta, há necessidade de capacitação das equipes e lideranças. Mas mais que isso, de manter um programa permanente de orientação que dê suporte a todo ecossistema de pessoas que se relacionam com a entidade, alcançando muitas vezes a comunidade e até os familiares.

Por isso, novas formas de abordagem e novos recursos instrucionais vem sendo desenvolvidos, ainda mais pós pandemia, para aumentar a eficiência deste processo educacional e além de educar, de treinar, ser capaz de garantir a aplicação prática do conhecimento aprendido no dia a dia.

Nesse contexto, a Privy+ surge como uma solução inovadora que combina a utilização dos recursos de inteligência artificial no formato de chatbot com uma base de conhecimento para orientar sobre Privacidade, Proteção de Dados, Postura Ética e de Segurança Digital tanto para equipes como para usuários em geral, sendo o principal suporte ao Encarregado de Dados, ou melhor, o seu bot DPO (bot: abreviatura de robô e DPO: abreviatura de Data Protection Officer).

A Privy+ incorpora recursos avançados de IA dentro de uma metodologia educacional para apoiar a criação da cultura de proteção de dados pessoais nas instituições e atender os requisitos não apenas da Lei de Proteção de Dados Pessoais (LGPD – Lei n. 13.709/2018), como também de demais regulamentações (GDPR, CCPA, CDC, LAI).

A Privy+ foi desenvolvida para responder a um problema: como orientar melhor todos os usuários sobre as novas regulamentações de Privacidade? Na época, observou-se que se era possível usar Bots para orientar na compra online (varejo), no agendamento de consultas (saúde), nas dúvidas bancárias (financeiro), em questões até de Covid-19 (setor público), por que não aplicar para suporte à proteção de dados, especialmente ao DPO?

A Privy+ é uma solução de *bot* DPO que utiliza recursos de IA para aprender com casos de uso e fornecer atendimentos e respostas personalizadas. O *bot* DPO é um mecanismo que permite que empresas monitorem e gerenciem como está a cultura de proteção de dados, sendo capaz de extrair KPIs relacionados a quais são as dúvidas mais frequentes.

Por se tratar de uma solução que executa tarefas automatizadas, repetitivas e pré-definidas, os bots comumente imitam ou substituem o comportamento do usuário humano, porém de forma mais rápida e automatizada.

Portanto, a utilização de IA na Privy+ permite que a solução reconheça padrões em grandes quantidades de dados, o que é uma tarefa complexa para ser realizada manualmente. A IA permite que a solução aprenda com os casos de uso, identificando e solucionando problemas de forma mais rápida e precisa. Dessa forma, a Privy+ torna-se uma solução efetiva e escalável para fomentar a cultura de proteção de dados nas instituições de todos os portes e setores.

O primeiro cliente a utilizar a Privy+ foi o escritório Peck Advogados para que pudesse testar suas habilidades e então ser levada a atender demais clientes do escritório. Ela recebe treinamento do núcleo de DPOs e de uma equipe de aprendizes que estão dedicados na área de Inteligência Artificial da Banca.

No primeiro ano, as interações exigiam respostas mais objetivas, os usuários queriam saber mais sobre a Lei em si, sobre LGPD, GDPR, sobre conceitos, o que são dados pessoas, o que são dados pessoais sensíveis.

Já no segundo ano foi necessário sofisticar o nível de compreensão e respostas da Privy+ para que pudesse entender perguntas que trazem dúvidas de usuários narradas como um problema (ou caso). Por exemplo, passou a receber interações como: "pela LGPD a farmácia pode pedir o meu CPF?"; "posso compartilhar um curriculum por whatsapp para indicar uma pessoa para uma vaga ou tenho que pedir o consentimento dela antes?".

A Privy+ tem apresentado resultados expressivos em empresas de diversos setores, auxiliando na gestão e proteção de dados de forma efetiva e escalável. Um caso de sucesso da Privy+ foi a sua implementação em uma empresa do setor de saúde, que conseguiu reduzir significativamente o tempo de gestão de privacidade e proteção de dados, além de melhorar a qualidade das informações geradas.

Com uma IA de alta capacidade, a Privy+ consegue reconhecer padrões baseados em documentos ou regras internas da empresa ou gerais baseadas na regulação. Podendo ser adaptada a vários setores, desde LGPD até Propriedade Intelectual, ela vem surpreendendo com resultados interessantíssimos no quesito interação e resposta, uma vez que as empresas que a utilizam conseguem além de reduzir notadamente os prazos, também é possível implementar e melhorar a cultura em proteção de dados.

A Privy+ foi pensada e desenvolvida para estar em conformidade com a lei e suas funções respeitam os pilares da lei, como a transparência, a minimização e a informação clara, objetiva e ostensiva. Afinal, o bot também tem que cumprir a lei e dar exemplo. Temos visto muitas soluções de chatbot que não estão em conformidade com a LGPD.

CONCLUSÃO

É certo que um *bot* pode simular conversas humanas, utilizando recursos e tecnologia de inteligência artificial e *machine learning*, levando o usuário a uma experiência imersiva e proveitosa.

E com a inovação e melhoramento da tecnologia de chatbot, a Privy+ se mostra altamente inteligente, atuando para a melhoria da comunicação com os usuários, personalização da entrega de conteúdo de forma escalável e desenvolvimento contínuo da experiência do usuário.

Nesse momento, a Privy+ está passando por mais uma atualização, para o modelo Privy+GPT e por certo os novos recursos ajudarão ainda mais.

Mesmo após 5 anos de publicação, a LGPD ainda precisa ser mais disseminada, para aumentar o grau de conhecimento das pessoas sobre a lei e funcionar como medida de prevenção para evitar incidentes, mas principalmente como meio viabilizador para as relações entre indivíduos e instituições, já que sem tratamento de dados pessoais não tem como ter interações qualitativas.

Afinal, é uma lei de proteção de dados pessoais e não de proibição, e a falta de esclarecimento gera entraves, quando há medo a tendência natural é a recusa, é dizer não, é a perda de confiança e não realização do negócio. Por isso a importância de se garantir transparência e segurança no tratamento dos dados para desenvolvimento social e econômico do Brasil.

#resolução de disputas

37 Mergulhando no negócio: a criatividade gerada em times multidisciplinares

Luis Felipe Rossi[1]

Há 10 anos atrás você imaginaria o mundo jurídico como ele é hoje? Difícil dizer mas provavelmente não. Temos visto a realidade da prática jurídica mudando em alta velocidade e por sorte estamos vivendo em tempos nos quais novas tecnologias e melhorias não param de surgir para simplificar o nosso dia a dia. E é exatamente isso que nos dá a possibilidade de experimentar novas ferramentas, aprimorar sistemas e, por que não, até propor novas soluções. Por outro lado, para que se tenha um resultado positivo gerando valor para o negócio, o profissional do direito precisa ter muito claro o que pretende, qual sua dor a ser resolvida ou trabalho repetitivo para automatizar, sem se deixar cair na tentação de perder o foco e sair experimentando tudo sem saber exatamente o que pretende. Veja, não que eu ache que experimentar não seja fundamental, mas o segredo está no foco.

Embora exista uma série de novas ideias e aplicativos para auxiliar nas discussões e negociações para soluções de conflito, nesse breve capítulo eu queria extrapolar um pouco e pensar de maneira mais ampla, para além do Direito. Como o próprio título bem diz: "Criatividade é comportamento, inovação é processo". E, para isso, eu vou resgatar um caso supercomplexo que vivi alguns anos atrás e que exigiu muito foco e um trabalho multidisciplinar gigantesco. Olhando hoje pra esse caso, tenho certeza de que aquelas discussões trouxeram uma série de ideias diferentes, pensamentos além do tradicional e muita conexão entre os times envolvidos. E, para mim, a conjunção desses fatores gerou um ambiente super propício para a inovação. Mas não apenas a inovação tecnológica, afinal de contas, embora tenhamos alguns ótimos aplicativos de mediação, aquela discussão era muito intricada e a tecnologia por si só não resolveria.

Com o problema nas mãos, um time multidisciplinar com diversas áreas da empresa começou a trabalhar de forma bastante tradicional. Escritórios, pareceres, consultorias. Foram milhares de páginas, teses e documentos. E esse método tradicional ainda funciona

---

1 Advogado, atualmente diretor jurídico do Grupo Heineken no Brasil. Já atuei nas áreas de contencioso trabalhista e cível, contratos, societário, imobiliário, concorrencial, propriedade intelectual, privacidade e legal marketing. Sou formado pela PUC-SP, pós-graduado em Direito Contratual pelo Cogeae PUC-SP e especialista em Direito Digital pela FGV-SP. Além da parte técnica cursei ainda treinamento de liderança em Ashridge, Inglaterra e na Fundação Dom Cabral.

bem, mas como não era uma discussão judicial e sim uma arbitragem, a gente começou a ter que pensar em formas diferentes de ter as informações necessárias, criar nossos argumentos e apresentá-los de forma clara, concisa e convincente. Já sei o que você deve estar pensando: Ah, ele vai falar de minutas visuais e isso a gente já faz desde 2021. Sim, alguns documentos, apresentações e linhas de raciocínio mais visuais foram usados ao longo do processo. E posso afirmar que isso ajuda muito! Mas ainda estávamos nos primórdios dessa jornada de deixar os documentos mais simples, diretos e claros para o interlocutor, então apenas isso não resolveria nossa situação.

Com meses de reuniões e muitos documentos gerados, passamos a avaliar a melhor forma de apresentar o material de forma direta e clara. Trabalhamos com uma série de apresentações nada jurídicas, infográficos e documentos mais visuais que traziam de forma palpável qual era o ponto focal da discussão – que era bem complexa.

Além de muito conhecimento técnico, o que também se mostrou fundamental nesse caso foi o conhecimento dos advogados sobre o cliente, o negócio, as fortalezas e os pontos de melhoria. Tivemos que mergulhar em muitos detalhes jurídicos, claro, mas também diversos temas comerciais, financeiros, logísticos e de produção que também trouxeram muito conhecimento do negócio.

E os clientes internos? Como os maiores impactados pela discussão, eles também precisavam ser informados de todos os passos! Então dada a importância e dificuldade do assunto, tivemos que criar e manter sempre atualizado um esquema/fluxograma supervisual em que apresentávamos de forma didática todas as possíveis variáveis do caso e as chances de êxito.

Obviamente a tecnologia também nos ajudou muito na captura de dados e cruzamento de informações entre os sistemas de controle da Companhia. Mas, quando se está diante de uma discussão complexa e com muitos detalhes do negócio que fogem do escopo jurídico, a conexão entre os participantes do grupo e a abertura para ser criativo e trazer novas ideias gerou um ambiente seguro para que todos pudessem contribuir. Não bastava apenas escrever peças agressivas e vencedoras. Precisávamos sentir na pele o que estava em jogo.

E não foi só isso. Começamos a mergulhar no detalhamento, fazendo rotas de mercado, usando redes sociais para nos conectar com advogados e executivos de outros países que poderiam contribuir com a discussão, alguns formatos de investigação interna e externa e até partimos para pesquisas de mercado.

A sacada da pesquisa veio para que pudéssemos demonstrar nosso ponto de vista de forma totalmente isenta, ouvindo o que os consumidores e clientes tinham a dizer sobre os problemas enfrentados, como enxergavam atendimento e foco, dentre outros questionamentos.

Como advogados do caso, atuávamos praticamente como gestores de projeto, conectando as áreas da companhia, buscando informações, organizando as demandas, realizando as cobranças necessárias e sinalizando para o negócio todos os riscos e impactos da discussão. Durante esse caso ficou muito clara a importância das *soft skills* no profissional do direito que, hoje em dia, para atuar de forma 360º dentro da Companhia precisa ir muito além dos conhecimentos técnicos.

Em resumo, num caso como esse, são muitas as oportunidades para pensar fora da caixa e trazer novas ideias para a mesa, mas sempre mantendo o foco na resolução do problema. Criatividade, tecnologia e pensar de forma inovadora andam juntos e cabe a nós advogados conectar esses pontos ao conhecimento do negócio de forma a obter o melhor resultado possível.

Para fechar, gostaria de deixar algumas dicas práticas caso você tenha se identificado em situações como essa:

- Conheça seu negócio;
- Seja aberto e flexível a novas ideias;
- Se dados são o novo petróleo, saiba onde localizá-los e como utilizá-los;
- Tenha foco no seu objetivo. Inovar não é quantidade, mas assertividade;
- Trabalhe em um grupo multifuncional. Os diferentes pontos de vista nos desafiam a entregar o melhor.

#resolução de disputas

38 Porque ousadia e pertinência são fatores fundamentais para implementação de ideias criativas

https://somos.in/IJCCIP1

Daniel Ruy[1]

A criatividade é uma habilidade humana absolutamente incrível, está diretamente conectada à inteligência e talento para inventar, questionar, compor a partir da imaginação e, claro, inovar.

De certa maneira, porém, a criatividade representava uma fronteira delicada e às vezes perigosa no campo do Direito, sempre com a tendência de se manter muito tradicional e conservador.

Neste capítulo, irei abordar, primeiramente, o meu próprio processo criativo e a importância desta habilidade na minha carreira no Direito. Na sequência, vou trazer breves considerações sobre a conexão desta habilidade com o desenvolvimento de times de alta performance e, por fim, pretendo descrever dois casos práticos que ensinaram lições simples, mas importantes na implementação de ideias criativas.

PROCESSO CRIATIVO

Eu me considero uma pessoa criativa, é assim que vejo e assim que eu me descreveria se você me perguntasse a minha principal habilidade. No dia a dia, não é difícil pensar em cenários alternativos, criar conceitos, fluxos ou pensar em soluções que não são óbvias. No

---

[1] Advogado, criativo, formado pela Faculdade de Direito de São Bernardo do Campo, com especialização em Direito Empresarial pela Universidade Presbiteriana Mackenzie, especialização em Relações Governamentais e Gestão de Departamentos Jurídicos pelo Insper e Compliance Ambiental, Social, de Governança e Proteção de Dados (ESG&D) pela PUC/RJ. Foi advogado na Volkswagen do Brasil, Coordenador da Comissão de Assuntos Jurídicos e Regulatórios da Associação Nacional dos Fabricantes de veículos automotores – ANFAVEA, Coordenador Jurídico na Fiat Chrysler Automobiles e Coordenador Jurídico do Projeto Puma e Contratos Corporativos na Klabin. Atualmente, é Gerente Jurídico de Negócios e Operações, onde é responsável pelas áreas de contratos e projetos de ampliação, propriedade intelectual, direito socioambiental e contencioso e consultivo cível e trabalhista.

passado, eu costumava brincar que eu me sentia criativo demais para ser advogado, porém o tempo me mostrou que a profissão que escolhi era o campo ideal para colocar essa habilidade em prática. Se você visitar meus primeiros artigos sobre Lei Ferrari[2], por exemplo, irá ter uma amostra do quanto meu pensamento vai longe para compor cenários futuros, por exemplo caso um determinado Projeto de Lei fosse aprovado, criar e interpretar o cenário que se estabeleceria, com outros pontos de vista, aliando a prática com a teoria, além de conexões entre as normas que compõem o sistema de distribuição de veículos para fechar uma análise/opinião. Você pode até não concordar com o que eu digo nos artigos, mas não há como negar que o pensamento vai longe na criatividade e imaginação.

Aliar o trabalho de advogado com a função de liderar equipes também potencializou esta habilidade. O Time às vezes precisa colocar um freio, eu me empolgo mesmo em criar e implementar métodos de interação das equipes, apresentações e relatórios, além de formas de gestão e desenvolvimento de pessoas. Em casa, minha esposa costuma caçoar, dizendo que eu vivo no "Mundo de Bobby" em referência a um desenho animado antigo. Eu adorava a referência, primeiro porque o desenho era divertidíssimo, segundo porque me sinto muito confortável em ser percebido como alguém de muitas ideias, ainda que, por vezes, elas possam ir além da imaginação...

ORDEM E CAOS

Minha cabeça tem tantos pensamentos simultâneos e vontade de criar o tempo todo que meu processo de criação mais efetivo depende de uma condição bem peculiar, qual seja, a organização. Parece contraditório (e talvez seja), mas para mim é impossível iniciar um processo criativo em um ambiente bagunçado, seja a bagunça física de uma sala/escritório ou o caos na gestão de tarefas e atividades do dia a dia. Por esse motivo, busco manter o foco no planejamento e as tarefas repetitivas automatizadas na medida do possível, assim sobra mais espaço para estudar, focar e criar. Ferramentas como o *Trello* e o *Evernote* estão presentes no meu dia a dia, acho primordial liberar esse espaço na minha mente. Para o planejamento, meu hábito é colocar em prática a "*Promessa 30/10*", ou seja, passar 30 minutos planejando a semana e 10 minutos planejando cada dia. A organização e o planejamento me trazem fluidez para criação de algo do zero, como esse texto.

No dia a dia, porém, a pressão de alguma situação a ser resolvida me ajuda a pensar em soluções criativas para cada caso, ou seja, para criar algo do nada, preciso da organização e para criar soluções para casos práticos, preciso do caos. Contribui muito para compor a minha "caixa de ferramentas" a dedicação em me atualizar constantemente e de forma curiosa em temas diversos (de ciências à economia, passando por esportes e gestão de pessoas), ordem, caos e diversidade é onde estão os caminhos para me manter sempre ativo na criatividade. Importante identificar o seu próprio processo.

---

[2] Conferir: https://www.migalhas.com.br/autor/daniel-ruy.

PROPULSORES

A criatividade pode ganhar uma força adicional com outra medida simples, a de compartilhar. Eu tive um líder na primeira multinacional que trabalhei que às vezes nos chamava para discutir um problema ou o texto de algum documento – nessas discussões ele questionava, discutíamos e ele acabava tendo novas ideias excelentes para o caso, um dia eu perguntei a ele: "Você me chama aqui só pra mostrar que tem boas ideias?" e ele respondeu "Não, eu te chamo aqui porque acredito que algo acontece quando duas ou mais pessoas se dedicam a pensar em uma solução..." – e acontecia mesmo, ele usava o time como um propulsor e eu faço isso até hoje – compartilhar ideias de projetos previamente com o time ou pessoas questionadoras, de outras áreas ou mais experientes etc. Compartilhar sempre será um "truque" simples e eficaz para aprimorar ideias criativas, além disso, o compartilhamento é meu grande "moderador" para a inclusão do quesito pertinência das ideias, como você verá a seguir neste texto.

CRIATIVIDADE CONECTADA À GESTÃO DE TIMES DE ALTA PERFORMANCE

Quando falamos das chamadas *soft skills*, a meu ver a criatividade deve ser a grande estrela. Porém, vejo como uma estrela solitária, tão especial que precisa de uma atenção específica, pois no desenvolvimento de pessoas e times, a liderança pode intervir e auxiliar no aprimoramento de habilidades como resiliência, comunicação, gestão do tempo, flexibilidade, adaptabilidade[3], atitude positiva, o *mindset* de crescimento, entre outras habilidades tidas como *soft*, mas, no fim das contas, apesar da importância do líder, o desenvolvimento de tais habilidades acaba dependendo em uma proporção maior da própria pessoa. Já a criatividade está inserida em um fator de atuação mais direta do líder, não dá para intervir em um time ou uma pessoa de forma que a torne criativa ou cobre criatividade, a atuação do líder neste ponto se dá via atitudes colaterais como, por exemplo, dar autonomia, liberdade, encorajar, admitir tentativa e erro e abrir espaço seguro para a exposição das mais diversas ideias, em outras palavras, a atitude da liderança é fundamental para criar o cenário ideal para a criatividade do time.

Uma pessoa criativa é capaz de ser uma fagulha para equipes se tornarem criativas, pois ideias vão se agregando e aprimorando cada vez mais. Já um líder somente focado em controles, centralizador, acaba por apagar e eliminar essa fagulha, gerando uma equipe quase robótica, sem espaço para criação. É uma das muitas grandes responsabilidades de um líder.

---

[3] Conferir: https://www.linkedin.com/pulse/porque-adaptabilidade-%25C3%25A9-principal-compet%25C3%25AAncia-daniel-stade-ruy/?trackingId=1MhlZZdDQL2shjNc00aQ4Q%3D%3D.

CASOS PRÁTICOS DE RESOLUÇÃO DE DISPUTAS

A seguir gostaria de trazer dois casos que vivenciei, um que trouxe uma lição importante e outro que foi um marco de como ousadia e pertinência podem ser ferramentas efetivas para solução de casos complexos.

OUSADIA

Atualmente, é comum (pelo menos muito mais comum que poucos anos atrás) que advogados incluam *QRCodes* nas peças jurídicas, com *links* para esquemas gráficos e vídeos com explicações para os juízes. Hoje, o tempo é o ativo mais valioso que se pode requerer de uma pessoa e os juízes não são diferentes, se a criatividade ajuda a entender melhor e com mais celeridade o ponto de vista que o advogado busca trazer, deve, sim, ser utilizada.

Esse é o contexto do primeiro caso, um procedimento arbitral, uma discussão complexa (como normalmente são os processos arbitrais) e envolvia a definição de responsabilidade das partes por um projeto de tecnologia mal sucedido.

Em um determinado momento do procedimento arbitral, foi sugerida a realização de um infográfico, físico e digital/interativo, para explicar, da maneira mais didática possível, a dinâmica do contrato e, assim, a lógica por trás das responsabilidades que deveriam ser atribuídas de parte a parte. Era um investimento adicional, a contratação de um *designer* especializado orientado pelo escritório de advocacia externo. Defendemos internamente que era relevante e o custo adicional valeria a pena.

A ideia era ousada para o momento do processo, tivemos alinhamentos entre o time jurídico e o *designer* e o infográfico pronto ficou lindo! Era um desenho para colocar em um quadro em uma exposição, realmente impressionava, pela objetividade, uso de cores, desenhos de fluxos, explicação dos processos, interatividade (na versão *online*) etc.

Em todo o processo de revisão do material era unânime que seria um sucesso. Até que eu tive um último *insight*, a de enviar o material para um olhar detalhado de um experiente engenheiro da empresa e que sempre me apoiava em assuntos complexos, em especial ligados à tecnologia e novos projetos. Todos os advogados já tinham visto o material, eu estava curioso para ver o que ele ia falar vendo "de fora", com outro olhar que não o jurídico, além disso confesso que eu estava ávido por um reconhecimento/validação por parte dele de que a ideia era ousada, pertinente e seria arrasadora no processo, eu queria elogios, ora!

Eis a minha surpresa, a resposta do engenheiro foi a seguinte "Realmente está lindo, parabéns, porém não sei se notou, mas está invertido!" Isso mesmo! O olhar da equipe (inclusive o escritório) era tão viciado e enviesado (após ouvir explicações milhares de vezes) e a empolgação era tanta com o moderno infográfico que ninguém havia notado um "detalhe", havia uma inversão importante do meio pro final do material e, no fim das contas, dava a entender como conclusão o inverso do que queríamos dizer!

Imagine caro leitor, querida leitora, como você explica na empresa que você pediu aprovação de um investimento adicional e prejudicou um processo importante porque foi inovar e as coisas foram invertidas? Essa lição me fez adotar como critério, sempre, na utilização de uma ideia que parece fora do comum o conceito de ousadia, mas a necessidade de compartilhamento, buscar visões diversas para o processo criativo e de inovação para que possa ser testado e revisto, tempestivamente, atendendo o critério de pertinência. Vamos utilizar um material diferente em um processo? Trazer visões técnicas fora do jurídico? Vamos implementar sistemas e tecnologia? Algoritmo? IA? Trazer visões da tecnologia (e segurança) da informação? A ousadia continua por minha conta, não abro mão, mas a pertinência passa por um processo muito aberto, transparente e humilde de compartilhamento, sempre trago mais gente e mais diversidade para o processo. Fomos salvos pelo gongo! Deu tempo de corrigir o infográfico e ganhamos o processo, afinal, foi no susto, mas aprendi (e muito) e incorporei esse importante hábito.

PERTINÊNCIA

Já o segundo caso trouxe a beleza e a simplicidade de um processo criativo, ousado e pertinente, demonstrando que nem sempre a criatividade é conectada à tecnologia ou modelos futuristas, às vezes a criatividade está em, tão somente, deixar fluir as ideias, o famoso "e se?" ou "por que não?" E, claro, a conexão pessoal com seus propósitos e os valores da empresa que você representa.

O contexto: uma situação complexa do ponto de vista jurídico, um imóvel que pertencia a uma associação sem fins lucrativos que, por sua vez, era mantida pela empresa. A associação recebeu o imóvel da empresa em doação para desempenho de suas atividades, que, na época da sua fundação era o apoio a estabelecimentos de ensino de educação infantil, ensino fundamental e ensino médio, nos termos da legislação que rege a matéria. Como a associação não tinha empregados, nem especialistas no tema, o imóvel foi, então, cedido em comodato para funcionamento de uma escola particular em um contexto em que se buscava trazer para uma cidade pequena onde a empresa possui um importante estabelecimento fabril mais opções de educação a preços justos, tanto para a formação de uma base educacional local quanto para atrair e reter funcionários que migrariam pra cidade.

Após mais de 20 anos de funcionamento dessa escola, o panorama da cidade mudou, já não era a única opção de educação privada disponível e passou-se, assim, a praticar o preço de mercado – ou seja, já não cumpria o objetivo inicial, acabava sendo simplesmente mais um negócio privado na cidade, mas com uma diferença substancial: estava instalada gratuitamente no imóvel da associação o que, potencialmente, gerava um desequilíbrio na concorrência para outras instituições, que arcavam com o custo de um local para se instalar.

Era aquele cenário que não poderia continuar como estava, pois a associação não estava cumprindo seu propósito no fim das contas e a utilização do imóvel somente beneficiava um particular e seus alunos com boas condições financeiras e não havia no horizonte nenhuma solução para colocar no lugar, dado todo o arcabouço que envolve a legislação destinada a regular associações sem fins lucrativos.

Lembro de ter me reunido com o diretor responsável pela unidade fabril na época e perguntado a ele: "Qual seu objetivo, afinal?" – eu não queria respostas como "resolver o problema...", buscava entender dele o que ele esperava como resultado dessa situação. Após muita conversa ele finalmente me disse "estamos distorcendo a concorrência na cidade com este imóvel e não devolvendo nada para a sociedade ou os funcionários da empresa...".

Era ali que nascia a primeira fagulha do processo de resolução do conflito que estava para se instalar – era necessário onerar a operação da escola, em primeiro lugar, em segundo não adiantava arrecadar dinheiro para a associação neste contexto, sem uma gestão efetiva de utilização de tais recursos em prol de atividades educacionais e sociais.

Foi quando entrou a ousadia: "E se construíssemos um programa de bolsa de estudos?" A ideia colocada para discussão, onde daríamos espaço para estudar em uma escola particular crianças cujos pais não tinham condição de pagar e, ao mesmo, oneraríamos a operação da escola particular. A proposta era capturar alguns assentos na escola, que deixaria de arrecadar as mensalidades e seria onerada ao mesmo tempo em que encamparíamos uma ação social e vinculada ao propósito da associação... o diretor me encorajou a estruturar com detalhes a ideia e apresentar para aprovação, era o líder dando espaço para o campo criativo, papel fundamental.

Foi aí que o processo criativo fluiu, tanto na confecção da minuta para tal tipo de acordo quanto para as apresentações e relatórios internos que seriam submetidos para aprovação da Diretoria da empresa e conselho da escola. Saiu da minha cabeça a proposta inteira, do zero, eu fui criando o como, onde e porquê a cada etapa, do processo de seleção de alunos aos critérios socioeconômicos, tempo de duração, condições para manutenção da bolsa, valores envolvidos etc. Agendei reuniões com especialistas, debati o tema com os responsáveis pela escola. Ousadia na ideia, pertinência em cada etapa do processo criativo.

O fato é que até hoje a bolsa de estudos funciona e muito bem dentro do modelo desenhado (e melhorado pelas demais áreas envolvidas posteriormente). Sempre penso em quantas crianças cujos pais não teriam condições de pagar uma escola particular tiveram a vida impactada com novas oportunidades, parece meio piegas, mas realmente gostaria de um dia ouvir as histórias dessas crianças, como a educação impactou e mudou o futuro de cada uma delas. De uma situação que aparentemente não tinha solução, foi possível encontrar uma saída em que todos ganham e tudo isso devido a utilização da criatividade de onde, talvez, ela era menos esperada, o Jurídico!

Criar está muito ligado ao que está no interior de cada indivíduo e suas experiências e vivências, logo a liderança deve dar espaço para que as pessoas se expressem. Um Time de alta performance precisa ter personalidade[4] e não se dá espaço para personalidades fortes em um ambiente de medo ou fechado para criação e novas ideias. Orgulho-me muito de ver o Time jurídico Klabin com muita personalidade, como já disse em outra ocasião, temos craques que resolvem jogos, confiam no plano de jogo, mas tem a liberdade de improvisar quando necessário, dar aquele chute de fora da área, arriscar um drible a mais em busca dos resultados. Um time que foca, continuamente, em se aprimorar para mostrar seus talentos individuais, sem esquecer de trabalhar unidos e buscando orientação, quando necessário.

---

4 Conferir: https://www.linkedin.com/pulse/final-da-liga-dos-campe%25C3%25B5es-e-reflex%25C3%25A3o-equipes-precisam-daniel-ruy/?trackingId=1MhlZZdDQL2shjNc00aQ4Q%3D%3D.

Nas minhas apresentações sobre liderança, eu costumo dizer que o Jurídico deve saber juntar, como uma verdadeira arte, "ousadia" e "pertinência". Sugestões criativas devem ser ousadas, mas pertinentes, sugeridas com fundamento, adequadas para aquele determinado momento. Esse é o critério para o sucesso na implementação de soluções criativas, inclusive na resolução de disputas, como você pôde conferir nos casos que descrevi o que acontece quando existe ousadia, mas não existe pertinência e, por outro lado, como a mágica ocorre quando ambas se unem.

#resolução de disputas

A era da resolução de disputas 4.0: como a tecnologia está transformando a forma como solucionam os conflitos

39

https://somos.in/IJCCIP1

Camila Suarez[1]
Rafaela Sanson[2]

Muitas são as variáveis a serem consideradas no momento de implementação de uma operação de acordos. Cada departamento jurídico lida com as particularidades de negócio da Companhia, com desafios operacionais e orçamentários, com a postura do Judiciário frente às suas teses e até mesmo com a postura mais ou menos ofensiva dos advogados adversos que acabam por patrocinar as ações contra a empresa. Diante de um cenário tão particularmente complexo, as plataformas de ODR – *Online Dispute Resolution* surgiram como uma alternativa de serviço especializado para otimizar a operação de acordos das empresas e alavancar os resultados obtidos.

O objetivo deste capítulo é trazer uma abordagem da condução de uma operação de acordo sob duas óticas diferentes. Para tanto, reunimos duas autoras que estiveram presentes na implementação de um projeto de acordos trabalhistas. De um lado, trazemos as considerações de uma representante do jurídico interno de uma empresa do ramo do varejo alimentício. De outro, uma representante da equipe de Sucesso do Cliente da Legaltech especializada em resolução de disputas online contratada para o projeto.

Sabemos que o Brasil é o país que mais se judicializa processos em todo mundo e, quando redimensionamos esse recorte para o âmbito trabalhista, o cenário é ainda mais

---

1 Advogada com experiência por 7 anos nas esferas trabalhista e criminal, hoje como Gerente de Gestão Imobiliária da ZAMP (Burger King e Popeyes), Green Belt, com XBA em Gestão Administrativa, Inovação e Liderança Exponencial, apaixonada por solucionar problemas, movida a desafios, com o propósito de impactar positivamente a vida de outras pessoas.

2 Advogada formada pela UERJ, mediadora extrajudicial pelo CBMA e com MBA em Digital Business pela USP/Esalq. Após adquirir experiência em resolução adequada de conflitos e Sucesso do Cliente no ramo jurídico, atualmente atua na área de Eficiência Jurídica com o objetivo de explorar o potencial do departamento jurídico na orientação dos negócios.

desafiador, não só para o Judiciário e para as partes envolvidas no processo, mas especialmente para as empresas varejistas. Com um alto número de colaboradores que ingressam em seu primeiro emprego, em sua maioria pessoas jovens, a rotatividade também acaba sendo relevante e, em média, aproximadamente quinze por cento daqueles que saem acabam distribuindo uma reclamatória.

Ao aprofundarmos as análises de causa para entender o que de fato motiva um colaborador a recorrer ao Judiciário, conseguimos validar algumas hipóteses e destacamos as principais de forma resumida: (i) insatisfação com a jornada de trabalho ou, especialmente, com a liderança direta; (ii) sentimento de injustiça quanto ao tipo de desligamento, principalmente quando executado por justa causa; (iii) influência de colegas ou profissionais que incentivam a judicialização; e (iv) desconhecimento da legislação e normas do trabalho quanto às verbas devidas na rescisão.

Após o mapeamento das causas, com o principal objetivo de melhorar o ambiente de trabalho mitigando a distribuição de novas ações, implementamos diversas ações de conscientização aos colaboradores sobre os direitos e deveres, desenvolvemos ferramentas com o apoio da tecnologia de fácil acesso para responder dúvidas, esclarecer situações, corrigir o necessário e atuar nas dores de forma assertiva e dinâmica. Porém, por mais efetivas que sejam as ações de melhoria, é inevitável que existam questões que acabem no Judiciário.

O simples ajuizamento de um processo, por si só, já gera prejuízos para a companhia. De pronto, há a necessidade de provisionamento com impacto no resultado financeiro, custos com escritórios de advocacia, além das despesas processuais ao longo da discussão, tempo despendido para análise do caso, busca por teses e jurisprudência, comparecimento em audiências, busca por documentos, testemunhas e preposto, dentre outros.

Ao calcular esses impactos financeiros, somados ao risco de uma condenação devido a dificuldades enfrentadas nessa dinâmica, considerando também que eventual decisão desfavorável no desfecho de um processo após cerca de três anos faz com que os valores sejam acrescidos de juros, correção monetária e/ou multa, percebemos que não faz sentido levar todos os casos adiante, salvo aqueles que temos uma boa base documental, testemunhal, teses e afins.

Em meio às dificuldades aqui relatadas, encontramos a parceria perfeita para mitigar os impactos financeiros e operacionais de um processo trabalhista por meio da realização de acordos em todas as fases processuais por intermédio de uma plataforma inovadora com potencial para atuação de forma estratégica, em especial antes da primeira audiência onde os custos evitados são bastante relevantes.

Encarar os desafios ilustrados sob a ótica de uma plataforma de acordos significa, primeiramente, entender o que motiva uma empresa a buscar os serviços de uma Legaltech especializada em resolução de conflitos *online*. Em seguida, cumpre alinhar as expectativas da empresa contratante com o projeto em si e enriquecer a operação com dados e com sugestões especializadas da Legaltech. Portanto, passaremos a abordar os principais pontos de atenção na implantação e na condução de uma operação de acordos e explorar como foi feito na prática.

- **Conheça a realidade do seu cliente**

As plataformas de acordo naturalmente atendem operações de empresas de diferentes segmentos e, por esse motivo, é essencial ter consciência de suas particularidades. De modo resumido, isso significa que as negociações precisam espelhar não apenas a individualidade das demandas envolvidas, do objeto do processo, mas também considerar o contexto que a empresa está inserida. Na prática, nota-se que a complexidade da negociação e a postura na sua condução podem variar conforme a realidade posta.

No projeto em questão, foi essencial para o sucesso das tratativas de acordo conhecer o público-alvo da negociação. Ainda que realizada diretamente com o advogado representante, o perfil da parte adversa envolvida dita pontos importantes na negociação. Tratando-se de uma operação de negociação em processos trabalhistas no ramo do varejo alimentício, a rotatividade dos colaboradores passa a ser uma característica conhecida, impactando, de modo geral, no tempo de casa e menores valores associados à demanda, por exemplo. Tal característica, além de ser prevista na política de acordos da empresa, municia o negociador com argumentos interessantes para o sucesso das tratativas e a consequente celebração do acordo.

Nesse sentido, é fundamental ter em mente que negociar um acordo não é o mesmo que a mera oferta de valores para encerramento de processo judicial. De fato, praticamente todos os acordos envolvem a negociação de valores, mas existem outros elementos que compõem um acordo, como eventuais obrigações de fazer, termos da minuta, prazos e condições de pagamento, por exemplo, que podem ser utilizados como argumentos para incrementar a negociação e aumentar as possibilidades de celebração do acordo.

- **Explore os objetivos e alinhe as expectativas da empresa com a operação de acordos**

Em virtude das considerações acima expostas, para além do conhecimento do contexto geral da empresa e do estudo da política de acordos disponibilizada, cumpre destacar a importância do alinhamento operacional minucioso para o conhecimento das particularidades do cliente. Para além das regras, diretrizes e exceções previstas nos manuais formais da política de acordos, o alinhamento operacional inicial, muitas vezes denominado de *onboarding*, possibilita a compreensão dos objetivos da empresa com a política de acordos apresentada.

Uma sugestão para a condução desse primeiro momento é a construção em conjunto de um documento envolvendo algumas das principais diretrizes da negociação. A Legaltech pode compilar especificidades operacionais que merecem destaque e que, muitas vezes, podem não estar esmiuçados na política de acordo, como o SLA para envio da minuta, para pagamento, contagem de prazos em dias úteis ou corridos, a possibilidade de pagamento em conta poupança ou não, na conta do autor/reclamante ou do advogado, entre inúmeros outros. Sugere-se, ainda, o desenho de uma mensagem de proposta inicial contemplando esses maiores detalhes, de modo a explicitar todos os passos ao longo daquela negociação.

Ato contínuo, o alinhamento de expectativas é essencial para o sucesso da operação. Quanto antes os envolvidos conversarem sobre os objetivos e resultados esperados, bem como sobre as possibilidades e limites comumente observados na prática de uma Legaltech especializada em negociações, melhor será a condução da operação de acordos. Desse modo, torna-se possível entender se a prioridade do departamento reside na redução de ticket médio, no prazo de duração das negociações ou no maior encerramento possível da carteira, por exemplo.

Forçoso reconhecer, ainda, que os exemplos listados são pontos importantes e observados na prática, mas vale ratificar que estamos falando sobre prioridade para alinhamento de expectativas. Inclusive, esse foi um ponto essencial para a obtenção do sucesso contínuo no case envolvido. Sem tal alinhamento, teríamos um departamento jurídico insatisfeito com os resultados apresentados pelo seu prestador de serviços e uma Legaltech frustrada por empregar seus melhores esforços sem priorizar e alcançar o objetivo de seu cliente.

Ademais, ainda que as partes envolvidas comuniquem suas expectativas no processo de *onboarding*, é essencial o acompanhamento constante ao longo da operação. No caso em tela, iniciamos com reuniões mensais e, ao longo da operação, fomos entendendo e ajustando a periodicidade dos encontros conforme os desafios observados. As trocas e alinhamentos ao longo do processo são essenciais para a eficiência do projeto, mas, além disso, as interações contribuem muito para que ambos os lados se desenvolvam cada vez mais.

- **Insights relevantes para a condução da operação**

No caso em pauta, é indiscutível a importância da postura do departamento jurídico perante os *insights* e as sugestões apresentadas pela Legaltech ao longo da parceria. Certamente, os dados apresentados e os feedbacks coletados ao longo da operação desempenham um papel crucial no embasamento das indicações realizadas pela Legaltech, sendo certo que as mesmas teriam sido em vão sem a abertura por parte da empresa em ouvir tais informações e redirecionar a rota. Assim, vimos na prática a importância na definição de metas, no alinhamento de expectativas, na comunicação contínua e, com destaque, na flexibilidade para ajustes e mudanças ao longo da operação.

- **Detalhes operacionais do *case* em questão**

Em consonância com o cenário exposto, a fim de alcançarmos os resultados planejados, as negociações contaram com algumas características estratégicas, destacando-se entre elas a negociação humanizada, o suporte telefônico consistente e o dashboard interativo.

A opção pela negociação humanizada foi um ponto de partida para a decisão pela contratação da Legaltech. Ao falarmos de uma negociação para encerramento de um processo judicial, sabemos que a situação já foi desgastante o suficiente para a parte a ponto de levá-la ao Judiciário. Se aproximar do advogado adverso, investir na construção do *rapport*, utilizar os argumentos coletados e ferramentas próprias de negociação são estratégias que podem se mostrar decisivas para o sucesso do acordo. No fundo, sabemos que todos querem resolver os problemas e a empresa, por sua vez, busca contê-los ao máximo e, nas situações que não foi possível evitar o conflito, solucioná-lo da forma mais adequada possível. No presente caso, a negociação realizada por profissionais especializados foi o caminho escolhido para perseguir tal objetivo.

Com a formalização e a concentração das negociações na Plataforma de Acordos, permitindo o acompanhamento do projeto, a transparência e o controle de qualidade das negociações realizadas, o contato telefônico realizado pela equipe da Legaltech apresenta um considerável ganho de performance nas negociações, visto que a comunicação também humanizada valoriza a troca realizada com o advogado adverso e, de fato, enriquece as etapas desempenhadas pela tecnologia.

Por fim, com a realização das tratativas via Legaltech, as plataformas de acordos surgem, portanto, como um serviço especializado com suporte tecnológico para aumento da produtividade na condução das negociações, permitindo, ainda, o acompanhamento em tempo real das métricas envolvidas no projeto de acordos. Uma vez que as negociações ficam concentradas na plataforma, é possível ter uma visão global dos processos postos para negociação, seus status e mais: acompanhar a performance, valores de ticket médio, economia, tempo de duração das negociações, motivos das negociações infrutíferas, entre incontáveis outros dados que são gerados pelas próprias negociações. Pensando em métodos ágeis e melhores práticas de produtividade, sabe-se que acompanhamento por planilhas ou e-mails não se mostra como a melhor das estratégias e, nesse ponto, as plataformas de ODR podem auxiliar (e muito).

#legal design

40 O poder dos sonhos: como o *legal design* & *visual law* moldaram uma nova experiência de consumo no consórcio de motocicletas

Fernanda Julio Platero[1]
Rui Caminha[2]

INTRODUÇÃO E CONTEXTO

Milhões de pessoas no Brasil possuem o sonho de serem donas de uma motocicleta[3]. O veículo próprio muitas vezes é um meio de sustento da família, em outras ocasiões é a única forma disponível de locomoção digna. Além de tudo, é também um desejo pessoal, um símbolo de conquista, autonomia e liberdade.

Goethe dizia que as pessoas deveriam sonhar grande, pois os sonhos pequenos não mobilizam o coração dos homens. Foi um grande sonho que motivou Soichiro Honda a mudar para sempre o mercado automobilístico mundial, criando um novo conceito de mobilidade por meio da produção de motocicletas de qualidade a um preço acessível, de forma que bens e pessoas pudessem se deslocar de maneira fácil e rápida.

A Honda tem como mote esse desejo por transformação e a crença de que uma moto pode ser muito mais do que um veículo, mas um sonho para quem adquire e para todos aqueles que participam da sua cadeia produtiva. Não é à toa que o lema da empresa é "The Power of Dreams" ou "O Poder dos Sonhos"[4].

---

1 Atualmente ocupa o cargo de Diretora Jurídica nas empresas do grupo Honda no Brasil, é advogada formada há 24 anos, com LL.M pela Ceu Law School e especialista pela FGV Law, possui vasta experiência em Departamentos Jurídicos de grandes empresas nacionais e multinacionais, nos segmentos financeiro; agroindustrial; tecnologia da saúde e automotivo.

2 Advogado, graduado em Direito pela Universidade de São Paulo, Mestre pela FGV-EAESP, pesquisador em transformação digital jurídica, palestrante internacional, membro do CLOC (Corporare Legal Operations Consortium) e vencedor do LIO (Legal Innovation in Operations awards), principal premiação global em inovação jurídica. Fala sobre Legal Data Analytics, Legal Design, Direito Visual e empreendedorismo jurídico. Fundador do escritório Caminha Barbosa & Siphone Advogados, atualmente é CEO do Juristec+ Inteligência Jurídica e do Vitta – Visual Law.

3 ABRACICLO (Associação Brasileira dos Fabricantes de Motocicletas, Ciclomotores, Motonetas, Bicicletas e Similares). Produção de Motocicletas 2022. Website ABRACICLO, 2023. Disponível em: https://www.abraciclo.com.br/site/wp-content/uploads/2023/01/Produ%C3%A7%C3%A3o-de-motocicletas-12-2022.pdf. Acesso em: 12 de maio de 2023.

4 HONDA. Nossa História. Website HONDA Brasil, 2023. Disponível em: https://www.honda.com.br/institucional/nossa-historia.Acesso em: 12 de maio de 2023.

Esse sonho rapidamente se expandiu e em pouco tempo a operação da empresa que surge no Japão do pós-guerra expande-se globalmente, incluindo o Brasil. Em 1976, a Honda inicia a produção de motocicletas no Brasil por meio da fábrica de Manaus. A planta continua sendo motivo de orgulho para a companhia, sendo a unidade fabril mais verticalizada da marca no mundo. O primeiro lançamento no Brasil foi a motocicleta a CG 125 em 4 de novembro de 1.976, que revolucionou o mercado nacional por sua versatilidade, robustez e economia[5].

O sonho, contudo, não acabava na fabricação das motocicletas. Era necessário apoiar e viabilizar a comercialização dos bens produzidos. Para facilitar o acesso dos consumidores aos veículos Honda, em 1981 foi criado o **Consórcio Honda.** Desde então foram mais de 12,5 milhões de cotas comercializadas e 5 milhões de motocicletas Honda novas entregues[6].

O ***Consórcio***, com sua base legal fixada na Lei n. 11.795/2008, viabiliza uma modalidade de compra programada, por meio da qual um grupo de pessoas com interesses comuns, pagam parcelas mensais com o intuito de constituir um caixa denominado "fundo comum". Dessa maneira, este grupo de pessoas físicas ou jurídicas, passa a se autofinanciar, viabilizando a aquisição de bens móveis, imóveis ou serviços. A indústria automobilística, fabricante do objeto de desejo de vários destes grupos consorciais, por meio das administradoras de consórcio, realiza o sonho de muitos brasileiros que, por meio da compra do produto ***Consórcio***, conseguem acessar o veículo desejado de forma menos burocrática e mais inclusiva. Diferentemente de um financiamento bancário, o consumidor do ***Consórcio*** não paga juros, apenas uma taxa de administração e eventuais encargos constantes nas cláusulas contratuais.

A inovação financeira criada no país teve alta adesão do mercado consumidor. Em 2022, segundo dados da ABAC – Associação Brasileira de Administradoras de Consórcios, o mercado de consórcios do Brasil comercializou mais de R$250 bilhões em créditos, um crescimento de 13,4% em relação ao ano anterior, com mais de 9 milhões de consorciados ativos, sendo que das quase 4 milhões de cotas comercializadas em 2022, 31,1% foram para segmento de motocicletas[7].

2. SITUAÇÃO ATUAL & ESTRATÉGIA DE MUDANÇA

E o que tudo isso significa para a inovação jurídica? Significa que anualmente mais de 3 milhões de consumidores brasileiros firmam contratos de consórcio. Significa também que esses contratos, como qualquer relação contratual de consumo, podem ser objeto de questionamentos e disputas administrativas e/ou judiciais. Significa que, por mais que o propósito

---

5 HONDA. Honda no Brasil – Cronologia. Website HONDA Brasil, 2023. Disponível em: https://www.honda.com.br/institucional/honda-no-brasil/cronologia. Acesso em: 12 de maio de 2023.

6 HONDA. Honda no Brasil – Cronologia. Website HONDA Brasil, 2023. Disponível em: https://www.honda.com.br/institucional/honda-no-brasil/cronologia. Acesso em: 12 de maio de 2023.

7 ABAC – Associação Brasileira de Administradoras de Consórcios. Produção de Motocicletas 2022. Website ABAC, 2023. Anuário Sistema de Consórcios 2023 – Desempenho 2022. Disponível em: https://materiais.abac.org.br/lp-anuario-do-sistema-de-consorcios-2023. Acesso em: 12 de maio de 2023.

do consórcio seja simplificar o acesso ao crédito, nem sempre isso é fácil de ser traduzido em cláusulas jurídicas, em especial, em um contexto altamente regulado pelos órgãos estatais.

Enfim, significa que é altamente factível imaginar que exista um "hiato" entre a forma como esses contratos são escritos e a capacidade de compreensão plena da maioria das pessoas sobre termos jurídicos. Esse hiato, de fato, parece mais um abismo, em especial quando se tem uma grande parte da população nacional com baixa escolaridade.

Sob outro aspecto, vivemos num país altamente litigante, onde o Judiciário é acionado repetidamente para resolver conflitos entre partes que por vezes, pelo baixo conhecimento, se socorre desta via para dirimir suas questões. Portanto, também há um grande interesse em tornar o produto ***Consórcio*** mais compreensível para o público magistrado, uma vez que constantemente é procurado como meio para dirimir dúvidas, orquestrar acordos e julgar questões conflituosas.

Esse é o cenário que o jurídico da Honda no Brasil, especificamente o time jurídico vinculado à Administradora de Consórcio Nacional Honda Ltda., encontrava-se. Inserido em uma das maiores administradoras de consórcio do país, que vendeu em 2022 mais de 900 mil cotas de consórcio, o time do jurídico notou que a forma tradicional de contratação já não era suficiente para suprir as demandas do consumidor por acessibilidade, inclusão e transparência. O Direito, ou pelo menos a forma de apresentá-lo, precisava ser reinventada, precisava ser "desenhado" para ser plenamente compreendido e foi isso que o Jurídico Honda em parceria com o Villa – Visual Law Studio fizeram.

Honda e Villa se debruçaram sobre o desafio: criar o primeiro **"Manual de Consórcio"** do Brasil e, provavelmente do mundo, utilizando técnicas de design gráfico e simplificação da linguagem. A premissa estabelecida era que criatividade e inovação serviriam de norte para todo projeto e os pontos focais seriam o Poder Judiciário e os clientes. Em especial, os clientes que ao entender melhor o produto que adquiriam, melhorariam suas experiências de consumo, teriam menos dúvida e eventualmente litigariam menos. O resultado deveria atender as necessidades legais da companhia e das regulamentações pertinentes, mas deveria fazê-lo na forma que melhor pudesse ser compreendido pelo usuário final, seja este o cliente Honda ou o julgador de um processo consumerista.

A forma mais adequada de resolver o problema era por meio de um novo campo da atuação jurídica conhecido como *Legal Design*, uma abordagem multidisciplinar que aplica os princípios e técnicas do *Design Thinking* ao campo jurídico, criando uma interseção entre os campos do Direito, linguagem, design e tecnologia. O objetivo é tornar o Direito, seus conteúdos, estruturas e fluxos mais acessíveis, compreensíveis e centrados no usuário, por meio da criação de produtos, serviços e processos jurídicos mais eficazes e amigáveis. Dentro do *Legal Design* há uma vertente focada na comunicação visual de informações jurídicas, também conhecida como *Visual Law*, que foca exatamente na transformação de conteúdos jurídicos complexos em informação acessível ao público-alvo[8].

8 Apesar da abordagem nova do Legal Design & Visual Law, há uma literatura especializada que começa a emergir

3. O PROCESSO DE TRANSFORMAÇÃO

A partir do estabelecimento do: (i) desafio; (ii) premissas; (iii) propósito dos entregáveis; (iv) criação do GT (grupo de trabalho); e (v) metodologia, as equipes das empresas iniciaram uma jornada de colaboração, criação e execução embasada na adaptação das técnicas de "design thinking" à realidade jurídica, as quais podem ser resumidas nas seguintes etapas:

1) **Empatia:** compreensão do público-alvo e suas necessidades. O que envolveu pesquisar e se colocar no lugar das personas dos leitores para compreender suas expectativas, preferências e desafios em relação aos contratos apresentados.
2) **Ideação:** quais ideias podem resolver as dores mapeadas? Etapa de *brainstorm*[9], onde as ideias eram discutidas livremente, em seguida agrupadas e analisadas sob modelos diversos, como análise SWOT[10] para que pudessem ser depuradas para a fase seguinte de prototipação.
3) **Prototipagem:** desenvolvimento de protótipos das soluções selecionadas na fase de ideação. Incluiu mock-ups e esboços de documentos, cujo objetivo era criar uma representação tangível das principais ideias para que pudessem ser testadas e refinadas.
4) **Avaliação e escolha:** avaliação, evolução e teste dos protótipos junto aos *stakeholders*[11] do projeto e potenciais consumidores. O conjunto de feedbacks foi utilizado para identificar o protótipo ideal.
5) **Desenvolvimento:** etapa core de aplicação da metodologia de *Visual Law*, composto por duas vertentes principais: simplificação da linguagem jurídica, técnica conhecida também como *plain language*[12]onde o contrato é relido e reformulado sob a ótica

---

sobre o tema: HAGAN, Margaret. Legal design lab. Stanford, CA: Stanford d.school, 2013. Disponível em: https://www.legaltechdesign.com/. Acesso em: 14 maio 2023.
PASSMORE, J. The designer's guide to law. London: Bloomsbury, 2020.
SHERWIN, R. K. Visualizing law in the age of the digital baroque: arabesques and entanglements. New York: Routledge, 2011.
HAAPIONEN, Riikka; PASSERA, Stefania. Legal Design: A Practitioner's Guide. Helsinki: Dottir Press, 2022.

9 O publicitário e autor Alex F. Osborn obra seminal sobre processo criativo, cunha o termo "brainstorm": "uma técnica de solução de problemas em grupo na qual os membros são incentivados a apresentar todas as ideias que vêm à mente, na busca de uma solução, sem qualquer análise ou crítica". OSBORN, A.F. *Applied imagination:* Principles and procedures of creative problem-solving. New York: Charles Scribner's Sons, 1953.

10 A análise SWOT (Strengths, Weaknesses, Opportunities, Threats) refere-se a uma abordagem de estratégia empresarial que auxilia de forma simples equipes a mapearem os pontos fortes, pontos fracos, oportunidades e ameaças relacionadas a projetos de negócios, novos ou existentes. Uma das principais referências sobre esse recurso de planejamento é o artigo acadêmico: HILL, T.; WESTBROOK, R. SWOT Analysis: It's Time for a Product Recall. Long Range Planning, v. 30, n. 1, p. 46-52, 1997.

11 Grupo heterogêneo de pessoas e áreas sob impacto do projeto ou com poder e interesse de influenciar o projeto.

12 O Autor Joseph Kimble define "plain language" como "uma escrita que é clara, concisa, organizada e baseada nas necessidades do leitor, com o objetivo de tornar a informação acessível e compreensível para o público-alvo". KIMBLE, J. Writing for Dollars, Writing to Please – The Case for Plain Language in Business, Government, and Law. Durham, NC: Carolina Academic Press, 2012.

do leitor. Nesse momento, profissionais de linguística, juntamente com advogados, são os principais responsáveis pelas mudanças. A segunda vertical do *Visual Law* é o redesenho do texto por meio da inserção de elementos gráficos como ilustrações, infográficos, diagramação inclusiva e sumários no formato de páginas resumo.

6) **Entregas:** o processo de design thinking é cíclico e iterativo. Todas as entregas realizadas estão sujeitas a críticas e revisão, sendo que o modelo final é consequência desse processo construtivo. No caso do **"Manual de Consórcio"** do Contrato Honda enquanto as versões iam avançando era comum que novos *stakeholders* fossem chamados a opinar sobre o projeto, sendo que ao final, havia representantes de áreas diversas além do jurídico, como marketing, vendas, operações, relações institucionais e outras. O total de versões superou 30 até se chegar à versão final.

4. OS RESULTADOS

Seguindo esses passos, os times Honda e Villa desenvolveram um novo documento, um "manual ilustrado" que facilitava a compreensão do consumidor, apoiava no processo comercial e o auxiliava no entendimento sobre o produto junto ao judiciário. O resultado final do **"Manual de Consórcio"** do Contrato Honda foi pioneiro no mercado, totalmente inovador, com linguagem amigável, ilustrações e figuras que facilitam o entendimento do produto "consórcio". A cadeia virtuosa foi maior do que inicialmente planejada pelo Grupo de Trabalho.

Ao final, as equipes de vendas que estão alocadas nas concessionárias receberam o novo **"Manual de Consórcio"** do Contrato Honda e foram orientados quanto às inovações trazidas. Os escritórios de advocacia, com um novo regulamento em mãos, passaram a contatar com um poderoso elemento de defesa, que fortalecia as teses jurídicas. Após implantação do projeto, em novembro de 2021, vários depoimentos foram colhidos e fizeram o Grupo de Trabalho acreditar que todos os desafios do percurso compensaram e que os resultados superavam as expectativas iniciais:

> "O *Visual Law* demonstrou-se como uma importante solução para simplificar e facilitar o entendimento dos nossos clientes sobre seus deveres e direitos na aquisição do consórcio. Sabemos o quão relevante isso é para o processo de 'onboarding' dos clientes. Parabenizo o time jurídico pela iniciativa e trabalhos realizados" (Mezger Abrão, Supervisor de Marketing & Digital HSF).

> "O consórcio Honda acaba de criar um manual de regulamento muito prático e fácil de entender (tanto pelo consorciado quanto pelo consultor). Eu diria que o consórcio Honda conseguiu fazer um resumo de tudo que é transmitido para nós consultores quando vamos fazer um treinamento pelo consórcio, tudo de forma muito clara e bem fácil de entender. Me chamou bastante atenção a parte onde explica e mostra exatamente o cálculo e a forma que a Honda contempla por sorteio o cliente. Essa é uma questão que quase 100% dos clientes perguntam. Outra parte legal foi a

colocação de imagens e desenhos, deixando mais interativo e menos maçante" (Renan Goetzke, vendedor da Concessionária Nícola Motos, Santa Maria/RS).

"Estamos muito satisfeitos com o uso de *Visual Law* implementado pela Honda. Dentre muitos benefícios que a ferramenta apresenta, podemos destacar a facilidade de explicar ao juiz e ao consumidor como funcionam o Consórcio e o financiamento bancário. Também observamos que causa boa impressão ao juiz a percepção de que a Honda se empenha em prestar informações claras, precisas e de forma simples ao consumidor. Por fim, destacamos a importância de nos mantermos atentos à inovação nos meios jurídicos, nos permitindo obter decisões mais justas e favoráveis à Honda" (Kaliandra Franchi, titular do Escritório Franchi & Franchi/BA).

"Trata o consórcio de sistema de natureza jurídica específica e peculiar, se comparado aos outros produtos financeiros disponíveis no mercado. Partindo de tamanha especificidade, poder contar com um manual tão autoexplicativo e claro, com a preocupação de ser assertivo e visualmente acessível é, na nossa opinião, instrumento valioso na construção de uma sociedade mais empática e inclusiva. Mudanças simples, visualmente compreensíveis e compreendidas no modo de apresentar o produto com clareza, facilitam e muito a vida de TODOS, consumidores, vendedores, operadores do direito e o próprio judiciário" (Valéria Scapin, Procuradora de Entidades Públicas de Mato Grosso do Sul e advogada).

CONCLUSÃO

A inovação adotada pelo Consórcio Nacional Honda, por meio da aplicação do *Legal Design* e *Visual Law*, ecoa a premissa que "criatividade é comportamento e inovação é processo" e revela o seu poder transformador. A criação do primeiro "Manual de Consórcio" no Brasil – e possivelmente do mundo – demonstra que a criatividade moldou o comportamento da empresa e a inovação se tornou o processo pelo qual o Direito, tradicionalmente complexo, tornou-se acessível e amigável ao usuário. A Honda e o Villa – Visual Law Studio deram um passo importante na direção de uma nova era de contratos de consumo, estabelecendo um padrão centrado no cliente.

O Case Honda e Villa pode servir de guia para outras organizações que desejam adotar a inovação jurídica como forma de melhorar a experiência do cliente e impactar positivamente o negócio. Alguns tópicos e dicas de destaque são:

1) **Empatia:** compreenda seu público-alvo e suas necessidades. Pesquise e se coloque no lugar dos seus clientes para entender suas expectativas, preferências e desafios em relação aos contratos.
2) ***Legal Design* & *Visual Law*:** adote essas novas estratégias centradas no cliente como forma de transformar a sua comunicação jurídica. Lembre-se de que *Legal Design* aplica princípios e técnicas de *Design Thinking* ao campo jurídico – a metodologia

base vem daqui. O *Visual Law* concentra-se na comunicação visual de informações jurídicas e baseia-se em duas verticais principais: redesign de conteúdos escritos por meio ilustrações, infográficos, diagramação inclusiva e sumários; e simplificação da linguagem Jurídica, também conhecido como *plain language*.

3) **Colaboração:** encoraje a colaboração entre diferentes departamentos da empresa para obter uma variedade de perspectivas e ideias. No caso Honda e Villa, além do departamento jurídico, outras áreas como marketing, vendas, operações, RI etc., contribuíram para a criação do novo documento.
4) **Especialização:** *Legal Design* & *Visual Law* são novas abordagens na área jurídica que requerem uma nova especialização profissional, a qual não é trivial, pois é um conhecimento ainda não consolidado e altamente interdisciplinar, que requer inclusive habilidades alheias à formação jurídica tradicional, como design gráfico, programação etc. Encontre parceiros que estejam aptos ao desafio ao mesmo tempo que capacita as equipes internas para a nova realidade.
5) **Do modelo à entrega:** desenvolva protótipos das soluções selecionadas e teste-os com os stakeholders do projeto e potenciais consumidores. Use o *feedback* recebido para identificar a solução ideal. O processo de *Design Thinking* é cíclico e iterativo. Todas as entregas devem estar sujeitas a críticas e revisões. O produto final é o resultado desse processo contínuo de construção e aperfeiçoamento.

#legal design

41 *Legal design* e processos criativos para engajar pessoas

https://somos.in/IJCCIP1

Fellipe Branco[1]
Maria Goldberg[2]

1. NO INÍCIO, HAVIA O NADA

Nossa contribuição nesta obra é falar de parte do processo de construção de um novo Manual do Estudante para uma grande Holding do ramo da educação[3], desenvolvido pela *Quark Legal Design*[4] e, também, vamos falar sobre processo de *design*, criatividade, desafios e indicar possíveis caminhos para resolução de problemas.

A própria essência do *design* parte da observação das pessoas em seus contextos. Muito mais que entender como pode ser um novo modelo de Manual do Estudante, entendemos a

---

1 Bacharel em Desenho Industrial com habilitação em Programação Visual pela Universidade Estácio de Sá e ex-aluno do curso de extensão de Design Thinking da Pontifícia Universidade Católica do Rio Grande do Sul (PUCRS). Professor e Consultor de Visual Law da Future Law. Professor convidado do Ibmec e de cursos sobre Legal Design e Visual Law na ESPM. Professor convidado do LL.M. Direito e Tecnologia do Ibmec Rio. CEO na Quark Legal Design.

2 Advogada formada pela PUC/RJ e ao longo dos seus 23 anos de carreira profissional primeiramente especializou-se dentro da carreira jurídica, tendo feito pós-graduação em direito empresarial e MBA no IBMEC/RJ e mestrado em regulação e concorrência na UCAM/RJ. Trabalhou em grandes escritórios nacionais e internacionais. Posteriormente, migrou para carreira executiva, liderando departamentos jurídicos de grandes empresas em setores regulados (infraestrutura, óleo & gás, educação superior) e não regulados com peculiaridades (varejo em situação especial/reestruturação). Realizou cursos de formação em liderança (Harvard Business School, Program for Leadership Development, class 26 e Fundação Dom Cabral, in company para líderes). Atualmente, está cursando o Advanced Boardroom for Women para formação como conselheira de administração na Saint Paul Escola de Negócios/SP. Lidera o grupo de mulheres Estratégicas. É mãe de dois filhos, Victoria e David, e casada há 20 anos com um grande sócio de escritório de advocacia.

3 Este capítulo foi escrito enquanto Maria esteve à frente do departamento jurídico de uma das maiores instituições de ensino superior do Brasil e reflete a opinião acadêmica dos autores sobre a importância de construir projetos inovadores com ferramentas menos tradicionais aplicadas ao Direito.

4 Empresa de Legal Design. Conferir: http://www.quarklegaldesign.com.br.

importância de se mapear o contexto e necessidade deste Manual existir. Toda investigação que se faz é em torno das pessoas (alunos e aspirantes) que receberão este documento e qual o papel que este presta na jornada inicial destas pessoas em sua relação com a Instituição de Ensino Superior. E isso faz toda diferença. Em suma, não produzimos simplesmente um novo Manual, mas sim analisamos como se dá o uso deste manual e como este uso pode ser potencializado.

Sendo assim, no início havia (talvez) um caos. Existe um documento que não é lido e raramente consultado, existem informações que não conseguem ser compreendidas, existe uma procura direta dos canais de atendimento, antes da consulta do manual. E essas "dores" foram todas endereçadas e vistas como parâmetros-chave para a construção desse novo Manual.

2. POR QUE NÃO VAMOS FALAR DE *DESIGN THINKING*?

Debbie Levitt, CEO da Delta CX, falou sobre *Design Thinking*[5]:

> Poderíamos dizer que fazer um raio-X é apenas ficar atrás de uma máquina de raio-X, fazer um raio-X, diagnosticar o problema e criar o tratamento ou solução. Qualquer leigo sem formação ou conhecimento médico poderia executar essas etapas e retirá-las de uma lista. Quem você quer tirar e interpretar seu raio-X e, em seguida, definir o curso do seu tratamento?
> O mesmo se aplica ao *Design Thinking*. Você pode verificar seus passos em uma lista, mas qual foi a sua abordagem e qual foi a qualidade e a profundidade do seu trabalho?

Com isso, é importante ressaltar que ***Design* não é uma metodologia. *Design* têm metodologias**. E são várias.

O *Design Thinking* foi inventado para ajudar não *designers* a entender como pode funcionar o processo de *design*, mas não é exatamente o que os *designers* fazem. *Design Thinking*, portanto, é um reducionismo perigoso e que "vende" a ideia de que o processo de *design* é rápido e simples; que basta você seguir os 5 passos do *framework* e a solução estará dada ao final. Mentira. E essa mentira pode atrapalhar todo o fomento da inovação no universo jurídico/judiciário[6].

O valor real do *Design Thinking* está mais na gestão de tempo e de projetos do que na condução de processos criativos. E *aí* se estabelece a crítica à metodologia.

Uma das premissas básicas que são adotadas na Quark é que os produtos são sempre vistos como **serviços.** Isso nos obriga a:

- entender a situação inicial do objeto de análise e a relação do público com ele;

---

5 LEVITT, Debbie. Design Thinking isn't User Experience. Disponível em: <https://www.cmswire.com/digital--experience/design-thinking-isnt-user-experience/>.

6 BRANCO, Fellipe. Trago a inovação amada em 4 dias. Disponível em: <https://www.jota.info/opiniao-e-analise/colunas/regulacao-e-novas-tecnologias/trago-a-inovacao-amada-em-4-dias-29042023>.

- entender as necessidades da existência do produto/serviço;
- qual serviço esse produto precisa entregar;
- a arquitetura da informação a ser transmitida, etapa que ajusta a hierarquia da informação que se deseja transmitir;
- como a informação será disposta na tela/página e as facilitações gráficas para melhorar o entendimento de conceitos mais complexos;
- testagem com público real;
- eventuais ajustes;
- entrega do projeto visualmente adaptado e com mensagem direcionada para os leitores do documento.

E, se for para sugerir um *framework* que seja mais fiel à forma como os *designers* trabalham, sugerimos o que é demonstrado pelo professor Vijay Kumar em seu livro *101 Design Methods*[7].

Cada um dos tópicos acima pode utilizar uma metodologia de pesquisa e análise diferente e esse livro apresenta formas diversificadas para alcançar um resultado possível.

3. CIRANDA DAS IDEIAS

Foram dois principais desafios que nortearam as decisões desse projeto:

1) Como reduzir a busca dos alunos para sanar as dúvidas pelos canais de atendimento, fazendo com que a primeira consulta seja no manual do estudante?
2) Como fazer um manual que seja fácil de ser atualizado pelo time interno da Instituição de Ensino Superior?

Para nenhuma dessas questões existe uma resposta pronta. Para se ter possíveis caminhos, é necessário ouvir e perguntar. *E fazer as perguntas certas.*

A primeira questão talvez seja impossível de ser respondida com 100% de acurácia. A abordagem que faz mais sentido para se aproximar de uma resposta é primeiro entender quais razões fazem com o que o aluno busque primeiro o atendimento em detrimento do Manual.

Foram conversas com o time do jurídico interno, com os canais de ouvidoria, com as secretarias, times de *marketing* e comunicação e com os alunos para se ter um diagnóstico. Essa é a nossa primeira linha de investigação. O resultado obtido disso foi a necessidade de:

- simplificação do texto;
- aprimorar a setorização e forma de busca da informação;
- facilitações gráficas e textuais para facilitar a interpretação.

---

7 KUMAR, Vijay. *101 Design Methods*. Disponível em: http://www.101designmethods.com/.

E, para responder a segunda questão, foram feitas conversas com o time interno e com o time de tecnologia da instituição com finalidade de entender processos e com isso, optou-se por uma versão em ***PowerPoint***, software que já é de conhecimento do time.

Assim sendo, primeiro o conteúdo foi trabalhado para buscar sanar os pontos levantados pela primeira questão e, posteriormente, em programas próprios de *design* gráfico, geramos uma amostra de como poderia ficar o novo manual.

4. *DESIGN* GRÁFICO AMARRANDO CONCEITOS

Legal Design não é só *design* gráfico, também é texto, também é mensagem. A etapa do *design* gráfico, em que se pensa a organização da informação, é a última.

As escolhas são baseadas nos conceitos já estabelecidos pelos times de *marketing* e comunicação. Tipografia, cores, elementos gráficos, todos já definidos pelo Manual da Marca.

Com isso, resta a costura dos conceitos textuais com os conceitos visuais. Alguns pilares importantes deste processo é entender bem o que é:

- **Proximidade:** este pilar é extremamente importante para que seja possível identificar os grupos de informação e criar relações entre eles.

A proximidade está relacionada ao uso do espaço visual para mostrar a relação entre os conteúdos.

- **Espaço em branco:** essa é uma parte importante de toda a composição pois está diretamente relacionada ao conforto visual.

Tenha em mente que não é um espaço em branco literalmente, mas um espaço vazio, livre de qualquer informação.

São os espaços que separam grupos de conteúdos, imagens, textos e até mesmo as margens do seu documento.

- **Alinhamento:** pense que seu conteúdo está organizado em uma grade. Existem linhas invisíveis que organizam a informação.

A falta de um alinhamento consistente faz com que o trabalho visual pareça bagunçado, desorganizado.

- **Contraste:** esse pilar auxilia na hierarquização da informação, criando diferenças sensíveis entre os conteúdos fazendo com que nosso olhar perceba as diferenças pretendidas.

Títulos, subtítulos, cores, peso ou estilos, cor... tudo isso são formas de criar contrastes e possibilitar formas de atrair o olhar e a atenção de quem ler seu documento.

- **Repetição ou consistência:** essa parte nos fala sobre a necessidade de que todo o projeto visual precisa ter uma aparência visual uniforme, ou seja, encontrar uma maneira de reforçar seu design por meio da repetição de certos elementos.

Por exemplo, família tipográfica, paleta de cores, padrão de ícones quando usados de forma consistente diminuem o esforço cognitivo na interpretação das mensagens. Quando o seu interlocutor sabe o que esperar, pode se concentrar no conteúdo da mensagem, sem surpresas.

Baseado nesses pilares o documento foi finalizado.

5. O DESAFIO É A ATUALIZAÇÃO

Uma das dores mais presentes nos projetos de *Legal Design* é o *pós*. O que se faz agora com o projeto pronto? Como podem ser feitas as atualizações? Esse ponto é sempre levado em consideração nas primeiras etapas do projeto.

Foi mapeado que existe capacidade técnica do time que será responsável pela atualização desde que utilizado *software* conhecido e, por isso, a escolha do *PowerPoint*.

Então, toda a etapa de criação e validação do conceito foi realizada em *softwares* próprios de design gráfico e, com tudo aprovado e validado, montamos o documento no *Powerpoint* para que ele seja fácil de ser manipulado.

6. DITO ISSO...

Todo projeto tem desafios únicos e diversas possíveis soluções. O que é importante ter em mente é que o *Design* Gráfico sozinho não é capaz de resolver os problemas que são levantados.

Muitas conversas, pesquisas, análises são necessárias para se ter caminhos possíveis para a estruturação de um projeto de sucesso.

Vale ressaltar que o *Design Thinking* também não é o método que vai tornar seu projeto viável. Ele pode ser uma boa ferramenta para gestão de projetos, mas não de gestão de *design*/inovação, como um *framework* ou passo a passo de um projeto de *design*. Para a condução de um bom processo de inovação ou processo criativo é necessário, também, um conjunto de ferramentas e metodologias que o *Design Thinking* não aborda, além de repertório.

O projeto do Manual do Estudante está em fase final e em breve ficará disponível para os todos os estudantes da Instituição de Ensino Superior e assim se iniciará a fase de implementação e coleta de resultados dos usuários do projeto. Nesta fase poderemos mensurar o quanto foi possível reduzir o volume de procura para informações e o quão mais fácil se tornou a busca por informações no próprio manual.

Todo o relato e explicação da concepção do projeto gráfico, revela um grande esforço de um departamento jurídico de se tornar protagonista de projetos que tenham impacto direto no negócio.

O uso do Manual com o novo *design*, além de contribuir para um dos valores da instituição que pretende ser o da simplificação – objetivo todos os dias perseguidos para mudança de cultura – poderá aumentar os Índices de Satisfação dos alunos usuários, que poderão encontrar as informações que necessitam sem uso de canais de atendimento físicos, além de um objetivo mais indireto que é o uso, caso necessário, de explicações e regras de forma mais simplificada em juízo.

A nossa experiência em defesas judiciais demonstrou que em grande parte das situações:

1) **há uma incompreensão das regras internas da instituição**, as quais, por conta do princípio da autonomia universitária garantido constitucionalmente, devem ser cumpridas já que livremente acordadas pelos alunos quando do ingresso na instituição; ou
2) por conta da complexidade das operações do Grupo e os curtos prazos de retorno das demandas dos alunos ou do volume de ações judiciais, **acaba não sendo possível reunir as regras em um local de fácil compreensão e demonstrações em juízo.**

Ao saírem de suas zonas técnicas de conforto e atuarem em um projeto com reflexo direto na satisfação dos alunos é algo que contribui também para que os advogados corporativos transitem de suas funções muitas vezes silenciosas de proteção dos interesses da instituição para uma atuação direta no principal *stakeholder* do negócio que é o aluno. Sem aluno satisfeito, não há receita; sem receita, não há negócio; sem negócio sustentável, não há acionista satisfeito e esse círculo precisa estar se retroalimentando a todo tempo, com os advogados entendendo perfeitamente sua função em todos os elos dessa cadeia.

#automação

42 Automação de contratos: eficiência operacional ou inteligência jurídica?

Alexandra Priscila Luiz Camargo[1]
Gabriel Bagno M. Senra[2]

1. AQUECENDO O DEBATE

Ao longo da história, a humanidade tem buscado incessantemente melhorar a eficiência e a eficácia das atividades cotidianas por meio da automação. A atividade jurídica, ainda que tardiamente, também foi impactada diretamente pela automação de processos e a utilização de tecnologias inovadoras.

Dentre as inúmeras possibilidades que se apresentam, uma forte tendência são os contratos digitais. O processo de digitalização de contratos, contudo, se inicia com a padronização e a automação da elaboração das minutas. Quando se fala em aplicação da tecnologia para geração automatizada de contratos, não se pretende substituir o papel do advogado, mas sim otimizar a elaboração, revisão, negociação e assinatura de documentos, proporcionando maior agilidade, redução de custos e minimização de erros humanos.

Neste capítulo, abordaremos o contexto e o processo por trás de um projeto de geração automação contratual no departamento jurídico de uma empresa. Afinal, quais os reais obstáculos e benefícios? O que é mais importante: otimizar a velocidade e eficiência do processo de elaboração contratual ou produzir dados estruturados para aumentar a inteligência jurídica do negócio?

Na visão dos autores, os dois objetivos não são concorrentes, mas complementares, e só são atingidos por meio de um equilíbrio entre trabalho humano e tecnologia. É o que passamos a explorar.

---

1 Advogada, mãe e atuante no campo de estudos sobre direito e tecnologia, especialmente nos temas voltados à proteção de dados, legal operations, inteligência artificial e inteligência jurídica. Pós-graduada em Direito Internacional pela PUC-SP; MBA em Direito Empresarial pela FGV-SP e mestranda em Direito e Tecnologia pela FGV-SP.

2 Advogado e empreendedor. Atua como CEO da Linte, empresa da qual é o fundador. Cursou MBA em Finanças pela Fundação Dom Cabral.

2. POR QUE FALAR DISSO AGORA?

A dificuldade em lidar com contratos corporativos hoje é análoga a um problema do século passado: o transporte marítimo antes dos *containers*.

Se você visitasse um porto em 1940 veria inúmeros trabalhadores carregando e descarregando caixotes, barris e sacos de tamanhos diferentes para encaminhar as cargas ao seu destino final. Era uma verdadeira bagunça. Os navios passavam mais tempo parados nos portos, sendo carregados e descarregados, do que no mar. Também não havia como rastrear as cargas, então os pacotes frequentemente se perdiam durante o transporte, constituindo uma enorme perda de negócios.

Pensar no fluxo de elaboração e revisão de contratos na maioria das empresas hoje em dia não é tão diferente. O processo é tão ineficiente, confuso e dispendioso quanto.

Nenhuma empresa lida com contratos do mesmo jeito, mas em geral, eles são conduzidos manualmente por meio de um labirinto confuso de regras, partes interessadas e contrapartes, e não há uma boa maneira de rastrear informações valiosas sobre a jornada do contrato ou o próprio contrato.

A necessidade, contudo, é a mãe de todas as invenções, e coisas que têm sido feitas da mesma maneira por milênios, como transporte e contratos, não mudam sem um catalisador.

Para o transporte, o catalisador foi a Segunda Guerra Mundial. Os países não podiam mais arcar com atrasos ou perdas de munições. Eles idealizaram uma solução simples e elegante: padronizar o tamanho de todos os *containers* para que não fosse necessário gastar tempo carregando e descarregando cargas.

Essa padronização em larga escala, chamada de contêinerização, transformou o transporte de uma bagunça caótica em um sistema organizado, eficiente e sem perdas, que podia rastrear a carga até seu destino final sem a necessidade de manuseio manual. Esse novo padrão é o motivo pelo qual hoje você pode receber e rastrear qualquer coisa entregue na porta da sua casa em apenas dois dias.

A competitividade no mundo corporativo atual requer um novo paradigma: contratos digitais.

O catalisador para mudar a forma como entendemos os contratos é a revolução digital da última década, que criou o mundo mais complexo e interconectado da história humana.

As empresas modernas precisam ser competitivas e resilientes, o que significa responder cada vez mais rápido aos desafios geopolíticos, tecnológicos e sociais. Elas simplesmente não podem ser resilientes se seu sistema de contratação – que, na prática, é o sistema operacional subjacente a todas as decisões empresariais – for uma bagunça. Eles precisam de um novo padrão mais ágil e inteligente.

Chamamos esse padrão de "contratação digital": um sistema padronizado para contratos entre empresas que conecta pessoas a sistemas e dados. A contratação digital transformará contratos de documentos monolíticos e estáticos em fluxos de dados que carregam as informações essenciais que equipes e empresas precisam para serem resilientes na era digital moderna.

Estamos próximos dessa realidade? Ainda não. No entanto, é para lá que a evolução tecnológica caminha de forma inevitável e irreversível. Diante desse cenário, optamos pelo caminho mais difícil (e ao mesmo tempo prazeroso), que foi o de colaborar e participar da construção do novo paradigma em contratos.

Entendemos que para que seja possível falar em contratação digital, precisamos dar um passo inicial e tornar o processo de elaboração contratual mais ágil e inteligente. A isso chamamos de automação contratual.

3. SONHO OU REALIDADE?

Tivemos a oportunidade de trabalharmos juntos em um projeto de automação contratual que ilustra muito bem os benefícios operacionais da automação e importância da inteligência jurídica no negócio. Como desafio, tínhamos uma empresa multinacional que faz negócios com inúmeros fornecedores anualmente e um time jurídico que precisa garantir que as contratações estejam dentro da conformidade e políticas corporativas existentes.

Apesar de já trabalhar com algumas minutas padronizadas, que eram disponibilizadas aos fornecedores em formato "*.docx*" por email, o jurídico era envolvido em todas as aprovações, revisões e negociações, seja do contrato original ou de algum eventual aditivo ou distrato.

Com um time enxuto e um volume crescente de trabalho, era inevitável que as análises contratuais fossem demasiadamente lentas e burocráticas ou, ainda, em algum momento da vida do contrato o prazo de renovação pudesse passar despercebido pelo time. Além disso, a falta de tempo impedia que o time pudesse traçar novas oportunidades estratégicas de negócios.

Em meio ao caos, a empresa concluiu que precisava criar *containers* e padronizar o processo de elaboração e negociação contratual.

No entanto, aplicar inteligência (leia-se: revisão de padrões, regras de governança, redação de cláusulas e suas exceções), bem como adotar ferramentas de automação exige uma mudança de mentalidade, e os departamentos jurídicos ainda têm uma cultura bastante focada em gerenciar problemas ao invés de evitá-los. Outro falso entendimento é acreditar que a introdução da tecnologia gerará corte de pessoal.

No projeto de automação contratual que conduzimos, a primeira ação foi exatamente fazer com que o time jurídico compreendesse essas premissas. Em um departamento que lida com questões tão complexas e que impactam nos negócios, otimizar o tempo com a redução de atividades burocráticas ou repetitivas era justamente o que permitiria que as pessoas usassem o tempo em busca de melhorias para os negócios.

Outro aspecto importante é o alinhamento de expectativas e a necessidade de esforço humano para implementar ferramentas. Por mais que a tecnologia avance, não existe milagre. Esta é, inclusive, uma falácia que precisa ser combatida. Não basta contratar um software e esperar que tudo seja resolvido da noite para o dia.

É preciso muito esforço e dedicação do time, sobretudo no período de implementação, para garantir o alinhamento das expectativas, entender como as ferramentas funcionam e decidir como e quais processos serão automatizados.

Esta é, sem dúvida, uma barreira a ser superada: convencer a liderança a alocar tempo de um ou mais profissionais praticamente dedicados ao projeto de inovação ou automação que se quer realizar, em uma atividade "nova", fora do escopo original de trabalho.

Com a introdução do *software* de gestão de contratos, o fluxo passou a ser da seguinte forma: um novo fornecedor entra em um site público, se cadastra, informa que tipo de serviços vai prestar e o contrato padrão é fornecido imediatamente, a partir de um conjunto de cláusulas e regras de negócio que consideram cada especificidade da contratação.

Caso o fornecedor não concorde com alguma cláusula, ele indica no sistema a nova redação desejada, e a ferramenta cria um fluxo de aprovação para o jurídico ou para a área de negócio revisitarem a solicitação de exceção.

Com isso, a empresa ganhou organização e eficiência em seu processo: minutas contratuais já não são mais simplesmente *.docx padrão*, mas uma biblioteca de cláusulas que interagem entre si; a interação do jurídico, fornecedores e setor de compras ocorrem em tempo real dentro da própria plataforma; o jurídico passa a ter maior controle sobre os contratos podendo tomar decisões com base em dados disponibilizados em *dashboards*; reduz-se o tempo operacional e aumenta-se o tempo estratégico.

Como fatores de sucesso, utilizamos os seguintes critérios e indicadores: tempo médio até assinatura; nível de satisfação do time de suprimentos em relação ao trabalho do jurídico; nível de satisfação dos fornecedores em relação à empresa; minutas assinadas sem intervenção do jurídico e volume de negociações antecipadas em renovações contratuais.

A realidade demonstrou que o processo de gestão de contratos tornou-se mais célere, eficiente e acurado e o time jurídico transformou-se em muito mais estratégico, preventivo e especialmente motivado.

4. EFICIÊNCIA OPERACIONAL OU INTELIGÊNCIA JURÍDICA?

A eficiência operacional e a inteligência jurídica não são concorrentes, mas sim complementares. Esta é consequência daquela. Compreender essa relação é fundamental para que as empresas aproveitem ao máximo as oportunidades oferecidas pela automação de contratos.

A eficiência operacional, obtida por meio da automação, possibilita a redução de tempo e recursos gastos em processos manuais e repetitivos, permitindo às equipes jurídicas dedicarem-se a tarefas de maior valor agregado. Ao automatizar, criamos dados mais estruturados, que por sua vez podem ser analisados por profissionais, que agora têm tempo para isso. A inteligência jurídica surge, portanto, como consequência direta da eficiência, uma vez que profissionais do direito podem aprimorar suas habilidades analíticas, estratégicas e criativas, contribuindo para a tomada de decisões mais assertivas e a melhoria dos resultados da empresa.

A automação de contratos, portanto, não só proporciona ganhos significativos em termos de agilidade e redução de erros, mas também tem o potencial de revolucionar a forma como os departamentos jurídicos operam. Ao automatizarem a rotina contratual, as empresas podem transformar o papel dos profissionais de direito, passando de meros executores de tarefas burocráticas para parceiros estratégicos na condução dos negócios.

Diante desse cenário, é fundamental que as organizações reconheçam a importância da automação de contratos e invistam em projetos voltados para essa área. A adoção dessa tecnologia não somente otimizará os processos internos, mas também contribuirá para a construção de um ambiente mais dinâmico e inovador, no qual a eficiência operacional e a inteligência jurídica caminham juntas, potencializando o sucesso das empresas e dos profissionais que dela fazem parte.

#automação

43 Consultoria ágil no jurídico de uma multinacional

https://somos.in/IJCCIP1

Ricardo D'Ottaviano[1]

Em primeiro lugar, gostaria de agradecer o convite para fazer parte dessa iniciativa e poder trazer um pouco da experiência que temos vivido na implementação do projeto denominado "Agile Consulting", em tradução literal "Consultoria Ágil".

Esse projeto surgiu da nossa intenção de elevar os padrões de suporte ao cliente interno para o *next level*, ou seja, o departamento já operava de uma maneira bastante satisfatória e harmônica, mas entendíamos que havia espaço para melhorias. Obviamente, como um departamento de modelo tradicional de suporte, baseado principalmente nas divisões geográficas, tínhamos, assim como qualquer outra empresa multinacional, nossas próprias limitações que este modelo proporciona. Poderia citar como exemplo dois dos principais desafios: diferentes idiomas e o conhecimento jurídico (*expertise*) específico.

Buscamos então um novo modelo operacional, onde pudéssemos não apenas atender nossos clientes internos da melhor maneira possível, mas também endereçar questões e limites internos do próprio departamento.

Como tínhamos a cultura *agile* como base para o projeto, entendemos ser primordial envolver o time para tomar as decisões mais importantes que serviriam de base para a implementação da iniciativa. Esta também foi uma decisão que buscava intensificar o "*sense of belonging*" de todos os envolvidos, pois o time era 100% remoto e estávamos em plena

---

1 Formado pela Faculdade de Direito de São Bernardo do Campo, cursou o LLM – Direito do Mercado Financeiro pelo IBMEC/SP e MBA Executivo pelo INSPER/SP, trabalhou em escritórios de advocacia no Brasil e Espanha, assim como em empresas de auditoria. Nos últimos 20 anos, especializou-se em empresas do setor de IT/Tecnologia, tendo exercido posições de liderança em empresas como CPMBraxis/Capgemini e, nos últimos 12 anos, na Dell Technologies, onde atualmente é responsável pelo jurídico na América Latina. Participou de diversas conferências como painelista em temas diversos como a adequação de empresas às leis emergentes de privacidade de dados na América Latina, assim como discussões sobre liderança, desenvolvimento de talentos e o uso de tecnologia nos departamentos jurídicos.

pandemia. Assim, buscamos realizar algumas sessões de *brainstorming*, em que chegamos à conclusão de que este novo modelo de trabalho se basearia nas seguintes premissas:

- Ser uma equipe unida, que pudesse realmente ser chamada de "UM TIME";
- Profissionais com perfil resiliente, proativo e colaborativo;
- Que possam prestar suporte sobre qualquer tema jurídico, de qualquer país da região, para qualquer cliente na região (*Matter & Territory Agnostic*);
- Existir equilíbrio entre os membros da equipe com relação ao volume de trabalho sob responsabilidade de cada um;
- Que possam se auto-organizar, sem interferência do gestor;
- Com um processo de decisão baseado em métricas; e
- Que seja possível com o projeto acelerar o processo de aprendizagem e desenvolvimento do próprio time.

Com relação ao modelo operacional, entendemos que deveríamos dividir o time em pequenas células, que seriam responsáveis por responder os questionamentos das áreas do Direito mais demandadas. Estas células seriam compostas por quatro pessoas, com a presença mandatória de um especialista no tema, que coordenaria as atividades dos demais participantes da célula. Estes estariam nas células com o intuito de aprender e se tornar em médio e longo prazos também especialistas neste mesmo assunto.

Esse modelo só funcionaria se houvesse alguma tecnologia disponível para ser usada como plataforma, assim como a definição de papéis e responsabilidades claros para os membros de cada célula, a definição de processos claros, a definição das métricas para medir a evolução e sucesso do projeto, além de obviamente um líder como um todo.

Definimos então os pilares sob os quais o projeto deveria ser desenvolvido e operacionalizado. São eles: **"Processos", "Pessoas", "Tecnologia" e "Métricas".**

PROCESSOS

Começamos a definir papéis e responsabilidades de todos os envolvidos. Conforme mencionado anteriormente, entendíamos ser imperativo a participação de todos para aumentar a sensação de pertencimento e responsabilidade sobre o projeto. Desenvolvemos então:

- **Matriz de complexidade:** por assunto tratado, definindo os critérios sobre os quais temas seriam considerados de alta, média ou baixa complexidade. Esta definição era bastante importante para definir qual *team member* dentro de cada célula seria responsável pelo atendimento imediato do caso;
- **Processos de contratação e reposição de profissionais do departamento:** para que os novos contratados pudessem se adaptar e entender suas responsabilidades da maneira mais rápida possível;
- **Processo de transição para os profissionais que decidissem sair da empresa:** com o intuito de fazer o "handover" de responsabilidades da maneira mais suave possível;

- **Desenvolvemos um procedimento de monitoramento de legislação**: algo que poderia impactar nossas operações.

Além disso, implementamos também o modelo operacional da árvore de decisão, sob o qual criamos:

- as diferentes células onde teríamos até quatro profissionais envolvidos, sendo um necessariamente o considerado *subject matter expert*, o verdadeiro especialista no assunto;
- as regras para criação de tickets pelos membros do próprio time; e
- as regras sobre as quais permitiríamos a "cessão" de tickets entre os profissionais.

PESSOAS

Em minha opinião, este é o principal pilar do projeto. Sem ele, nenhum outro funcionaria. Por essa razão, nosso trabalho tem sido árduo na construção do que podemos realmente chamar de "UM TIME". Passamos, então, a desenvolver:

- uma identidade do time, seu manifesto, onde teríamos de maneira bem clara e objetiva as intenções e motivos sobre os quais operaríamos como time neste projeto;
- *team building activities*, atividades de engajamento de equipe, de maneira regular, para aumentar o engajamento e a colaboração entre todos, além do fortalecer o comprometimento com o projeto;
- *retro-meetings*, que passaram a ser não apenas uma realidade, como uma demanda dos próprios membros do time para discutir eventuais melhorias ao final de projetos específicos ou após um determinado tempo de operação;
- um plano de treinamento que envolvia a parte de conhecimentos técnicos específicos, assim como o desenvolvimento ou aprimoramento de *soft skills*;
- um programa de relacionamento com clientes internos, onde convidamos profissionais de áreas distintas a virem se apresentar e explicar o trabalho que costumam desenvolver; e
- reuniões que chamamos de *clinics*, onde percorremos o caminho inverso do item anterior, abrindo espaço para interessados tirarem dúvidas sobre determinados temas em reuniões abertas. O foco aqui é reduzir demanda de trabalho para assuntos repetitivos e liberar tempo dos profissionais para focar no trabalho mais estratégico.

TECNOLOGIA

Esse pilar será sempre bastante crítico. Entendemos que a tecnologia tem que ser aplicada para facilitar nosso dia a dia e não o contrário. Sem ela, não conseguimos obter objetivos mais arrojados, em maior escala, e aqui não tem sido diferente.

Trabalhamos para desenvolver critérios e canais importantes de relacionamento entre os próprios membros do time, fomentando a comunicação e troca de conhecimento entre todos, além de permitir novas experiencias aos profissionais que tem se dedicado de corpo e alma para aprender novos *skills* relacionados à tecnologia. Posso dizer com muito orgulho que temos profissionais hoje preparados para desenvolver ferramentas de tecnologia com o intuito de buscar maior eficiência no cotidiano. A mentalidade do time é bastante clara no sentido de buscar sempre uma maneira inovadora de desenvolver suas atividades. Muitas vezes uma simples ideia de mudança pode trazer ganhos de eficiência importantes. Muitas destas ideias podem inclusive não estar relacionadas com a utilização de tecnologia.

Gostaria de destacar neste pilar a criação do nosso portal do projeto, onde pudemos inserir o acesso a praticamente todas as ferramentas necessárias para que nossos profissionais possam desenvolver seu trabalho sem maiores distrações. Seria como um *one stop shop* para todos. Além disso, lançamos para todo o time um desafio para o desenvolvimento de soluções que endereçassem questões críticas de ferramentas internas que estivessem gerando um trabalho adicional ou desnecessário. Este desafio foi baseado em aplicações de LowCode Nocode. Para nossa surpresa, tivemos diversos projetos sendo propostos, sendo que alguns deles com aplicação e desenvolvimento imediatos. Desenvolvemos ainda *chatbots* internos com o intuito de redirecionar clientes para conteúdos de perguntas e respostas previamente desenvolvidos para solução de casos com baixa complexidade.

MÉTRICAS

Por fim, precisávamos medir a eficiência de todo o projeto e utilizar tais dados para definir próximos passos. Passamos então a definir as métricas sob as quais entendíamos que deveríamos operar. Era imperativo que tais métricas pudessem ser extraídas de maneira regular e automática, evitando o tratamento manual. Estas métricas serviriam para definir não apenas os próximos passos do projeto em termos operacionais, mas principalmente ajudar a liderança a tomar decisões estratégicas com relação ao próprio time.

Era importante, portanto, entender a demanda de trabalho que chega ao departamento jurídico. Cito entre as principais métricas: (i) áreas mais demandantes; (ii) países mais demandantes; (iii) assuntos mais demandados (aqui dividimos entre área primária e secundária impactadas para entender ainda melhor o perfil das demandas que chegam ao departamento jurídico) entre outros. Importante ressaltar que fazemos uma análise periódica das métricas com o intuito de entender se há a necessidade de adaptação ou mudança para algum outro parâmetro que melhor reflita o trabalho desenvolvido pelo time como um todo.

Enfim, esta tem sido uma jornada bastante enriquecedora e prazerosa a todos os envolvidos. Temos aprendido muito com todos os membros do time, sem exceção, e temos muito orgulho de dizer que esta jornada está apenas no início. Temos muito mais por vir nos próximos anos com o aprimoramento das ferramentas atuais, assim como com a utilização das novas tecnologias disponíveis.

#automação

44 Fluxo de pagamentos *gourmet*: entenda a receita tecnológica para automatizar os pagamentos de fornecedores

https://somos.in/IJCCIP1

Luiz Felipe Tassitani[1]
Thiago Rocha da Palma[2]

Quando fui contratado como advogado na área de Gestão de Contencioso, por uma grande empresa do setor petroquímico de atuação global, minha principal missão era participar do Projeto de Implantação do Sistema de Gestão de Processos.

Após seis meses de trabalho recebi um convite irrecusável para assumir a gerência da área de Planejamento Jurídico e Paralegal. Uma de minhas responsabilidades era dar uma oxigenada na área que agregava a gestão dos sistemas jurídicos da companhia, a elaboração de procurações e substabelecimentos, a elaboração e gestão de orçamentos e o pagamento de prestadores jurídicos, entre outras tarefas importantes para o funcionamento do jurídico interno.

Aprendi que FAZER gestão é muito mais do que a teoria mostra.

Assumir a área foi um fator muito importante para minha carreira, pois foi minha primeira experiência como gestor de um time de peso, composto por nove pessoas. Apesar de ter me preparado bem e dominar a teoria, eu estava ansioso para colocar tudo o que aprendi durante as vivências em empresas anteriores, inúmeros cursos que fiz na área jurídica, de inovação, digital e, mais especificamente, durante o MBA em Gestão de Pessoas que, na época, eu estava prestes a concluir na USP/Esalq. Tudo isso fazia parte da minha jornada e do investimento que eu estava fazendo há um bom tempo, desde que decidi pivotar minha carreira como advogado.

---

1 Advogado especializado em Gestão Jurídica Estratégica e Contencioso, com MBA em Gestão de Pessoas (USP/Esalq) e pós-graduação em Processo Civil e especialização em Seguros e Resseguros atuando como Gerente de Planejamento Jurídico e Paralegal na Braskem.

2 Advogado especializado em automações e cofundador da Paycon Automações, com mais de 14 anos de experiência no setor jurídico de empresas listadas e escritórios de grande porte. Especializado na junção do direito e tecnologia, o que tem permitido otimizar processos e modernizar operações jurídicas, beneficiando uma gama de profissionais e clientes.

Durante uma conversa com minha líder falamos sobre os desafios, alinhamos expectativas (minhas, dela e da companhia) e recebi algumas missões. Percebi que, naquele momento, eu deveria priorizar o processo de pagamento de prestadores de serviços, visto que não havia procedimentos claros para recepção de faturas ou fluxo de trabalho o que gerava retrabalho para os colaboradores internos e morosidade no pagamento dos prestadores de serviço.

Organizei minha bagagem de conhecimentos e me senti pronto para assumir a nova posição. Como eu estava chegando comecei a mapear a área a fim de entender como estava funcionando até aquele momento.

O primeiro passo foi lançar um olhar cuidadoso sobre os profissionais que cuidavam deste processo. Entrevistei cada um e durante os inúmeros bate-papos, encontrei pessoas muito dedicadas e motivadas, entretanto, constatei que o vasto conhecimento que detinham estava disperso. Cada uma dominava um trecho do processo, sem visão do todo.

UMA CONSTRUÇÃO FEITA POR MUITAS MÃOS: A EXPERIÊNCIA DA EQUIPE FOI FUNDAMENTAL PARA O NOVO PROCESSO

Identifiquei que, em um primeiro momento, eu deveria aproveitar ao máximo toda a expertise da equipe para organizar os processos. Desenhei um fluxo completo e detalhado e validei com a equipe para que todos participassem e me ajudassem ajustando cada trecho para que, no final, o fluxo saísse de acordo com o aprimoramento necessário. O time percebeu que o novo fluxo, aprimorado por eles mesmos, traria mais produtividade, eficiência e resultados.

Ao medirmos o SLA – Acordo do Nível de Serviço (*Service Level Agreement*) do processo, percebemos que o fluxo de trabalho tinha 9 etapas e precisava de 25 dias para ser percorrido.

BENCHMARK

Há algum tempo percebi as excelentes oportunidades que aparecem ao desenvolvermos um bom e genuíno *networking*. Além da possibilidade de criarmos laços importantes, conectarmos, conversarmos com parceiros externos e compartilharmos problemas que queremos resolver colabora para abrirmos a mente e desenvolvermos um olhar mais apurado para as soluções.

Dentre os parceiros externos com os quais me relaciono, selecionei legaltechs, lawtechs e gerentes de outras empresas do mercado para entender como faziam e resolviam este tipo de desafio.

Uma dessas conversas foi com a **Simone Minassian** que naquela época era a Gerente de Eficiência Jurídica de uma grande empresa. Ela me ouviu atentamente e indicou o **Thiago Palma**, da Paycon. Na sequência, compartilhei meus planos com ele e, após algumas sessões de *brainstorming*, ele apresentou uma solução simples, com custo bom e inovadora. Sugeriu realizarmos a automação dos pagamentos utilizando as ferramentas do Office 365 que já estavam à nossa disposição na companhia.

Investimos um bom tempo nas melhorias e trabalhamos com base na realidade que o fluxo apresentava para conceber um projeto criativo e inovador. Foram cinco meses preparando a solução...

ABRINDO A COZINHA

Muito prazer sou o Thiago Palma, eu ajudo departamentos jurídicos como o do Luiz Felipe Tassitani a automatizar tarefas que levam dias para apenas um clique.

Neste capítulo vou "abrir a cozinha" e mostrar para você exatamente quais foram os ingredientes e receita aplicada para alcançarmos a redução de SLA de 57% no fluxo de aprovação de pagamentos de fornecedores como o Luiz comentou e de quebra melhorar a vida de todos os envolvidos.

Antes de mais nada vale a pena explicar que sou advogado desde 2008, atuava no jurídico de um Banco de grande porte, nessa época já flertava com automações e começava os primeiros PROCVs. Passei quase 10 anos automatizando tarefas de um grande escritório, criando robôs, desenvolvendo sistemas e resolvendo centenas de pequenos projetos com automações desde as mais simples até as mais robustas. Foi conhecendo e criando automação por 12 anos que em 2020 pude criar esse formato de atuação, como consultor com o diferencial da entrega da automação, como fazemos na Paycon Automações.

Então, acreditem quando digo que sei exatamente como um advogado, no jurídico de uma empresa, se sente quando se depara com uma ineficiência e precisa eliminá-la.

AS BARREIRAS

Estamos falando aqui de 3 tipos de barreiras, fatores extremamente importantes na hora de definir qual solução será dada para cada problema.

A barreira tecnológica pode vir de políticas de segurança muito restritivas que excluem muitas ferramentas potencialmente perigosas para o ambiente da empresa, podem vir de falta de investimento em licenças de sistemas que permitem automação, como também podem vir de fluxos burocráticos e extensos para se conseguir os programas necessários que acabam desestimulando soluções rápidas pelos usuários internos.

A barreira de política se trata da empresa criar pequenos silos de automação, com extensas filas e uma prioridade rígida, que acabam postergando as soluções mais simples e imediatas, os ganhos rápidos.

A barreira de mentalidade é um dos fatores mais difíceis e que requer grande habilidade política para se mudar. "Sempre foi feito assim, estou aqui há 250 anos e garanto que aqui não é possível mudar".

Vamos deixar claro uma coisa, a meu ver, como essas barreiras, qualquer obstáculo é só mais um ingrediente exótico que faz parte da receita para um projeto de automação, nunca um impeditivo. Quem trabalha eliminando ineficiência já deve ter a consciência de que vai enfrentar algumas barreiras e deve ter em mente quais ações deverá tomar para romper cada uma delas.

Como Luiz comentou no começo do capítulo, ele conseguiu romper a maior parte das barreiras que precisava antes mesmo de chegar até mim, o que facilitou demais a condução do projeto.

SEMPRE EM FRENTE

Quando me procurou, já mergulhado de cabeça em "como melhorar a vida dos advogados internos e dos fornecedores", o Luiz demonstrou um cenário organizado e que continha grande parte das informações necessárias tanto para a operação do dia a dia quanto para encontrar indicadores, entretanto, um único ponto faltante causava uma dor enorme e colocava toda essa operação em risco: o preenchimento manual tanto do fluxo quanto dos controles.

Não preciso me esforçar muito para que você consiga enumerar na mente os riscos existentes num preenchimento manual, que vão desde perder dados importantes até o desgaste de treinamentos com eventual turnover. Imagine você gerir milhões de reais em pagamentos e não conseguir distinguir de imediato o que está pago ou não, como ficaria a sua gestão orçamentária? O Luiz pediu ideias para eliminar este ponto que continha um risco imenso.

SEGREDOS CULINÁRIOS

Acredito que as coisas têm que andar para frente, então vou revelar meus **segredos culinários**, para resolver problemas como esse:

1) Desenhar o fluxo como está e entender todas as etapas necessárias e desnecessárias;
2) Redesenhar impedindo que qualquer passo seja dado para trás;
3) O maior preenchimento de informações tem que estar no começo;
4) Se já tenho os dados, ninguém deveria ter que informar novamente;
5) Mínimo de interação humana possível;
6) Utilizar o máximo possível das ferramentas já liberadas para a área, eliminando tempo com quebras de barreiras.

Princípios na mesa, partimos para o fogão, já no primeiro desenho pudemos ver o quanto agilizaria, uma vez que tarefas como: controle de status, cobranças e envios de alertas foram 100% automatizadas. Aliás, eliminamos 100% do preenchimento humano para controle de etapas do fluxo.

Cada etapa é preenchida o mínimo possível pelos usuários e retroalimenta a base de controle, permitindo estruturar um banco de dados seguro, amigável, fácil de utilizar e o principal, automatizado. Tudo isso utilizando apenas aplicativos da Microsoft como Excel online, Forms, Power Automate e Power BI, com uma pitada de olhar jurídico para algumas funcionalidades.

QUATRO INGREDIENTES PARA CRIAR SUAS RECEITAS DE SUCESSO

1) **Como começar:** faça uma lista dos fluxos que dependem de preenchimento manual de controles de Excel ou similares (é um bom começo). Se envolver fluxos de aprovação e interação entre pessoas da empresa é certeza que vale a pena automatizar;
2) **Descreva o problema:** nesse caso, é o fluxo de pagamento manual com operacional pesadíssimo;
3) **Avalie os riscos de não resolver:** perda de informações, duplicidades de pagamentos e perda do conhecimento por turnover;
4) **Defina a forma de resolver:** nesse caso, foi automação do fluxo com aplicativos já liberados para os usuários da empresa.

E você não precisa se preocupar em fazer tudo sozinho. O Luiz buscou nossa consultoria para auxiliar o desenho, trazer visões de novas formas, de automatizar, economizar tempo do time e priorizar projetos.

O *benchmark* nos proporciona a garantia de que aquilo já funcionou em lugares parecidos e dá maior confiança de que funcionará para você. Em nosso caso, atuamos para mais de 20 empresas listadas em bolsa, o que é praticamente um selo de garantia de ao menos 20 visões diferentes de como resolver o mesmo problema.

O QUE FALTA PARA FAZER UM PROJETO COMO ESSE?

Envelope o projeto com estes 6 itens:

1) Problema que vai resolver;
2) Risco de não resolver;
3) Quem vai resolver;
4) Benchmark;
5) Investimento;
6) Retorno do investimento.

Quanto melhor estruturado mais rápido de implantar.

Um ponto interessante sobre orçamento para projetos é que, atualmente, já há pelo menos 6 ou 7 formas diferentes de resolver tecnologicamente a maioria dos problemas que um departamento jurídico enfrenta. Certamente alguma dessas formas caberá no seu orçamento.

O nível de profundidade que a automação chegará estará diretamente ligada ao orçamento e o tempo que investir. Quando o cenário atual é de controles manuais, sem nada de tecnologia, minha sugestão é sempre começar pequeno, fazer algo muito simples e deixar o projeto amadurecer criando melhorias com o tempo.

IMPLANTAR> AVALIAR> MELHORAR

Um conceito importante é que você não deve esperar acabar o trabalho acumulado para começar a automatizar, mas sim começar a automatizar para que então acabe com o trabalho acumulado, uma vez que você encontre projetos que caibam automação o objetivo do meu capítulo é desencadear uma fome insaciável pela busca de automação e geração de eficiência! Então, bom apetite!

A GRANDE TRANSFORMAÇÃO DO *STATUS QUO* DA ÁREA

O trabalho do Thiago foi fundamental para transformar o *status quo* do departamento jurídico. Como não poderia deixar de ser, enfrentamos algumas resistências ao longo do tempo, pois algumas pessoas não entenderam logo de pronto. Precisamos investir na transformação da nova cultura e aperfeiçoamento dos detalhes. Valeu viver cada etapa, pois depois de um ano desde a implementação do sistema, a automação se provou como uma solução simples, eficiente e acessível para sanar as dores do departamento e, consequentemente, da empresa e *stakeholders*.

TRAZENDO UM NOVO PONTO DE VISTA

Com a colaboração da Camila Santana, que na época desempenhava a função de Analista de Planejamento, minha missão foi facilitada. Lembram que eu havia chegado na empresa e logo já recebi essa missão? Para mostrar um outro viés da história, convidei a Camila para uma entrevista rápida em que ela nos conta a experiência de quem esteve do outro lado do processo com sua visão de dentro da empresa. Vamos lá...

Conte como o processo de pagamentos funcionava, quais eram os gaps, principais dificuldades enfrentadas naquele momento. Camila – Tínhamos um processo arcaico e desorganizado. Exemplifico alguns pontos: Descontrole das cobranças, falta de processo e visibilidade, demora no pagamento, pagamentos duplicados, lançamentos em centros de custos errado, consumo de contratos que não era relacionado àquela cobrança e cobranças realizadas fora do ano em que aquela despesa era devida.

Quais foram as necessidades de melhorias que você identificou? Camila – Várias. Dentre elas: definição de um processo único para as cobranças, visibilidade do processo, assertividade no lançamento da despesa, comunicação com os fornecedores, sinergia entre as pessoas que operacionalizavam os pagamentos, suporte da equipe aos advogados internos, garantindo informações seguras sobre o pagamento e eliminar gaps no processo de pagamentos que causavam atrasos.

Como foi o desenrolar da implementação do novo processo? Camila – O processo de implantação foi cuidadoso e bem estruturado, para evitarmos resistência internas e externas. Testamos o processo por um período até ganharmos maturidade e assim então implantássemos a todos os fornecedores. A comunicação foi o ponto chave para que ganhássemos a confiança dos envolvidos e assim então o processo entrasse efetivamente no dia a dia das pessoas.

E os resultados? Camila - Listo 6 deles: agilidade no pagamento, visibilidade, segurança, produtividade, confiança dos advogados internos e externos e inovação.

AGORA QUE VOCÊS JÁ CONHECEM TODOS OS LADOS DA HISTÓRIA VAMOS FALAR SOBRE OS RESULTADOS

Contra resultados não há argumentos! A imagem a seguir mostra com clareza os resultados que a implementação do novo processo trouxe para a a produtividade da equipe e para a empresa.

Fonte: Elaboração própria.

É claro que não paramos por aí! Seguimos para novos desafios como automatizar o processo de elaboração da folha de registro de serviço – FRS, aperfeiçoar o fluxo de pagamentos e expandir para os pagamentos internacionais.

MISSÃO CUMPRIDA!

Quando cheguei à empresa, detectei o problema e percebi a grande oportunidade que estava à minha frente. Soube que a solução não viria de imediato e que precisaria ir resolvendo cada desafio ao longo do tempo por partes. No final, a alegria de ser reconhecido superou a satisfação pessoal, ainda mais vendo que a equipe passou a entregar mais e de forma mais eficiente. E de quebra, foi incrível encontrar parceiros que giraram comigo na mesma sintonia durante toda a construção do processo. A empresa comprou a ideia. A liderança comprou a ideia. A equipe comprou a ideia. O Thiago comprou a ideia. Enfim, particularmente, como líder e gestor de pessoas sinto que cumpri, mais uma vez, minha missão: detectar oportunidades, buscar as melhores soluções e conectar pessoas para entregarmos os melhores resultados para a empresa.

FIM!

#automação

45 Jurídico gerando valor: a parceria global com *procurement* na implementação do CLM, o sistema que gerencia o ciclo de vida de contratos

Bárbara Teruel[1]
Paulo Samico[2]
Thiago Luiz[3]

Muito se fala atualmente sobre o papel do Jurídico corporativo como parceiro do negócio. É fato incontestável que não existe mais espaço no mundo corporativo para aquele jurídico tradicional, que atuava exclusivamente de forma reativa e sem se envolver diretamente com as questões do negócio, sempre avesso a riscos, limitando-se a resolver conflitos, revisar petições e contratos, alinhar estratégias de defesa, estudar teses etc. O Jurídico que sempre dizia NÃO está obsoleto.

Evoluímos! Em diversos capítulos da obra *Departamento Jurídico 4.0* e *Legal Operations*[4], os autores destacam que o advogado corporativo deve ser multidisciplinar, ter conhecimentos não apenas sobre uma área específica do Direito e sequer apenas sobre

---

1 Advogada. Legal Counsel Business Support da Mondelez Brasil. Graduada pela Universidade Federal de Mato Grosso do Sul – UFMS (2013). Mestre em Direito e Bolsista da Capes pela Universidade de Marília – UNIMAR. Realizou estudos e artigos sobre BEPS e Preços de transferência e OCDE. Dissertação realizada sobre "A Regulamentação Tributária do Crowdfunding no Brasil". Especialista em Direito Tributário pelo Instituto Brasileiro de Estudos Tributários (IBET).

2 Advogado. Bacharel em Direito pela Universidade Federal do Rio de Janeiro (UFRJ), pós-graduado em Direito Processual e em Direito Regulatório pela Universidade do Estado do Rio de Janeiro (UERJ). Idealizador e coordenador dos livros *Departamento Jurídico 4.0 & Legal Operations* e *Legal Operations*: como começar (ambos pela SaraivaJur). Professor da Future Law, gerente jurídico na Mondelēz International, autor de artigos publicados em diversos periódicos jurídicos e colunista da Legal & Business, uma coluna do JOTA.

3 Senior Legal Manager na Mondelez International, com passagens pela Souza Cruz (BAT Brasil) e pelo Lobo & Ibeas Advogados. Ao longo de sua trajetória profissional, acumulou experiências diversificadas na gestão estratégica de questões jurídico-corporativas. Lidera projetos de tecnologia e inovação jurídica com foco em gestão, eficiência, simplificação e identificação de oportunidades. É mentor e líder de equipes da alta performance, com experiência em processos de reestruturação organizacional, transformação cultural e gestão da mudança. Acredita na construção de ambientes de trabalho acolhedores e inclusivos para todos, e, nesse sentido, tem atuação firme na liderança de projetos de diversidade, equidade e inclusão. Possui pós-graduação pela PUC-Rio e MBA Executivo pela Fundação Dom Cabral. Recentemente, foi reconhecido na lista de executivos jurídicos da "The Legal 500 GC Powerlist".

4 SANTOS, Caio César de Pádua; Crises Globais e Supply Chain: O papel do advogado corporativo na gestão contratual com fornecedores, p. 41; OLIVEIRA, Elton Flávio Silva de. Gestão: Atuação do jurídico junto às áreas de negócio, p. 86. In: *Departamento jurídico 4.0 e Legal Operations*. Coord. Bruno Feigelson [et al]. São Paulo: SaraivaJur, 2022.

Direito, como também de mercado, economia, administração e as famosas *soft skills*, as habilidades comportamentais.

E a capacidade de construir relacionamentos sustentáveis com o negócio – premissa fundamental para atuação jurídica no contexto atual das organizações – entra justamente como uma dessas habilidades interpessoais[5]. Para que um advogado seja realmente "parceiro do negócio", um dos requisitos é conhecer profundamente o seu cliente interno. Só assim é possível construir as soluções jurídicas adequadas, aplicando a experiência do cliente, fazendo pesquisas de satisfação e, sobretudo, estando aberto para críticas de forma a entender as dores e alavancar a performance.

Nesse cenário, a administração das tarefas simples do cotidiano e das tarefas relacionadas ao plano estratégico devem ser sempre acompanhadas de uma postura proativa, agregadora e criativa na solução de problemas que as grandes organizações enfrentam. Quando o profissional jurídico compreende esses pontos e os torna presentes em sua atuação, é natural a transição do "Jurídico Parceiro de Negócio" para o "Jurídico Líder de Negócio", que apresenta postura intraempreendedora e sempre busca em soluções ligadas (direta ou indiretamente) à eficiência operacional e financeira da organização.

Mas... Por que estamos trazendo esses pontos? Oras, porque uma das áreas de oportunidade mais tradicionais da área de contratos e de Procurement, o time de Compras, é a necessidade de possuir uma única ferramenta, que centralize todas as etapas da negociação, contratação e gestão em um fluxo (*end-to-end*). Algo que, ao longo de sua utilização, munisse os profissionais responsáveis pela esteira de contratação com dados, para uma tomada de decisão mais assertiva e conectada com a mais perfeita definição de eficiência.

O *case* que gostaríamos de compartilhar é em relação à implementação de um sistema de gestão de contratos, em inglês *CLM – Contract Lifecycle Management* (Gestão do Ciclo de Vida Contratual) – que entrega eficiência, governança, cumprimento das políticas internas e procedimentos mais eficaz no fluxo de contratação. Um projeto global iniciado em todas as unidades de negócio e, no Brasil, uma implementação feita por Jurídico e Procurement.

Globalmente, a falta de um sistema de gestão de contratos era notada pelos executivos. Na falta de integração de dados de diferentes países e automação de relatórios, horas preciosas de trabalho humano eram utilizadas com tarefas operacionais. Falando especificamente do Brasil, a existência de um sistema de contratos isolado não era funcional, já que este servia apenas para a revisão das minutas pelo Jurídico, com parte da negociação feita por e-mail (muitos e-mails!), diversas etapas do fluxo de revisão e aprovação feitas de forma *offline* e ausência de uma gestão de conhecimento (*knowledge management*) eficiente.

Ainda, a falta de um sistema de gestão de contratos que concentrasse todas as etapas da negociação gerava um grande volume de mensagens não consolidadas entre Procurement e os fornecedores. Tal fato poderia causar perda de histórico de negociação, diversas versões

5 SAMICO, Paulo. As competências do *Legal Business Partner*. In: *Departamento jurídico 4.0 e Legal Operation*. Coord. Bruno Feigelson [et al], p. 5-10. São Paulo: SaraivaJur, 2022.

da minuta contratual ou até mesmo perda do racional do processo de tomada de decisão. Esses fatos, quando unidos e repetidos de forma sistemática, causavam grande impacto em agilidade e eficiência operacional.

Para a missão, foi designado um PMO, sigla para *Project Management Office*, que é a pessoa responsável por definir os padrões de gerenciamento e monitoramento de projetos corporativos e criar uma estrutura gerencial para padronizar processos de governança relacionados aos mesmos. Sua grande missão está ligada ao êxito dos projetos sob sua gestão.

Esse PMO fazia a interface entre as diversas áreas envolvidas no projeto (Tecnologia, Procurement, Jurídico) e a empresa contratada para a implementação do sistema, agendando reuniões periódicas para atualização das etapas do projeto e estabelecendo entregáveis faseados de acordo com o cronograma.

O Jurídico, exercendo seu papel habitual de parceiro e caminhando para o perfil de "líder de negócios", começou atuando no front do projeto pela elaboração de minutas padrões globais para todas as modalidades de compras (seja na contratação de serviços ou compra de bens). No Brasil, essas minutas foram traduzidas, revisadas e adaptadas de acordo com as especificidades da legislação e das práticas comerciais locais.

Além disso, em parceria com o time de Procurement, o Jurídico trabalhou na criação de estruturas de automação nas cláusulas, denominadas *mark-ups*, que consistem em uma espécie de apoio à programação das minutas. Assim, em cada dispositivo do contrato, foi apontado qual núcleo interno da gestão poderia ou deveria aprovar uma eventual alteração. A partir de uma série de respostas fornecidas pelo usuário no momento da criação do contrato, uma minuta é automaticamente gerada pelo sistema, contendo as cláusulas e provisões mais pertinentes e adequando a negociação à legislação e às necessidades do negócio.

Além da revisão de conteúdo, foi também necessário realizar todos os tipos de teste no sistema, *feedbacks* sobre os erros encontrados, recomendações relacionadas com a experiência do usuário, tradução para o português dos termos constantes das minutas e da plataforma (como forma de garantir inclusão em seu mais amplo sentido) etc. Cada etapa alinhada com os times de Procurement global e regional.

Para a implementação do sistema no Brasil, merece destaque também a necessidade da criação de minutas e fluxos específicos. Para isso, eram realizadas reuniões semanais entre Procurement local e Jurídico prévias à reunião com o time global do projeto para fins de atualizações das tarefas em andamento e alinhamento dos próximos passos. Criou-se uma verdadeira teia com fluxos automatizados (e eficientes!), atendendo aos interesses das áreas e em busca de melhores resultados.

Dentre as especificidades do Brasil, além das minutas propriamente ditas, foram solicitados alguns fluxos específicos de revisão e aprovação de contratos no sistema, o que demandou uma revisão das regras internas de governança e delegação de autoridade com o objetivo de alcançar maior agilidade no processo. Desta forma, foi decidido que o fluxo de aprovação dos contratos seria descentralizado, o que refletiu, em termos práticos, nas seguintes alterações:

- As aprovações de *stakeholders* internos passou a ocorrer concomitantemente, de modo a evitar sobrecarga de aprovações e atraso no processo. Após a revisão e validação do Jurídico, as aprovações de áreas como Seguros, Finanças, Riscos etc. podem agora acontecer simultaneamente;
- A aprovação final do contrato foi redistribuída dentre os mais diversos níveis de gestão na organização, a depender dos valores envolvidos na operação e outros critérios. Assim, contratos de menor valor são aprovados pelos gestores diretos, que estão próximos das negociações, subindo os níveis hierárquicos de acordo com os valores (visto que o risco também aumenta).

Esse novo modelo de aprovação, que simplifica o fluxo contratual e empodera a organização em todos os seus níveis, serviu como modelo para que outros países também repensassem os seus próprios fluxos.

A inserção de um selo de aprovação nas minutas após a aprovação final merece especial destaque. Este selo já era utilizado no processo anterior de revisão dos contratos, mas foi revisitado em *Visual Law* para trazer a modernidade e a identificação do que se quer: áreas jurídicas e de compras integradas, com o objetivo em entregar o melhor para o negócio. A chancela demonstra que os representantes da empresa podem assinar as minutas, tranquilizando-os que o jurídico analisou os termos e riscos daquele contrato, bem como que ele passou por toda a esteira de análise e de aprovações conforme os fluxos internos. Atualmente, este selo existe apenas para os contratos locais do Brasil.

Outro ponto relevante é a transição entre os sistemas. Como mencionado, o Brasil já possuía um sistema de contratos. Assim, era necessário realizar a migração dos dados e metadados do sistema antigo para o novo, o que também demandou um trabalho em conjunto com o time de compras e de TI para revisão dos documentos que seriam transferidos e inserção de informações no sistema atual para melhor identificação.

Benedito Villela e Victor Bastos[6] brilhantemente pontuam que ao implementar uma ferramenta de inovação é preciso ouvir as pessoas e envolver o cliente interno, para que não se aplique um sistema que não será utilizado por sua ineficiência ou por não ser adequado à realidade do negócio.

Por isso, destacamos a importância de o Jurídico e Procurement terem atuado de forma conjunta nesse caso. Aqui, a criatividade foi necessária em vários aspectos para que o projeto tivesse êxito, dada as diferenças globais e locais. De nada adiantaria Procurement ter inserido minutas sem prévia revisão do Jurídico, o que demandaria uma nova revisão de todas elas posteriormente, gerando retrabalho e morosidade nos fluxos de aprovação; ou o Jurídico não ter se aperfeiçoado em entender as regras de automação; ou os fluxos não terem sido revisitados, simplificados e aprimorados. Tivemos que exercitar o processo criativo ao repensar

---

[6] VILLELA, Benedito; BASTOS, Victor. Gestão e as habilidades comportamentais do advogado 4.0. In: *Departamento jurídico 4.0 e Legal Operation*. Coord. Bruno Feigelson [et al]. São Paulo: SaraivaJur, 2022.

fluxos, alterar políticas e otimizar formas de trabalho, pois do contrário a falha do projeto poderia ser iminente.

Tivemos alguns contratempos no decorrer do projeto, não tenha dúvidas. A quantidade de adequações que seriam necessárias para o projeto local no Brasil não havia sido mensurada, o que acabou gerando a necessidade de uma força tarefa para finalizar todas as revisões e os ajustes necessários. Foram realizados muito feedbacks sobre a construção das minutas no sistema, considerando as peculiaridades da governança e da legislação brasileira.

Outro exemplo de contratempo foi a necessidade de redefinição da data de lançamento do novo sistema no Brasil. Esse tipo de decisão é difícil, mas, dependendo da situação, absolutamente necessário para garantir a efetividade do projeto. Houve, ainda, a necessidade de treinamento dos times responsáveis e toda a etapa de *hypercare* até a estabilização do novo CLM. Mais que isso, a implementação do sistema demandou a condução de um plano robusto de gestão da mudança e comunicação para os times envolvidos, de modo a garantir efetividade e aderência da ferramenta.

Desde o início do projeto, com a revisão das minutas até o lançamento, foram aproximadamente oito meses de trabalho intenso, muitas demandas, reuniões, alinhamentos e trocas de e-mails por uma equipe não dedicada. De todo esse processo, os principais aprendizados obtidos foram:

- A relação próxima entre o Jurídico e Procurement é essencial para o sucesso do projeto;
- A realização de reuniões periódicas, recorrentes e prévias dos times locais antes das reuniões com o PMO global para atualização do status das atividades ajuda no alinhamento dos próximos passos, bem como é uma etapa importante para melhor comunicação com o time global, dando agilidade nas decisões e planejamento;
- A comunicação é essencial para a implementação. É importante pensar nos meios e nos canais adequados para que a mensagem seja passada e absorvida ao interlocutor, sendo um ponto de partida essencial para a gestão de mudança na transição de sistemas;
- A estruturação do sistema deve ser pensada sempre tendo como foco o cliente (usuário final), suas necessidades, rotina, procedimentos, pessoas e atividades;
- A criatividade, a resiliência e a adaptabilidade são as *soft skills* fundamentais para montar um time de projetos desse porte. É necessária, ainda, muita dedicação dos times para solucionar os entraves que venham a surgir, na realização das tarefas necessárias para entrega dentro do prazo e da melhor forma.

Um projeto multidisciplinar, com pessoas de várias nacionalidades e formações diferentes é canalizado para um só objetivo: o aperfeiçoamento da busca pela eficiência operacional. Dando subsídios para a robustez de um plano estratégico envolvendo a gestão de contratos de organização, o CLM inaugura uma nova forma de trabalho entre Procurement e Jurídico.

Seguramente, sua implementação também impõe um verdadeiro letramento corporativo sobre como gerenciar dados, estruturar projetos e, sobretudo, fazer a gestão eficiente e eficaz das parcerias empresariais – algo que cada vez mais as organizações do futuro precisam se atentar se quiserem exponencializar seus resultados nessa era de inovações disruptivas e de transformação digital hiperacelerada.

#data driven

46 Produto, serviço ou consultoria: como identificar a necessidade do departamento

Gabriel Smanio[1]
Rafael Soriano[2]

Como você está lendo este livro, "inovação no Direito" não deve ser um tema completamente novo para você. Por isso, não vamos começar pelo "inovar é preciso". Nosso objetivo ao contar o *case* de Globo e Legal Insights é compartilhar nossa visão sobre como um Jurídico que já optou por quebrar a inércia pode planejar seus próximos passos. Afinal, definir se e quando cabe a contratação de uma consultoria, outro tipo de serviço ou produto é parte da resposta de uma pergunta maior e mais importante: como aumentar minhas chances de sucesso no uso de tecnologia?

Em primeiro lugar, vale definirmos brevemente os conceitos acima:

- ***Produto*** é algo tangível que, quando vendido, passa a ser de propriedade do comprador. Pode ser perecível ou ficar obsoleto, mas, se isso ocorrer após o prazo estipulado na compra, não há que se falar em reembolso de qualquer tipo. O pagamento pelo produto é integral, independentemente disso. No caso de compra recorrente, cada novo produto gera um novo pagamento integral;
- ***Serviço*** é um ato do prestador consumido pelo tomador enquanto é produzido. Pode ser definido que seus resultados sejam de propriedade do tomador, mas isso não é obrigatório e, em alguns casos, nem mesmo possível. Uma vez que não haja mais interesse na prestação, o serviço e o pagamento são interrompidos;
- ***Consultoria*** é um tipo de serviço. Trata-se da contratação de profissionais com grande *expertise* sobre o assunto objeto para a entrega de aconselhamento sem previsão de resultado objetivo específico. Pode-se contratar uma consultoria que aborde diversos aspectos pré-combinados sobre o tema analisado, sendo o resultado dessa análise desconhecido no ato da contratação. Quando contrato um escritório de advocacia para me defender em um processo, posso interferir na redação da peça e na estratégia escolhida. Na consultoria, o cliente pode pedir alterações formais na entrega, mas pedir

---

1 Advogado formado pela PUC-SP, com MBA em Business Intelligence e Analytics pela FIAP. Construiu sua carreira em departamentos Jurídicos, até se tornar sócio da legaltech Legal Insights, em 2018. Em 2023, realizou seu exit da startup.

2 Gerente Jurídico Sênior na Globo e Presidente da ANER – Associação Nacional dos Editores de Revistas.

alterações às recomendações apresentadas é contrariar a própria natureza do serviço contratado.

Diante dos conceitos acima, é possível concluir que, dificilmente, encontramos **produtos tecnológicos** voltados ao mercado jurídico. O que temos são diferentes modalidades de serviços (SaaS, concessões de licença temporária de software, serviços profissionais etc.). A diferença mais importante entre eles para o que analisamos no momento é a profundidade das interações que o usuário poderá esperar do prestador – sejam customizações, novas entregas ou apoio consultivo.

Para contextualizar, quando nosso case começou todas as áreas da Globo passavam por uma verdadeira revolução. É claro que, tratando-se do maior grupo de mídia da América Latina e um dos maiores do mundo, com quase 100 anos de existência, a inovação e o processo de transformação são constantes na empresa. Mas esse era um momento especial.

A partir do programa chamado "Uma Só Globo", a empresa dava mais uma guinada para se preparar para o futuro. Em resumo, esse programa significou não apenas a união de diversas empresas do Grupo (TV Globo, Globosat, Globo.com etc.), até então eram independentes entre si, em uma única empresa, mas também na definição de um propósito a ser perseguido: se transformar em uma *mediatech*.

Nesse contexto, todas as áreas da empresa tiveram a provocação e o apoio para se modernizarem e avançarem na implementação de tecnologia como parte relevante de seus modelos de trabalho. O Jurídico não ficou de fora: fez o redesenho do seu modelo de atendimento, criou uma área de *Legal Ops* e iniciou sua jornada *Tech* com foco nos pilares da tecnologia como parte dos processos, dos dados como insumos para a tomada de decisão, e das pessoas como centro da cultura da inovação. Foi nesse contexto que o projeto com a Legal Insights surgiu.

A Legal Insights era uma empresa especializada em projetos *data-driven* para departamentos jurídicos de grandes empresas, tendo como carro-chefe a consultoria em *business intelligence*[3]. O projeto foi motivo de empolgação internamente: era a primeira vez que um cliente nos procurava para ajudar a dar contornos mais claros e tangíveis não só seus objetivos, mas seu contexto de forma ampla – desde as ferramentas disponíveis ao Jurídico até os diferentes níveis de maturidade de seus times internos. Do ponto de vista do prestador, esse entendimento não é condição *sine qua non* para o sucesso de um projeto de dados. Tanto é que o *case* analisado teve início já no quinto ano de existência da Legal Insights, que entregava com muito sucesso seu trabalho a diversos outros grandes Jurídicos. Ainda assim, a proposta era interessantíssima: um diagnóstico amplo e profundo só aumentaria as chances de sucesso de qualquer iniciativa e proporcionaria ao time da Globo uma autonomia que, do contrário, só acabaria sendo obtida com segurança depois de muito mais tempo e batidas de cabeça.

---

[3] Gabriel, coautor deste capítulo, foi sócio da Legal Insights entre fevereiro de 2018 e março de 2023. As informações sobre a empresa apresentadas aqui se referem exclusivamente a tal período e não vinculam a empresa e/ou sua gestão a partir de sua saída.

O trabalho começou com encontros entre o time *de Legal Ops* e o time de projeto da Legal Insights para alinhar um mapa do projeto e trocar informações sobre os desafios que poderíamos antecipar inicialmente. Isso foi fundamental porque, perante o restante do Jurídico, conseguimos nos posicionar como um time só. Alcançar os objetivos propostos para esse trabalho esbarraria obrigatoriamente em diferenças culturais que apenas uma frente unida e comprometida poderia transpor. A partir disso, foram entrevistados não só os diversos times do Jurídico, como também parceiros importantes de outros departamentos: Financeiro, RH, Tecnologia etc. Se alguém demandava informações do Jurídico, essa pessoa foi ouvida. Processos, fluxos, sistemas e necessidades foram mapeados. A primeira parte do projeto foi concluída com a entrega de um relatório detalhado do acervo de dados necessário para nortear as ações fundamentais do departamento.

Em seguida, miramos em cada um dos pontos mapeados para entender:

a) Quais dados estavam disponíveis internamente (na empresa, não necessariamente em posse do Jurídico) e em condição ideal para uso?
b) Quais dados estavam disponíveis internamente, mas precisariam de saneamento? Que tipo de saneamento seria necessário?
c) Quais dados não estavam disponíveis internamente? Desses, quais poderiam ser obtidos de forma automatizada com facilidade?

Notem que ainda não começamos a falar da análise dos dados propriamente dita. Esse trabalho de consultoria não foi feito para garantir que o time da Globo pudesse, ao seu final, ter dezenas de dashboards e respostas para todas as suas perguntas. Nem mesmo realista isso seria. A ideia era conseguir entender quais iniciativas poderiam gerar maiores resultados com menor trabalho e qual deveria ser a expectativa para a obtenção de respostas que dependessem de buscas mais trabalhosas. Resumindo: queríamos deixar o Jurídico com um plano para ganhos incrementais a curto, médio e longo prazo, sem esquecer que adaptações provavelmente seriam necessárias ao longo do caminho. No fim das contas, todo Jurídico é demandado por relatórios, dados e respostas, por mais básicos que sejam. E todos dão seu jeito, base saneada ou não. Com a Globo não era diferente. O que se tinha com muita clareza no início da busca era que tentar resolver tudo ao mesmo tempo não daria bons resultados. Para quem não sabe aonde vai, qualquer caminho serve, então a definição de prioridades e os caminhos para abordá-las eram fundamentais.

O *case* resumido acima foi realmente um sucesso para as partes. Todos saíram com sensação de dever cumprido e com muitos motivos para comemorar. Mas, como você deve imaginar a essa altura, o processo foi muito trabalhoso. Foram meses de dedicação, sendo que cada um dos envolvidos também tinham diversas responsabilidades paralelas. É importante que isso seja enfatizado porque nem sempre será possível ou mesmo necessário passar por um processo similar ao adotar iniciativas de inovação. Colocar esse trabalho como necessidade seria, na verdade, apresentar um fator desestimulante. Assim, como saber quando contar com apoio consultivo será a diferença fundamental entre o sucesso ou fracasso da empreitada? A análise de alguns fatores pode ajudar a responder.

1. CLAREZA DA(S) DOR(ES) A SER(EM) RESOLVIDA(S)

Há que se tomar cuidado para não se confundir sintoma com doença, consequência com causa. Em algumas situações, tratar apenas o sintoma é uma alternativa viável e até inteligente. Continuando na analogia médica, imagine que você pegou um resfriado de rotina. Já sabe que, pelos indícios físicos, ficará por um tempo determinado sofrendo de algumas condições conhecidas. Ao final desse curto período, tudo voltará ao normal. Assim, vale tratar o sintoma. Os problemas acontecem quando não conhecemos a causa com certeza. A busca da raiz deve ser cuidadosa e, ao seu final, é preciso ter segurança da resposta. Caso contrário, a situação pode não só não se resolver, como se agravar. Muitas vezes, encontrar as causas exigem processos mais profundos de diagnóstico. Nesses casos, a consultoria ajudará muito.

2. EXPERIÊNCIA PRÉVIA DOS USUÁRIOS COM RELAÇÃO AO SERVIÇO

Aproveitando a analogia usada no ponto anterior, encontrar as causas precisas de seus sintomas não é sinônimo de conhecer a melhor alternativa de tratamento. Como um bom médico diria, cada paciente é um paciente; cada caso é um caso. Se os integrantes do seu Jurídico nunca usaram a solução sob consideração, de forma que possam atestar seguramente que ela é uma boa cura para a dor encontrada, a consultoria pode ser útil. Da mesma forma, se essa experiência já existe e o nível de satisfação com o serviço é baixo, vale consultar especialistas que possam responder sobre a existência de soluções melhores ou mais adequadas às peculiaridades do seu departamento.

3. TAMANHO DAS BARREIRAS DE ENTRADA E/OU SAÍDA DO SERVIÇO

Esse talvez seja um dos aspectos mais críticos de toda esta análise. Aqui, usamos o termo "barreiras de entrada/saída" para denominar um conjunto de atributos que mostram o quão trabalhoso será iniciar o serviço e quais são as consequências encontradas ao escolher interrompê-lo. Algumas dessas barreiras, cujos tamanhos devem ser medidos, são:

a) Preço do projeto: um serviço que demande um investimento elevado precisa, obviamente, passar por uma certeza muito maior no ato da contratação que um de baixo custo;

b) Esforço para implantação: um serviço que pode começar a ser usado imediatamente após sua contratação demanda mobilização interna muito menor e, portanto, tem uma barreira de entrada baixa nesse quesito. Um projeto cuja implantação demorará meses ou anos para se concluir, por outro lado, pode gerar arrependimento ainda durante essa fase inicial, caso não haja um planejamento detalhado e transparente para todos os envolvidos;

c) Tamanho do escopo: um projeto com abrangência extensa, cujos reflexos se almejam que sejam sentidos por todo o departamento, precisa ser planejado de forma muito mais detalhada;

d) Nível de dependência potencialmente criada: imagine que o serviço ganhou adesão ampla no Jurídico. Tal adesão não necessariamente está ligada ao nível de satisfação, já que um serviço pode ser absolutamente essencial à rotina do departamento, mantendo-se contratado até que algo muito drástico aconteça. Agora, todos planejaram grande parte de seu cotidiano e de suas entregas em torno desse serviço. Caso seja necessário trocá-lo, quais serão os impactos? Obviamente, nesse cenário, não há como o impacto ser baixo. É recomendável, contudo, que eles sejam conhecidos com a maior antecedência possível, de forma que se possa planejar uma transição menos traumática. Em alguns casos, isso deve ser pensado antes mesmo da contratação. Imagine que você contratou um software de gestão de processos e/ou contratos e só descobre que os dados inseridos nele não são devolvidos de forma minimamente satisfatória no caso de rescisão? Isso é, infelizmente, bastante comum;

e) Condições comerciais de saída: devem ser analisadas em conjunto com o ponto "c" acima, no momento da contratação. Algumas condições aparentemente inofensivas no ato da contratação podem voltar para assombrar no ato da rescisão.

4. FATORES CULTURAIS QUE DIFICULTARÃO OU IMPULSIONARÃO A INOVAÇÃO COMO PROCESSO

Aqui, uma opinião imparcial externa pode ajudar muito mais do que se imagina inicialmente. Seu Jurídico quer inovar ou ser inovado? Uma resposta sincera a esta pergunta é difícil. Afinal, mexe com as motivações pessoais que habitam o íntimo de cada um. Quem nunca comprou algo que não precisava só porque estava na moda? Em tempos de *fear of missing out* (FOMO) constante provocado pelas redes sociais, isso se agrava e gera arrependimento. Além disso, existem muitos casos de Jurídicos divididos: apenas uma parcela está preparada para inovar. Como convencer os demais? Como aumentar a adesão entre os céticos ou conservadores? Quanto mais impactantes os fatores culturais, mais uma consultoria específica pode ajudar.

Em resumo, no *case* em questão, o time do Jurídico da Globo estava certo de que a inovação era necessária e um plano a longo prazo. Identificou também que as possíveis frentes de atuação da área de *Legal Ops* eram variadas e que não seria possível se fazer tudo ao mesmo tempo. Nesse contexto a solução acertada foi buscar pela consultoria da Legal Insights, um apoio externo e imparcial para o mapeamento do cenário atual (na nossa analogia, uma anamnese do Jurídico), definição das principais dores e prioridades e, finalmente, construção do planejamento de longo prazo que guiaria o time nos próximos anos.

Se você estiver nessa maratona da inovação jurídica, tenha em mente que a definição do "plano de voo" a longo prazo é uma excelente estratégia a se tomar antes de iniciar a execução das frentes de trabalho. E, nesse cenário, contar com o apoio do serviço de uma consultoria pode ser a chave para o sucesso do seu planejamento.

#data driven

47 Como transformar dados em resultados: o papel da jurimetria na gestão de contratos

https://somos.in/IJCCIP1

Gustavo Maganha de Almeida[1]
Gustavo Pinhão Coelho[2]

Os Dados são o novo petróleo!!! É incrível imaginar que essa frase já possui 17 anos de vida, tendo sido utilizada pela primeira vez em 2006, em um artigo no jornal britânico *The Guardian* pelo matemático e analista de negócios britânico Clive Humby e, desde então, foi repetida em diversas discussões, em diversas apresentações e discursos, e, inclusive, se tornou adesivo e jargão para camisetas legais, ganhando um *hype* absurdo no decorrer desses anos.

Mesmo sendo um termo "velho" para o mundo moderno, onde temos assuntos, discussões e tecnologias se tornando obsoletas dentro do mesmo trimestre, ou até dentro do mesmo mês, essa expressão penetrou a cultura das principais empresas e se tornou um mantra essencial e necessário para a sobrevivência nos negócios.

E no Direito, isso não seria diferente, os dados estão acelerando a mudança do mercado jurídico corporativo e nesse contexto, o termo "Jurimetria", que nada mais é que a estatística aplicada ao direito, vem ganhando cada vez mais força e aplicações no dia a dia dos advogados corporativos.

Mas, apesar de termos um campo fértil para aplicar a análise de dados no mercado jurídico, precisamos evitar a criação desnecessária e desenfreada de fumaça transvestida de inovação, sendo papel dos profissionais envolvidos nas operações jurídicas aterrissarem a

---

1 Graduado em Direito pela Faculdade Metropolitanas Unidas. Pós-graduado em Direito Processual Civil pela Universidade Presbiteriana Mackenzie e MBA em Direito Eletrônico pela Escola Paulista de Direito. Gestor de Tecnologia & Inovação do PG Advogados e do LEO (Legal Everyday Optimization) e Cofundador do Podcast "Conectando Mentes Curiosas".

2 Graduado em Direito pela Universidade Presbiteriana Mackenzie. Pós-graduado em Direito Empresarial pela Universidade Presbiteriana Mackenzie, MBA em Gestão de Tecnologia da Informação pela Faculdade de Informática e Administração Paulista e Certificado em Business Administration pelo IBMEC. Sócio e Head do LEO (Legal Everyday Optimization) no PG Advogados e CEO e Fundador do Brainlaw.

inovação para realmente nos utilizarmos da Jurimetria para solução de oportunidades dos nossos clientes, trazendo valor e embasando a tomada de decisão a partir de dados.

Não podemos deixar de lado as questões teóricas que fazem parte do embasamento e da teoria de inovação dos escritórios de advocacia e departamentos jurídicos, porém, é nosso papel resolvermos problemas reais e entregarmos resultados efetivos aos negócios, explorando e estudando casos reais que validam e explicam teses, saindo do mundo das ideias e trazendo para o mundo dos negócios, com resultados práticos e mensuráveis.

Com essa missão, nos dedicaremos neste artigo a explorarmos um caso real, que trabalhamos para construir uma análise estatística direcionada à gestão de contratos elevando a governança do departamento jurídico de nosso cliente que, neste artigo, chamaremos de "Caso D", e demonstraremos nosso método das cinco, sendo eles:

1) Jogue o jogo com as regras do departamento jurídico;
2) Uma planilha bem estruturada e limpa vale mais que um sistema *edge* e sujo;
3) Precisamos focar nas perguntas;
4) O ciclo eterno das perguntas.

Utilize o *dashboard* como uma comunicação universal.

Inicialmente, é importante trazer um contexto para a apresentação do Caso D, para melhor entendimento do leitor. Tínhamos uma atuação de sucesso com este cliente na frente de gestão de contencioso e periodicamente enviávamos ao cliente nosso reporte executivo e gerencial por meio de uma plataforma de Analytics, com dados estruturados extraídos de nossa operação, gerenciada em sistema jurídico de nossa propriedade, o Brainlaw.

Em uma das reuniões de trabalho e conversando com nosso cliente sobre os desafios atuais que estavam enfrentando na gestão do departamento, identificamos a oportunidade de utilizarmos nosso conhecimento e estrutura de análise de dados, nas premissas semelhantes aos reportes periódicos do contencioso, para a gestão de contratos, dando início a parceria para a criação do Dashboard de Gestão de Contratos.

Uma análise rápida sobre o tema poderia simplificar a discussão com a conclusão de que a área de dados do cliente D poderia assumir esta construção; mas a expertise de nossa atuação direcionada à gestão jurídica corporativa e a não priorização das demandas do jurídico na empresa, cujo foco é vender seus serviços e produtos, nos trouxe a oportunidade de nos posicionarmos como "Legal Business Partner" e assumirmos a atuação para criação da solução de forma mais ágil e assertiva para o departamento jurídico.

A 1ª validação desse estudo de caso está vinculada com a necessidade de o Legal Business Partner precisar se adaptar à realidade do cliente, do departamento jurídico e buscar a solução mais eficiente e simples disponível para resolver a oportunidade encontrada. Por questões estratégicas e organizacionais da empresa D o departamento jurídico não dispunha de um software de CLM, realizando toda a gestão das demandas, dos fluxos, dos SLA's por meio de uma planilha de Excel.

É importante destacar que para a criação de um Analytics robusto e que entregue insights importantes ao negócio, a base são os dados estruturados e não importa a suas fontes, mas sim quão estruturados estão para responder às perguntas que queremos responder.

Nesse cenário, nos debruçamos nos dados disponíveis na planilha do cliente e passamos a desenhar todos os cenários possíveis para a criação e um dashboard que possibilitasse a elevação da governação do fluxo de gestão de contratos dentro do departamento jurídico, trazendo uma visibilidade completa de todas as etapas do processo e da performance dos envolvidos.

Além disso, transformamos esta planilha *offline* em uma tabela *online* disponível em nuvem para que o consumo dos dados fosse automatizado para a plataforma de Analytics utilizada. Com esta transformação possibilitamos que as atualizações dos dados da planilha atualizassem de maneira automática o dashboard na periodicidade escolhida pelo cliente e entregando, assim, uma gestão à vista online e efetiva.

Conforme mencionado, a planilha tem um papel essencial para a construção do dashboard, o que nos traz para a 2ª validação do estudo de caso que diz que, uma planilha bem estruturada e limpa, vale mais que um sistema *edge* e sujo.

Duas das principais dores dos departamentos jurídicos e escritórios de advocacia são a limpeza dos dados e a estruturação de dados estratégicos. Se tratando de uma planilha de Excel, essa dificuldade, em regra, acaba sendo potencializada, porém, não é que o se apresenta na prática.

A construção de uma estruturação de dados eficiente não está diretamente relacionada à ferramenta utilizada, mas sim com o processo estabelecido para que os envolvidos garantam, diariamente, este objetivo, tendo claro conhecimento das suas necessidades e das informações necessárias para responder às perguntas do negócio, permitindo, assim, a criação de um dashboard com informações estratégicas e essenciais para a tomada de decisões e gestão envolvendo os contratos.

Já conversamos com diversos departamentos jurídicos, onde a maior dificuldade e oportunidade da empresa está na estruturação de dados estratégicos. Não adianta a empresa ter o melhor e mais tecnológico sistema de gestão de processos, se o seu processo não garante a estruturação de seus dados de maneira sistêmica e estratégica, impossibilitando qualquer extração de insights a partir desses dados.

Ultrapassando o problema de estruturação, a limpeza de dados é essencial para a construção de um dashboard útil e eficiente. A partir dessa premissa, se torna obrigatório, para uma boa manutenção da limpeza dos dados, a existência de um processo, de um fluxo de trabalho padronizado e conhecido, seja para garantir o preenchimento das informações, como também para garantir que os dados estão sendo inseridos de forma correta, permitindo, a partir disso, uma gestão dos dados pelo departamento jurídico de forma confiável e estratégica.

Até porque, se os dados não são confiáveis, será que vale a pena tomar uma decisão estratégica a partir deles?

Superadas as validações anteriores, o próximo desafio está vinculado com a análise dos dados estruturados e a criação das visões que o dashboard possuirá e, nesse caso, devemos focar, inicialmente, em quais perguntas queremos responder, sendo a nossa 3ª validação.

Nesse caso, inicialmente, temos que responder duas perguntas:

1) Qual é o objetivo do *dashboard*?
2) Quem utiliza esse *dashboard*?

A partir dessas respostas, devemos nos aprofundar nas perguntas, realizando um estudo para validar se os dados já estruturados são suficientes para responder as perguntas ou se será necessária uma estruturação adicional de dados.

Quando da análise das perguntas, precisamos realmente entender o business do cliente, entendendo suas premissas, dores e necessidades para realmente responder perguntas estratégicas. De nada vale existir um gráfico ou uma resposta, para uma pergunta que não é estratégica ou que não auxilia o departamento jurídico na tomada de decisões e, começando por perguntas mais simples podemos, a partir das respostas, estabelecermos ciclo virtuoso de conclusões e respostas, o que será explicado futuramente.

Quanto às perguntas, no caso D construímos as quantitativas operacionais, bem como as quantitativas e qualitativas estratégicas, voltadas para o *business* da empresa. Foram elas:

1) Quantos contratos?
2) Quantos estão ativos?
3) Quantos contratos foram concluídos?
4) Qual departamento demanda?
5) Qual entidade demanda?
6) Qual o tipo de contrato demandado?
7) Qual o responsável pela demanda?
8) Qual a evolução de demanda por período?
9) Qual o valor dos contratos?
10) Qual o valor dos contratos em andamento?
11) Qual o valor dos contratos em andamento por entidade?
12) Quais os SLA´s de atendimento das áreas?

Assim, separamos as análises operacionais das estratégicas e executivas, criando dentro do dashboard uma área dedicada para análise dos SLA´s dos contratos por:

1) Departamento;
2) Tipo de Contrato;
3) Solicitante;
4) Entidade;
5) Pessoa responsável.

Outra visão estratégica necessária, garantindo atender às respostas que tivemos no planejamento, era a necessidade de ser bilingue (português e inglês), pois além da filial brasileira, a matriz americana e toda a estrutura LATAM utilizaria e consultaria as informações.

É importante trazer que, a visão trazida no presente artigo é a versão 1.0 do *dashboard*, sendo que, já houve o desenvolvimento da versão 2.0, com novas visões e novas informações, o que nos leve a nossa 4ª validação, denominada, Ciclo Eterno das Perguntas.

Utilizando-se da premissa que, todo *dashboard* possui visões que buscam responder perguntas, a partir dessas respostas, novas perguntas são feitas, sejam para trazer uma nova visão ou aprofundando a resposta anterior, criando um ciclo virtuoso e estratégico de respostas.

O Dashboard 1.0 trouxe respostas iniciais que foram extremamente importantes para a Gestão de Contratos e entendimento da situação atual do time e dos solicitantes. A partir dessas respostas iniciais, novas perguntas foram feitas e, novos dados foram estruturados dentro da planilha, evoluindo o desenvolvimento dos dashboards com novas visões, dados e análises qualitativas dos contratos.

É importante trazer que, a visão dos demais departamentos e demais interlocutores também tem um papel essencial dentro do ciclo, uma vez que, as novas perguntas e visões não necessariamente vem do departamento jurídico, podendo ser solicitadas por outros departamentos que estão vinculados ou tem conhecimento do dashboard, estando conectado com nossa 5ª e última validação, utilize o dashboard como uma comunicação universal.

No decorrer da nossa vida jurídica, fomos criados e ensinados a utilizarmos um linguajar rebuscado, se tornando parte da profissão do direito falar difícil e com jargões jurídicos que poucas pessoas realmente entendem ou querem entender e, quem nunca teve um colega de trabalho ou faculdade indicando que escolheu direito por "não ser de exatas".

Esse estigma e paradigma precisa ser cada vez mais desconstruído, se tornando essencial para o advogado do agora ter o conhecimento necessário quando o assunto é números, estatística e análise de dados, inclusive, para melhorar a nossa comunicação com os demais departamentos dentro de uma empresa, afinal, todo mundo entende um gráfico, mesmo que de pizza, bem estruturado.

Precisamos deixar o "data vênia" e o "em que pese" para os seus momentos oportunos e focar em uma comunicação de forma simples, eficiente e pensada no interlocutor que irá receber essa informação, para não criarmos uma problemática na comunicação, tornando-a ineficiente e improdutiva.

Hoje em dia, a maioria dos departamentos jurídicos se reporta ao CFO (Chief Financial Officer) da empresa, o que demanda uma comunicação mais objetiva e focada em resultado; a advocacia como "atividade de meio" não se aplica mais ao mundo atual corporativo. O advogado atual deve ter uma comunicação corporativa eficiente com os diversos departamentos das empresas, além de ter a capacidade de analisar, gerir e estruturar dados.

É papel do advogado trazer essa comunicação da melhor forma para justificar o embasamento de seus pedidos, justificativas e até atuações, melhorando e potencializando o seu poder de convencimento para com os demais departamentos da companhia. A utilização dos dados como forma de embasamento é unânime dentro de qualquer departamento de uma empresa, sendo muito mais fácil conversar e justificar seus pedidos e demandas a partir de uma comunicação simples e focada na pessoa que irá receber essa informação.

Não é necessário ser um advogado para identificar ou entender que um fluxo operacional precisa ser melhorado quando essa justificativa é trazida dentro de um dashboard, equalizando a comunicação e a tornando mais eficiente e humana possível, gerando, inclusive, uma maior conexão e empatia dos interlocutores.

A partir desses *insights* e validações, podemos concluir que a inovação não necessariamente está vinculada com a utilização do *hype* tecnológico do momento. O que precisamos é aceitar a nossa realidade e nos adaptarmos a partir dela para resolvermos os problemas do negócio, gerando *insights* estratégicos e evolutivos para as empresas, as equipes, as pessoas e a sociedade. Esperamos que esse artigo sirva de faísca para a solução de novas dores ou criação de novas ferramentas, impulsionando a inovação no mundo jurídico.

#regulatório

48

Sandbox regulatório: a inovação promovendo o desenvolvimento econômico local[1]

Carina de Castro Quirino[2]
Francisco Bulhões[3]

Agentes públicos que lidam com questões regulatórias enfrentam diariamente o seguinte dilema: o que fazer quando o desenho regulatório existente – diante de novos contextos fáticos – parece defasado; o poder público não deve criar barreiras à inovação e ao desenvolvimento econômico; mas, ao mesmo tempo, não pode se abster de mitigar os riscos que tem como dever evitar que ocorram? Exige-se da administração pública um duplo papel: incentivo ao desenvolvimento econômico local e à inovação e, simultaneamente, repressão a atuações mais interventivas na economia e na regulação de novas tecnologias. Nesse cenário, o poder público se vê no papel de construir regulações mais sofisticadas para a consecução de seus objetivos.

A adoção de instrumentos experimentalistas na construção do arcabouço regulatório pode se revelar útil face a essa realidade: eles permitem à administração pública compreender os efeitos das mudanças, com a flexibilidade necessária para o refinamento de suas regras. Dentre tais instrumentos, surge no âmbito da regulação setorial o *sandbox* regulatório, ambiente controlado de testes em que o quadro normativo aplicável a determinado produto ou serviço de caráter inovador é afastado, permitindo ao poder público analisar seu impacto sobre o mercado e, assim, verificar a adequação de suas regras.

---

1 Este capítulo é um resumo da Nota Técnica desenvolvida pela Subsecretaria de Regulação e Ambiente de Negócios da Secretaria de Desenvolvimento Econômico, Inovação e Simplificação do Município do Rio de Janeiro – SUBRAN/SMDEIS. Agradecemos ao Prefeito Eduardo Paes pela oportunidade de empenhar esforços para a realização do *Sandbox*.Rio e nominalmente, em nome de todos da SMDEIS, a Thiago Dias, Rafael Viola, Helena Hocayen, Marcella Flores e Rafael Wanderley.

2 Doutora em Direito Público pela Universidade do Estado do Rio de Janeiro – UERJ. Mestrado em Direito pela Faculdade Nacional de Direito – FND/UFRJ. Atual Subsecretária de Regulação e Ambiente de Negócios da Secretaria de Desenvolvimento Econômico, Inovação e Simplificação do Município do Rio de Janeiro. Advogada. E-mail: carinacastrodir@gmail.com.

3 Secretário de Desenvolvimento Econômico, Inovação e Simplificação do Município do Rio de Janeiro. Advogado. E-mail: chicaobulhoes@gmail.com.

É NECESSÁRIA A ATUAÇÃO ESTATAL NO INCENTIVO À INOVAÇÃO?

Bloom e Van Reenen[4] argumentam que em vez de conceder benefícios e isenções fiscais para as pequenas e médias empresas, a melhor maneira de apoiá-las é:

> assegurar condições de concorrência equitativas por intermédio da remoção de barreiras à entrada e crescimento, entre empresas de todos os tamanhos, implementando uma política de concorrência e resistindo firmemente às pressões das grandes companhias e seus agentes[5].

O crescimento econômico pode resultar de um aumento dos fatores de produção (como o aumento da participação da força de trabalho e o uso de maiores quantidades de terra), ou de uma maior eficiência na produtividade utilizando-se a mesma quantidade de recursos (produtividade total dos fatores). Um crescente corpo de evidências tem mostrado que o aumento da atividade de inovação tem um impacto mensurável e positivo na produtividade das empresas[6].

No entanto, a inovação por si só não aumenta a quantidade de recursos. Ela promove a otimização de processos, produtos ou serviços, podendo ser tecnológica (gerando, de fato, novos produtos e serviços como resultado), ou não tecnológica, gerando mudanças organizacionais no processo produtivo. Ela é, portanto, geralmente correlacionada à produtividade total dos fatores.

Tende-se a justificar a atuação do Estado na promoção da inovação quando identificadas falhas de mercado e determinadas lacunas na articulação de alguns fatores caros à existência de ambiente propenso à inovação[7]. Estas podem ser categorizadas em:

a) *Falhas na infraestrutura.* É necessária a existência de uma infraestrutura física mínima para a atuação dos agentes que promovem inovações (como adequado acesso a energia, tecnologia da informação e transporte);

b) *Falhas institucionais.* Regulações estatais desalinhadas ou um sistema jurídico geral engessado podem criar barreiras intransponíveis à promoção da inovação. Essa falha também pode devir de instituições sociais, como o nível de alfabetização tecnológica de uma determinada população que se torna insuficiente para que se adaptem a novos paradigmas tecnológicos;

---

4 BLOOM, Nicholas; VAN REENEN, John. Measuring and Explaining Management Practices Across Firms and Countries. CEP Discussion Papers, 2006.

5 MAZZUCATO, Mariana. *O Estado Empreendedor*. Penguin, 2017, p. 79.

6 MOHNEN, Pierre; HALL, Bronwyn H. Innovation and productivity: An update. *Eurasian Business Review*, v. 3, n. 1, p. 47-65, 2013.

7 WOOLTHUIS, Rosaline et al. A system failure framework for innovation policy design. *Technovation*, v. 25, Issue 6, 2005.

c) *Falhas de interação.* Em grande parte, para ser gerada, a inovação exige uma interação entre atores com diferentes habilidades e recursos. Falhas de interação e colaboração entre esses agentes podem afetar negativamente seu desenvolvimento;
d) *Incapacidade produtiva.* Os agentes que promovem inovações precisam ter *know how* para levar adiante suas ideias e projetos. Podem haver, por exemplo, falhas de transição, que demonstram uma incapacidade das empresas de se adaptarem a novos desenvolvimentos tecnológicos.

Pode-se concluir, portanto, que:

e) há uma correlação entre a inovação e o crescimento econômica (a inovação pode promover eficiências ao processo de produção de bens e serviços); e
f) o mercado, por si só, pode não promover um ambiente propício à criação de incentivos suficientes à inovação, o que justificaria a atuação estatal em sua promoção.

SANDBOX REGULATÓRIO

O *sandbox* regulatório é um dos instrumentos do experimentalismo à disposição da Administração Pública, que possibilita a interação com a inovação. A nomenclatura *sandbox* é tradicionalmente utilizada na área da computação para descrever um método de testagem de sistemas a possíveis falhas ou vulnerabilidades por meio de ambientes controlados.

A ideia originou-se e foi primeiro implementada no seio da regulação financeira, impulsionada pelas *fintechs*[8]. As possibilidades trazidas pelas inovações tecnológicas contrapostas ao sensível risco sistêmico inerente ao setor fizeram do instrumento uma alternativa regulatória interessante à disposição do regulador[9].

A ferramenta permite o teste de inovações de serviços e produtos de modo temporário, por meio do afastamento do quadro regulatório aplicável, sob o controle de algum ente estatal, de modo a observar seus efeitos na prática e, assim, construir um conjunto de balizamentos normativos baseado nas evidências produzidas pela experimentação. Em razão disso, Eduardo Bruzzi afirma ser a natureza do instituto um incentivo regulatório por meio

---

8 "A regulatory sandbox is a framework set up by a financial sector regulator to allow small scale, live testing of innovations by private firms in a controlled environment (operating under a special exemption, allowance, or other limited, time-bound exception) under the regulator's supervision. The concept, which was developed in a time of rapid technological innovation in financial markets, is an attempt to address the frictions between regulators' desire to encourage and enable innovation and the emphasis on regulation following the financial crisis of 2007–2008. A regulatory sandbox introduces the potential to change the nature of the relationship between regulators and financial services providers (regulated or aspiring) toward a more open and active dialogue. It may also enable the regulator to revise and shape the regulatory and supervisory framework with agility." In: JENIK, Ivo; LAUER, Kate. Regulatory Sandboxes and Financial Inclusion. *CGAP Working Paper*. Washington: CGAP, p. 1, 2017.

9 BROMBERG, Lev; GODWIN, Andrew; RAMSAY, Ian. Fintech sandboxes: achieving a balance between regulation and innovation. *Journal of Banking and Finance Law and Practice*, v. 28, p. 318, 2017.

de "isenção normativo-regulatória temporária"[10]. O *sandbox* regulatório funciona, portanto, como um experimentalismo estruturado.

É possível identificar, portanto, quatro características essenciais que compõem a ferramenta:

a) o afastamento das regras e normas aplicáveis para a testagem de determinado produto ou serviço;
b) a delimitação do escopo da testagem;
c) a delimitação temporal da testagem; e
d) a observação e avaliação constante dos resultados.

Desse modo, para a condução de experimento por meio de *sandbox*, o ente público precisa ter competência e capacidade institucional para tanto. É necessária uma previsão normativa de permissão do afastamento do quadro regulatório outrora aplicável, explicitando-se a correlação entre as normas suplantadas e o objeto de teste. Além disso, também é imprescindível a construção de um balizamento mínimo para sua condução, por meio da imposição de regras aos sujeitos que testarão os novos serviços e produtos, calibrados de acordo com os riscos apresentados[11]. Esse controle pode abranger as chamadas *no-action letters*, uma forma de sinalização dos reguladores aos agentes do mercado do não enquadramento de determinado produto ou atividade no *framework* regulatório vigente.

É preciso definir também o escopo das regras que serão afastadas, isto é, aquelas cuja suspensão é necessária para a condução do teste de novos produtos e serviços. Esse delineamento acaba por englobar outros componentes imprescindíveis à execução *sandbox*, com a definição dos critérios de entrada dos participantes e quem será o público-alvo das inovações, seu quantitativo e sua delimitação geográfica.

EXPLORANDO POSSIBILIDADES DE UTILIZAÇÃO DE *SANDBOXES* REGULATÓRIOS A NÍVEL LOCAL

A Constituição de 1988 promoveu uma descentralização administrativa e fiscal, elevando o município ao *status* de ente federativo. Com isso, diversas competências foram atribuídas ao poder local. Esse movimento – tanto político como acadêmico – pró-descentralização administrativa veio na esteira do consenso público, à época, de que a concessão de autonomia a governos locais (de modo a garantir que tenham capacidade de gerir, com ampla liberdade, assuntos de interesse da cidade e de seus habitantes) seria capaz de promover a democratização das relações políticas e incrementar a eficiência e efetividade da administração estatal[12]. Independentemente da veracidade desse consenso, a descentralização impacta

---

10 VIANNA, Eduardo Araujo Bruzzi. Regulação das fintechs e sandboxes regulatórias. 2019. Dissertação, p. 128.

11 Idem.

12 No entanto, já foi observado que uma garantia de autonomia formal não se traduz necessariamente em autonomia na prática.

no desenvolvimento econômico local na medida em que governos locais ganham um número considerável de atribuições e responsabilidades.

De fato, não há empecilhos legais à adoção do *sandbox* regulatório para a condução dos objetivos constitucionalmente designados à administração pública, o que inclui sua utilização para o fomento do crescimento da economia local. Para além da ausência de entraves legais, o instrumento é útil tanto para a implementação como para a construção de conhecimento e *expertise* locais. Desse modo, o *sandbox* regulatório pode servir como instrumento de mitigação dos problemas de conhecimento local ao permitir avaliar, de modo específico a determinado contexto, as consequências da alteração do modo de funcionamento de alguma instituição ou processo existente, ou da implementação de um novo produto ou serviço. O uso da ferramenta no contexto local foi apresentado em alguns relatórios voltados ao setor público, produzidos por organizações especializadas na promoção da inovação e do desenvolvimento econômico.

O Nesta (*National Endowment for Science, Technology and the Arts*)[13], em seu relatório "Testing Innovation in the Real World" de outubro de 2019, apresentou uma pesquisa para compreender as ferramentas que permitem o teste de inovações no mundo real de modo controlado (*testbeds*, *sandboxes* e *demonstrators*). No relatório, foi indicada a possibilidade do uso de *sandboxes* para testar inovações em ambientes similares aos do mundo real, podendo abranger, por exemplo, desde mudanças na regulação de determinados sistemas financeiros fechados, a consultorias para o uso de drones[14].

No relatório "Decarbonising Electricity: How Collaboration between National and City Governments will Accelerate the Energy Transition" produzido pela *Coalition for Urban Transitions*[15], destacou-se que governos locais de grandes cidades ou áreas urbanas podem se utilizar de *sandboxes* regulatórios como instrumentos para acomodar zonas de inovação locais. Por exemplo, como mencionado por Webb et al (2020), Londres se beneficiou de experimentos regulatórios locais no mercado de energia *peer-to-peer*, construindo uma base de conhecimento importante para o desenvolvimento de mercados de eletricidade descentralizados[16].

Um dos *insights* trazidos no relatório "Government that Works for the Bush: A Regional Regulatory Reform Agenda" de dezembro de 2018, produzido pelo *Regional Australia Institute*[17],

---

13 Fundação independente do Reino Unido que trabalha para aumentar a capacidade de inovação na região.

14 ARNTZEN, Siri; WILCOX, Zach; LEE, Neil; HADFIELD, Catherine; RAE, Jen. *Testing Innovation in the Real World: Real-world testbeds*. London: Nesta Report, October 2019.

15 Uma iniciativa global de cooperação entre institutos de pesquisa, organizações intergovernamentais e outros agentes interessados na cooperação para o enfrentamento de desafios econômicos, desigualdade e climáticos urgentes para tornar cidades habitáveis e sustentáveis, financiada primordialmente pelo *Department of Business Energy and Industrial Strategy (BEIS)* e o *Department for International Development (DFID)* do Reino Unido.

16 BROEKHOFF, Derik; WEBB, Molly; GENÇSÜ, Ipek; PICCIARIELLO, Angela, SCOTT, Andrew. 2021. Decarbonising electricity: How collaboration between national and city governments will accelerate the energy transition. Coalition for Urban Transitions, London and Washington, DC, p. 37.

17 Instituto estabelecido com o apoio do governo australiano que desenvolve pesquisas e dialoga com a sociedade para o desenvolvimento de políticas de aperfeiçoamento da economia e qualidade de vida na Austrália regional,

foi que uma melhor adaptação às preocupações e necessidades locais poderia ser viabilizada pela possibilidade de suspensão de regulações ou atenuação da rigidez dos programas públicos. O uso de ferramentas experimentalistas como o *sandbox* regulatório foi apresentado como uma das opções à disposição de governos locais para a concretização desse objetivo.

Dada a maleabilidade do instrumento, mais útil do que definir suas possibilidades seria identificar suas restrições. Ele é delimitado principalmente – mas não exclusivamente – por questões jurídicas, econômicas e de capacidade institucional. Juridicamente, são balizados por questões de competência e legalidade, a depender do órgão ou entidade que deseja implementá-lo. Economicamente, são restritos pelo tipo de produto, serviço ou processo que se deseja testar – o *sandbox* regulatório normalmente não se justifica, em termos financeiros, em projetos que exigem altos custos fixos. Por fim, sua adoção depende da capacidade institucional da entidade que deseja implementá-lo – é necessário que haja planejamento, pessoal capacitado e fôlego institucional para que se possa extrair os benefícios que pode gerar, isto é, aferir os efeitos da inovação no mundo real, de modo controlado, para que a entidade competente seja capaz de reavaliar sua atuação regulatória.

Uma vez que há uma correlação entre a inovação e o crescimento econômico – já que a inovação pode promover eficiência ao processo de produção de bens e serviços[18] – e a regulação pode ser uma barreira à existência de um ambiente propício à inovação, o *sandbox* regulatório pode servir como instrumento útil ao desenvolvimento econômico local. Há três principais razões para isso:

1) O *sandbox* regulatório permite assimilar quais os potenciais de inovação nos diversos setores econômicos, identificando com maior clareza os atores que têm interesse em desenvolvê-los, auxiliando o regulador na compreensão dos incentivos que esses atores têm para desenvolverem seus negócios naquela localidade;
2) Ele triangula academia, setores produtivos/econômicos e a administração pública, fazendo com que haja um diálogo que potencializa o desenvolvimento das cidades[19]; e
3) Ele promove um saber local: o experimentalismo controlado permite uma melhor compreensão do cenário econômico à administração pública a partir do acesso a dados e informações.

Com isso, o *sandbox* regulatório pode ser uma ferramenta com efeitos positivos ao diagnóstico do potencial local para a inovação, e, consequentemente, à criação de um ambiente mais propício ao desenvolvimento da economia local.

---

região que inclui todas as cidades e áreas para além das principais capitais (Sydney, Melbourne, Brisbane, Perth, Adelaide e Canberra).

18 Um crescente corpo de evidências tem mostrado que o aumento da atividade de inovação tem um impacto mensurável e positivo na produtividade das empresas. MOHNEN, Pierre; HALL, Bronwyn H. Innovation and productivity: An update. *Eurasian Business Review*, v. 3, n. 1, p. 47-65, 2013.

19 Uma das falhas de mercado latentes a níveis subótimos de inovação é a falta de articulação entre setores interessados.

#inteligência artificial

49 Inovação em entregas jurídicas: Willy e a automação de dossiês de defesas

Aline Steinwascher[1]
Bárbara Uneida[2]

O mundo, as relações e o Direito vêm passando por muitas transformações nos últimos anos. Richard Susskind, uma das principais referências mundiais em se tratando do futuro do Direito, em 2013 disse sabiamente que "o mercado jurídico mudará mais nos próximos 20 anos do que nos 2 últimos séculos"[3]. Hoje já conseguimos ver do que ele estava falando. E a tecnologia tem sido elemento catalisador desse grande processo.

Aqui no departamento Jurídico do Will Bank, já identificamos há alguns anos que o mercado vem passando por essas transformações. Não à toa em 2020 começamos a reestruturar nosso time, de modo que uma nova área fosse criada. O nascimento do time de *Legal Operations* é uma resposta às demandas de nosso tempo.

Com essa área, foi e é possível dedicarmos tempo, energia e pessoas a entregas para além daquelas essencialmente jurídicas. Com um time multidisciplinar, que engloba profissionais de áreas diversas como dados, gestão de projetos, finanças e *design*, encontramos uma forma de atualizar as entregas jurídicas, trazê-las à contemporaneidade. Um de nossos primeiros *cases* dessa nova fase foi a automação dos subsídios de defesas judiciais. É sobre ele que falaremos a seguir.

---

1 Head do Jurídico, Compliance e PLD do Will Bank, um dos maiores bancos digitais do país, e cofundadora do hub de inovação jurídica Plain Legal. Advogada formada pelo Mackenzie-SP, com LLM em Direito Societário pelo Insper e Extensão em Compliance pela FGV. Pós-graduanda em Direito Financeiro e Bancário na PUC. Cursou Negotiation Mastery (Harvard), IPO – Abertura de Capital (Insper), Modern Law Practice (Institute for the Future of Law Practice), Legal Tech Essentials (Bucerius Law School, Hamburgo, Alemanha), Regulação das Fintechs (Duke, USA), Compliance Regulatório (University of Pennsylvania, USA), Design Gráfico (University of Colorado Boulder, USA). Professora convidada do curso de Eficiência Jurídica da Finted (Legal Design). Foi pesquisadora voluntária do grupo Visulaw (aplicação do visual law ao judiciário). Trabalha para construir um Direito mais leve, colorido e acessível.

2 Analista de Legal Operations do Will Bank. Graduada em Arquitetura e Urbanismo pelo Centro Universitário FAESA. Pós-graduanda em Gestão de Projetos (MBA USP-Esalq). Atua na área de Projetos, Tecnologia e Inovação jurídica.

3 SUSSKIND, Richard. *Tomorrow's Lawyers:* An Introduction to Your Future. Oxford University Press, 2013.

DAS DORES E SOLUÇÕES

Com nossa operação em crescente escalada, percebemos que apenas contratação de pessoas não seria suficientemente eficaz para darmos conta do recado. Nesse sentido passamos a lançar mão da tecnologia, aqui compreendida como grande parceria aliada às pessoas.

A ideia era trazer automação em processos repetitivos e operacionais com a finalidade de ganharmos eficiência e liberarmos o tempo das pessoas para tarefas mais significativas. Aquelas que efetivamente demandam expertise e habilidades humanas, entendendo a tecnologia como parceria. Mas como concretizar essa ideia?

Entendemos que a colaboração é um dos grandes ativos do trabalho contemporâneo, esse futuro do trabalho que, assim como o futuro do Direito, já chegou. Então passamos a fazer muitos *benchmarkings*, buscando dores parecidas com outros *players* do mercado no sentido de pensarmos juntos e encontrar soluções assertivas.

Dessa forma fizemos inúmeros *benchs* com departamentos jurídicos menos conservadores e passamos a conhecer diversos fornecedores que poderiam nos ajudar nessa empreitada. Nesse momento identificamos que, para conseguirmos viabilizar o projeto, precisaríamos ter confiáveis e minuciosos mapeamentos de nossos processos internos, todos os fluxos que no fim do dia desdobravam na construção de um dossiê de provas.

Então, antes mesmo de ter um fornecedor parceiro para nos apoiar com a tecnologia que começamos a nos familiarizar, o RPA (*Robotic Process Automation*), nos debruçamos a mapear de ponta a ponta os nossos fluxos internos. Dessa forma teríamos insumos para conseguir entender se o projeto teria viabilidade técnica e financeira.

DAS QUESTÕES TÉCNICAS

Com o mapeamento robusto em mãos, começamos a desenvolver inúmeras POCs (Provas de Conceito) com diversos fornecedores, no sentido de entender:

a) se o projeto pararia de pé; e
b) se teríamos orçamento para dar continuidade ao sonho do robô próprio. Nesse momento achávamos que o grande trabalho mão na massa seria apenas o tal grandioso mapeamento do processo, mas os desafios estavam apenas começando.

Projetos inovadores podem encontrar barreiras em momentos inesperados, que em projetos mais corriqueiros fluem sem grandes impedimentos. Aqui, para viabilizar as POCs, necessitávamos primeiro assegurar segurança para a companhia. Para isso, precisávamos de acessos de todas as dez ferramentas de atendimento exclusivos para o robô, algumas desenvolvidas internamente e outras terceirizadas.

O desafio aqui nem foi a grande quantidade de sistemas para viabilizar os atendimentos, mas sim o fato de que a maioria deles demandam dados pessoais que robôs não possuem, como CPF, telefone etc. Aqui reforçamos o grande valor da colaboração para entregas de grande impacto: foi incrível o super apoio de nosso time de Infra para vencermos essas travas.

Conseguimos acessos nominais de todos os 10 sistemas de atendimento para nosso robô, que chamamos de Willy.

Além dos acessos, precisamos desenvolver uma máquina virtual dedicada a Willy, com todos os acessos de rede, e-mail e VPN nominais do robô, por questões de segurança. Outro momento de grande apoio de nossa área interna de Infra.

Fonte: Imagem do Willy. Reprodução enviada pelas autoras. Todos os direitos reservados.

DA POC AO MVP

Depois dos inúmeros desafios para viabilizarmos as POCs e entendermos que sim, nossa ideia tinha potencial e poderia ser construída, partimos para o desenvolvimento do nosso MVP (Mínimo Produto Viável). Nesse momento identificamos a nossa maior causa raiz de processos judiciais, maior em volume e em complexidade de construção. A ideia aqui foi: se conseguirmos viabilizar o desenvolvimento dessa causa raiz, já teríamos sucesso no projeto e também conseguiríamos automatizar as demais.

Com nosso mapeamento de fluxo, acessos aos sistemas em mãos e apoio de fornecedor parceiro, foi possível desenvolver nosso primeiro MVP. Aqui, depois de inúmeros testes, validamos nossas hipóteses e tivemos sucesso no desenvolvimento de nosso primeiro robô – sim, Willy é o nome de um conjunto de inúmeros robôs que elaboram diferentes causas raízes de processos.

Com essa primeira causa raiz desenvolvida e tecnicamente estável, passamos a escalar a automação para as demais. Como a primeira era a mais complexa de ser realizada, acabamos por adquirir grande expertise durante o MVP, o que tornou o momento de escalada menos complicado do que o desafiador início do projeto.

Nesse momento de nossas primeiras automações e de muitos sucessos que estavam porvir, conseguimos resultados importantes e animadores. Sete minutos é o tempo médio que Willy conclui as tarefas que humanos realizam em 1 hora. Conseguimos também redução de 76% do custo do subsídio. Com a chegada de Willy, foi possível escalar a nossa operação sem inflar time, orçamento ou sobrecarregar lideranças. Mesmo com o aumento da operação e manutenção do mesmo time, conseguimos melhorar a performance de nossa operação de subsídios.

DAS ESCALADAS DO PROJETO

Depois de muitos testes, validações, mão na massa e desafios, conseguimos estabilidade em todos os nossos workflows de elaboração dos dossiês das defesas judiciais. Essa é uma parte de nossa esteira de subsídios, etapa cheia de fluxos e informações, mas apenas uma etapa. Aqui foi o momento de escalar ainda mais, de ampliar as automações.

Passamos a entender a importância da integração de Willy com nossa ferramenta de gestão de processos. Embora ele já fizesse grande parte do trabalho, existia essa parte do fluxo com alto potencial de automação. Então investigamos e testamos muito até conseguirmos que, após o desenvolvimento dos dossiês, Willy também alimentasse a ferramenta de gestão de processos com as informações de cada caso, para registro, controle e gestão. Um sucesso, outro alívio para o time: não se preocupar com outra tarefa repetitiva e sem valor para seu desenvolvimento profissional.

Willy é um projeto altamente escalável. E seguimos crescendo e aprendendo muito com ele. Agora chegou um novo momento do projeto, no sentido de unificar e automatizar de ponta a ponta a esteira de elaboração de subsídios: a leitura de petições iniciais. Trabalho intenso do time para identificar, a partir da leitura de grande volume de documentos, as causas raízes dos processos.

Aqui, depois de toda a expertise adquirida durante o projeto, entendemos que somente o RPA não seria suficiente para nos apoiar nessa nova frente. RPA, uma tecnologia dos anos 2000, consiste no uso de robôs para emular ações humanas por meio de interface do usuário de qualquer sistema. Nesse novo momento do projeto, para além de capturas de telas, elaboração de documentos e preenchimento de informações em sistemas, precisamos de uma tecnologia que leia e entenda os nossos processos.

Nesse sentido estamos estudando o potencial da IA (Inteligência Artificial) que, diferente do RPA, é uma tecnologia de meados do século XX, que vem tendo inúmeras atualizações em seu desenvolvimento e que aumenta a automação para tarefas mais complexas e que sejam baseadas em decisões. Ela traz a tomada de decisão cognitiva semelhante à humana para liberar um pouco mais de trabalho manual, embora complexo, da força de trabalho humana que a RPA sozinha não pode fazer.

Nos estudos de utilização de IA para entregas jurídicas, identificamos a importância dos mesmos processos no início do desenvolvimento das primeiras automações com RPA de Willy: muita pesquisa, conversas técnicas, mão na massa e diversos testes para entendermos a viabilidade dessa nova frente. Já conseguimos um bom percentual de acurácia em nossos resultados. O trabalho agora é refinar os estudos até chegarmos num excelente percentual e concluirmos o sucesso dessa nova frente de atuação de Willy.

DOS APRENDIZADOS

Apenas o conhecimento jurídico não viabilizaria essa entrega; somente o conhecimento em gestão de projetos não tornaria tudo isso possível. O *case* Willy foi e segue sendo realizado a muitas mãos do time de *Legal Operations*, parceria da área de Projetos, Tecnologia e Inovação com a Controladoria Jurídica. E também com nosso incrível e parceiro time de Infra. Nosso time diverso segue nos demonstrando o alto valor da multidisciplinaridade para entregas estratégicas. Em entregas como essas, apenas reforçamos o grande poder da colaboração – ninguém faz nada sozinho.

POSFÁCIO
A MAIOR DE TODAS AS INOVAÇÕES

Maite Schneider[1]

Sou uma pessoa apaixonada pelo tema da inovação e como conseguimos, na prática, fazer com que as teorias que conhecemos tragam os melhores resultados em nosso dia a dia. Acabo de passar, recentemente, um mês em Barcelona e outro mês em Medellín – cidades conhecidas por uma série de avanços envolvendo esta temática e o que trago aqui é para que ampliemos nossos horizontes.

Quando exploramos o cenário atual dos negócios e da sociedade como um todo, é impossível ignorar o impacto positivo que a inovação, a diversidade, a inclusão e o empreendedorismo feminino têm tido. Sou embaixadora da Rede da Mulher Empreendedora (RME), maior rede de empreendedorismo feminino no Brasil, com mais de um milhão e cem mil mulheres, então também trarei este olhar nesta nossa conversa.

Esses temas têm se tornado cada vez mais relevantes e urgentes e, é crucial refletir sobre seu significado e importância. Neste Posfácio, iremos abordar essas quatro temáticas interconectadas e explorar como elas têm moldado o mundo em que vivemos hoje.

A inovação tem sido a força motriz por trás de grandes avanços ao longo da história e é fundamental para enfrentar os desafios complexos que enfrentamos atualmente. A capacidade de pensar de forma criativa, buscar soluções originais e implementar novas ideias é essencial para a sociedade.

A inovação é a ponte entre o presente e o futuro, conectando ideias e possibilidades. É por meio dela que chegaremos mais perto para desvendar os desafios do mundo moderno, oferecendo soluções transformadoras para problemas complexos.

---

1 É conhecida por criar pontes onde existem abismos e horizontes onde existem limites. É a 1ª profissional trans a ser escolhida como LinkedIn Top Voice e foi vencedora do Prêmio Viva 2020 da Revista Marie Claire e Instituto Avon. Cofundadora da consultoria Integra Diversidade. Embaixadora e influenciadora da RME – Rede Mulher Empreendedora. Cofundadora da plataforma Transempregos e do EmpoderaTrans. Professora, palestrante e autora de livros e artigos. Siga Maite nas redes sociais @maitescheneider ou no casadamaite.com.

DIVERSIDADE

A inovação, verdadeiramente significativa, só pode ser alcançada quando todas as vozes são ouvidas e representadas. É aí que a diversidade desempenha um papel crucial. A diversidade não se limita apenas a questões de gênero, mas também engloba raça, etnia, idade, orientação sexual, origem socioeconômica, habilidades e diversos outros marcadores.

Ao reunir pessoas com diferentes perspectivas e experiências, estamos criando um ambiente propício para o surgimento de ideias inovadoras. Estudos têm mostrado repetidamente que equipes diversas são mais criativas e eficazes na resolução de problemas, pois oferecem uma gama mais ampla de conhecimentos e abordagens.

No entanto, a inovação não pode ser um campo exclusivo de uma única perspectiva ou grupo de pessoas. A diversidade é um ingrediente essencial para a inovação. Ao trazer diferentes experiências, pontos de vista e habilidades para a mesa, podemos explorar uma gama mais ampla de soluções criativas e eficazes para os desafios que enfrentamos.

Mas toda diversidade gera inovação? Em minha opinião, não!

Para que consigamos atingir um processo potente de inovação, é necessário que tenhamos um conhecimento real e profundo sobre as diversidades que temos em nossas empresas, ramos de atividade e vida. Não basta termos diversidade e não darmos espaços para se manifestarem, opinarem e serem ouvidas. E por isso, passamos ao próximo ponto, tão importante.

INCLUSÃO

A inclusão é o meio pelo qual as pessoas de diferentes origens e características podem participar plena e equitativamente das oportunidades e benefícios que a inovação traz consigo. Garantir a inclusão é reconhecer e respeitar a diversidade, proporcionando um ambiente onde todos possam contribuir com suas perspectivas e talentos únicos. Isso implica a criação de políticas e práticas inclusivas, o combate aos preconceitos/vieses, estereótipos arraigados e a promoção da equidade em todas as esferas da vida.

Nicole Marshall, líder de diversidade na Pinterest, tem uma frase que gosto muito e vai ao encontro do que penso: "Diversidade é quando contamos as pessoas. Inclusão é quando TODAS as pessoas contam".

Por isso mesmo, na Integra, consultoria da qual sou cofundadora, temos cada vez mais trazido a questão de um ponto, que vai um pouco além, até mesmo da inclusão – o pertencimento. Precisamos fazer com que as pessoas sintam-se parte ativa da construção do que estamos edificando, quer seja produtos, serviços, processos etc. Quando isto acontece, temos mais do que colaboradores, temos agentes de mudanças reais e fontes potentes de inovação.

Por isso, é sempre saudável, investir na criação de espaços com cada vez mais segurança psicológica, formação de lideranças mais humanizadas, ouvidorias e *compliances* mais sensíveis. Antes de passar ao próximo ponto, não esqueça: Pessoas são suscetíveis a erros e acertos. Buscar só pelo acerto, além de criar uma pressão desnecessária pela perfeição, tira um pouco da nossa humanidade.

Muitas vezes, os processos mais inovadores que surgem, vêm do erro e não necessariamente do acerto. Quando a máquina executa com perfeição seu papel, sabemos exatamente o resultado final da entrega. É justamente quando a máquina erra, que dá bug, que muitas vezes conhecemos outras possibilidades e caminhos. Claro que muitos destes resultados podem não ser úteis, e neste caso, descartamos. Mas outros podem nos surpreender e até nos trazer insights preciosos numa nova solução/revolução. Isto é a essência mais pura da inovação. Não tenha tanto medo do erro.

EMPREENDEDORISMO FEMININO

O empreendedorismo feminino exerce um papel transformador. Por um lado, as mulheres têm enfrentado desigualdades históricas e obstáculos nas mais diversas esferas, por outro têm superado esses desafios com resiliência, adaptabilidade, criatividade, inteligência emocional e muitas técnicas de resoluções de crises/riscos e problemáticas. E, sem dúvida, estas são soft skills mais que necessárias para potencializarmos qualquer processo de inovação.

O empreendedorismo feminino não apenas abre oportunidades para as mulheres, mas também contribui para a criação de negócios mais diversos. **Inovação é a combinação de criatividade, conhecimento e execução eficiente.** E isto é o que mais tenho visto dentro do meu trabalho junto à RME.

A promoção do empreendedorismo feminino não é apenas uma questão de justiça, mas também uma oportunidade econômica e social que não podemos mais ignorar. Além disso, a inclusão de mulheres em posições de liderança tem sido associada a uma melhor governança, tomada de decisão mais eficaz e um ambiente de trabalho mais saudável e equilibrado.

Para finalizar, lembre-se: esta é uma tarefa coletiva e contínua. Governos, empresas, organizações da sociedade civil e pessoas físicas devem trabalhar coletivamente para criar políticas, programas e culturas que valorizem e promovam a diversidade, a inclusão (e o pertencimento!) e também o empreendedorismo feminino. Tais atitudes culminam em um ambiente mais criativo, fértil em ideias e, por consequência, propenso à inovação.

Quando formos uma melhor humanidade, teremos empresas e sociedades também muito melhores. Esta é a maior de todas as inovações.

EPÍLOGO

CRIAR É MUITO MAIS DIFÍCIL DO QUE SIMPLESMENTE REPRODUZIR, MAS TAMBÉM É MUITO MAIS INTERESSANTE!

Josie Jardim[1]

Atuo há mais de 25 anos em Departamentos Jurídicos, tendo passado por algumas grandes empresas. Sempre me sinto elogiada quando me dizem que eu não pareço uma advogada tradicional. Realmente, nunca fui aquela pessoa sisuda, fechada em sua sala, aguardando que as pessoas venham solicitar meus sábios conselhos. Nunca acreditei neste modelo e, mesmo durante a universidade, me incomodavam o "juridiquês", a pompa e o distanciamento entre o mundo jurídico e o dia a dia das pessoas. A advocacia em que acredito **aproxima, resolve problemas de forma ágil, prática e criativa.**

Foi na esteira da insatisfação com a falta de espaço para discutir questões relativas ao desenvolvimento profissional de mulheres advogadas, que surgiu o **Jurídico de Saias**. O ano era 2009 e sequer tínhamos a velocidade das redes sociais. Naquele momento, isso não importava, a vontade de mudar aquela realidade era maior. Mandei um e-mail para 14 amigas em cargo de liderança em empresas diversas e propus a criação de um grupo virtual para debatermos a questão feminina no mercado jurídico.

Pouco tempo depois, surgiu o nome e hoje somamos mais de 2.000 advogadas "in-house" interessadas em compartilhar informações, fazer mentoria com as profissionais mais jovens ou em transição de carreira, auxiliar na busca de emprego, dar conselhos, discutir as mais variadas questões – jurídicas ou não – que nos impactam diariamente. Gostamos de pensar que somos um **coletivo dinâmico, em que "uma sobe e puxa a outra", o tempo todo.**

Isso tudo não teria acontecido se não houvesse a inquietude, a vontade de mudar, de criar um fórum até então inexistente, que segue impactando a vida de inúmeras mulheres no mercado de trabalho – e por que não dizer, na vida pessoal? O que começou como um pequeno grupo de discussão tornou-se um movimento que segue dando frutos, inspirando projetos diversos, transformando-se constantemente. Somos inquietas e não subestimamos a força dessa inquietude. Não terceirizamos a solução dos problemas que encontramos em

---

1 Conheça o Jurídico de Saias: https://www.linkedin.com/company/juridicodesaias/.

cotidiano. **Valorizamos a coragem de pensar diferente.** Coragem, inclusive, para pedir ajuda, dividir anseios, **buscar soluções criativas e em cooperação com outros profissionais.**

Dentro desse anseio pela valorização da mulher profissional, está a crença de que **uma sociedade que respeita e valoriza a diversidade é, necessariamente, mais justa e criativa.** O mesmo ocorre com as organizações empresariais. **O espírito criativo surge mais forte com a pluralidade de pensamentos, de jeitos diferentes de enxergar um mesmo problema, da motivação, empenho e entusiasmo de todos os envolvidos.**

Espero sinceramente que ao ter lido essa obra coletiva – ou alguns dos *cases* aqui narrados – você se sinta desafiado a buscar soluções criativas para os desafios de seu trabalho. A despeito da complexidade de nossa profissão, há muito que pode ser experimentado de forma criativa e divertida. Já fracassou? Tente de novo. Fez de uma forma e não deu certo? Tente outra vez, peça ajuda, compartilhe suas ideias, avalie o caminho trilhado para entender o que poderia ter sido feito de outra maneira.

Por mais que aqui tenhamos exemplos de sucesso, tenho a certeza de que eles refletem uma trajetória de acertos e erros dos profissionais envolvidos. Errar faz parte do jogo. **Não existe inovação sem tentativa e erro. Quem não erra nunca é porque não inova o suficiente.** E o conceito das *startups* não é justamente esse? Errar rápido, aprender rápido e melhorar rápido?!

Repito que criar é realmente muito mais difícil do que simplesmente reproduzir, porém é infinitamente mais prazeroso e interessante. Coragem e mãos à obra.